Introduction to E-Commerce

21世纪高等院校经济管理类规划教材

电子商务概论

□ 全新顺　主编
□ 于博　鞠红　副主编

人民邮电出版社
北京

图书在版编目（CIP）数据

电子商务概论 / 仝新顺主编. -- 北京 : 人民邮电出版社, 2015.6（2020.12重印）
21世纪高等院校经济管理类规划教材
ISBN 978-7-115-38748-6

Ⅰ. ①电… Ⅱ. ①仝… Ⅲ. ①电子商务－高等学校－教材 Ⅳ. ①F713.36

中国版本图书馆CIP数据核字(2015)第082246号

内容提要

本书站在管理的视角，针对电子商务专业的初学者以及非电子商务专业的大学生，对电子商务知识体系进行了重新整合。全书共11章，对电子商务基础知识、零售电子商务、网络营销、电子商务订单履行和物流配送、电子支付以及移动电子商务和电子政务进行了专题研究，针对电子商务的基本概念、主要技术和实际应用做了详细的阐述。同时，本书紧跟电子商务的发展步伐，围绕O2O、近距离无线通信（NFC）支付等新兴电子商务模式展开了详细的介绍。除了基本的理论讲解之外，本书还注重互动实训，希望能够培养读者的实际应用能力。

本书提供教学大纲、电子课件、补充教学案例（含文字和视频案例）、学习指导和自测试题、考核方法及模拟试卷，索取方式参见"配套资料索取说明"。

本书是针对应用型本科或高职高专电子商务专业和其他经济管理类专业编写的专业基础课程教材，也可作为成人高等教育教材、社会培训教材或自学参考书。

◆ 主　　编　仝新顺
副 主 编　于　博　鞠　红
责任编辑　万国清
责任印制　沈　蓉　彭志环
◆ 人民邮电出版社出版发行　　北京市丰台区成寿寺路11号
邮编　100164　　电子邮件　315@ptpress.com.cn
网址　http://www.ptpress.com.cn
涿州市京南印刷厂印刷
◆ 开本：787×1092　1/16
印张：14　　　　2015年6月第1版
字数：334千字　　　　2020年12月河北第15次印刷

定价：33.00元

读者服务热线：(010)81055256　印装质量热线：(010)81055316
反盗版热线：(010)81055315
广告经营许可证：京东市监广登字20170147号

前　言

自从 1994 年互联网商业化以来，电子商务得到了迅猛发展。截至 2014 年年底，中国网民人数已达到 6.49 亿人，互联网普及率达到 47.9%，超过世界平均水平，使用手机上网的网民达到 5.57 亿人。2013 年中国电子商务交易总额突破 12.3 万亿元。电子商务的发展带动了电子商务专业及相关人才的巨大需求。目前，很多高校都开设了电子商务专业，更多学校的经济管理类、信息类专业也开设了电子商务概论课程。

电子商务概论作为电子商务和其他经济管理类专业的专业基础课程，其地位既特殊又非常重要。概论课程的意义在于帮助初学者迅速建立起电子商务的基本概念，勾画出它的专业体系轮廓，并引导读者继续深入学习。

本书站在管理的视角，针对电子商务专业的初学者以及非电子商务专业的大学生，对知识体系进行了重新整合。全书共 11 章，可分成三部分：第一部分为基础篇，包括第一章电子商务概述和第二章电子商务基础知识；第二部分可称为运作篇，包括第三章网络零售、第四章网络营销的理论与应用、第五章订单履行与物流配送、第六章网络商店的规划与运营和第七章移动电子商务；第三部分为支撑环境篇，包括第八章电子商务支付、第九章电子商务安全与防范、第十章电子商务法律、第十一章电子政务。

通过对本书的学习，读者可对电子商务有一个整体认识，了解电子商务的基本原理和关键模式，具备电子商务创新应用的相关技能，成为市场需求的专业人才。

为使本书融系统性、新颖性、丰富性和应用性于一体，以利于理论联系实际、拓宽学生知识面、突出电子商务专业的综合性、促进读者终身学习的延续性，作者在编写过程中努力突出了以下几个特点。

（1）编写主线清晰。电子商务是由多学科交叉融合而形成的，本书从管理的角度出发，以应用和创建电子商务环境为主线，突出概论课的“宏观”特点，围绕基本知识、运作和支撑环境这条主线，力求体系完整，结构合理。

（2）降低技术难度。本书在对内容系统整合的同时，考虑到本书读者为电子商务专业低年级学生和非电子商务专业学生，有意识地减少了某些章节在技术上的难度。

（3）理论与实践相结合。本书在选取内容时，参阅了大量相关的科技文献和最新研究成果，力争与国内外最新教学内容基本保持同步。在理论知识之外，精选了多个详尽分析的案例。特别是在案例选择上，以本土案例为主，并尽可能从不同的领域选择。

（4）根据应用型教育特性确定每章结构。每章除主体内容外，章前包括“学习要点及目标”“核心概念”和“引导案例”，章后包括“本章小结”“课后练习与实践训练”和“拓展学习指南”。“实践训练”以一般院校和学生能完成操作为准设计，“拓展学习指南”对学有余力的读者指出了进一步学习的方向。

（5）以二维码拓展读者学习空间，降低电子商务知识更新过快给教学带来的不利影响。本书正文内给出了大量网络链接及其二维码，包括重要网站、网站栏目、视频、案例原文、新闻等内容，读者扫描二维码即可阅读丰富的网络资源，极大地拓展了读者的学习空间。教学中也可利用二维码的便利性展开更多的课堂教学互动，及时查找电子商务最新知识，一定程度上弥补了教材内容不能及时更新的缺点。

（6）提供丰富的配套教学资料，有课程网站支持。为方便读者学习和教师授课，本书提供教学大纲、电子课件、补充教学案例（含文字和视频案例）、学习指导和自测试题、考核方法及模拟试卷，索取方式参见“配套资料索取说明”。另外，“电子商务概论”课程网站（http://jp.zzuli.edu.cn/dzsw/index.htm）内还包含了特色专题讨论、教学录像等更丰富的教学素材，可供读者参考。

本书由仝新顺教授担任主编，各章编写分工如下：第一章由仝新顺老师编写，第二、四章由金琳老师编写，第三、五章由鞠红老师编写，第六、九章由于博老师编写，第七、八章由高大伟老师编写，第十章、十一章由仵明丽老师编写。仝新顺负责全书结构的策划和最后的统稿。本书编者均为郑州轻工业学院教师。

这里要特别感谢经济与管理学院院长彭诗金教授的支持与帮助，在此表示最衷心的感谢！

本书难免存在疏漏之处，恳请各界专家、学者批评指正，以使其日臻完善。

目　录

第一章　电子商务概述 …… 1
学习要点及目标 …… 1
核心概念 …… 1
引导案例 …… 1
第一节　电子商务导论 …… 2
一、电子商务时代 …… 2
二、电子商务的形成与发展 …… 3
第二节　电子商务发展现状 …… 5
一、发达国家电子商务发展现状 …… 5
二、中国电子商务发展现状 …… 5
第三节　电子商务的发展趋势 …… 7
一、移动电子商务 …… 8
二、大数据技术的应用 …… 8
三、云计算技术的应用 …… 9
四、泛在化 …… 9
五、协同商务 …… 9
六、跨境电子商务 …… 10
本章小结 …… 10
课后练习与实践训练 …… 10
拓展学习指南 …… 11

第二章　电子商务基础知识 …… 12
学习要点及目标 …… 12
核心概念 …… 12
引导案例 …… 12
第一节　电子商务的概念与参与对象 …… 13
一、电子商务的概念 …… 13
二、电子商务的概念模型 …… 15
三、电子商务参与对象 …… 16
第二节　电子商务的分类 …… 17
一、按交易对象划分 …… 17
二、按交易过程划分 …… 19
三、按商品交易过程完整程度划分 …… 20
四、按使用网络类型划分 …… 21
五、按交易地域范围划分 …… 22
第三节　电子商务系统框架 …… 22
一、社会环境 …… 23
二、网络、硬件、软件及开发环境 …… 23
三、商务服务环境 …… 23
四、电子商务应用 …… 24
本章小结 …… 24
课后练习与实践训练 …… 24
拓展学习指南 …… 25

第三章　网络零售 …… 26
学习要点及目标 …… 26
核心概念 …… 26
引导案例 …… 26
第一节　网络零售业概况 …… 27
一、网络零售概述 …… 27
二、全球网络零售业发展概况 …… 27
三、中国网络零售业发展概况 …… 28
第二节　适合网络零售的商品 …… 30
一、适合网络零售的常见商品类别 …… 30
二、适合网络零售商品的标准 …… 31
第三节　网络零售的影响力 …… 32
一、商品流通的发展趋势 …… 32
二、网络零售对传统零售业带来的影响 …… 33
第四节　典型的网络零售企业 …… 34
一、B2C 领域 …… 34
二、C2C 领域 …… 35
三、传统企业如何开展网络零售 …… 36
第五节　跨境电子商务 …… 40
一、郑州模式 …… 41

二、上海模式……41
三、广州模式……42
四、国内知名电商的跨境电子商务项目……43
五、跨境电子商务的物流模式……43
第六节 网络零售存在的问题……45
一、二次中介……45
二、渠道冲突……45
三、价格竞争……46
四、欺诈……46
本章小结……46
课后练习与实践训练……46
拓展学习指南……48
第四章 网络营销的理论与应用……49
学习要点及目标……49
核心概念……49
引导案例……49
第一节 网络营销概述……50
一、网络营销的概念……50
二、网络营销的特点……50
三、网络营销的职能……51
第二节 网络市场调查……52
一、网络市场调查的特点……52
二、网络市场调查的主要内容……54
三、网络市场调查的方式……54
第三节 网络广告……57
一、网络广告概述……57
二、网络广告的主要形式……58
三、网络广告的投放……62
四、网络广告投放过程中的注意事项……64
五、网络广告效果测定的标准……64
第四节 常用的网络营销方法……64
一、电子邮件营销……64
二、搜索引擎营销……67
三、病毒性营销……69
四、博客营销……72
五、微信营销……74
本章小结……77
课后练习与实践训练……77
拓展学习指南……78
第五章 订单履行与物流配送……79
学习要点及目标……79
核心概念……79
引导案例……79
第一节 订单履行概述……80
一、订单履行的概念及其过程……80
二、B2C 电子商务的订单履行……82
三、B2B 电子商务的订单履行……83
四、电子订单履行与物流的关系……85
第二节 电子商务与物流的协同发展……85
一、物流基本知识……86
二、电子商务与现代物流协同发展的关系……87
三、电子商务环境下物流的特点……88
第三节 电子商务物流配送模式……90
一、自建物流体系的一体化模式……90
二、全外包模式……92
三、自建与外包的半一体化模式……95
四、快速配送策略……95
五、基于“云物流”的联盟配送策略……96
第四节 退货管理……97
一、退货产生的原因……97
二、退货的规避原则……98
三、退货的实施策略……99
本章小结……99
课后练习与实践训练……100
拓展学习指南……101
第六章 网络商店的规划与运营……102
学习要点及目标……102
核心概念……102
引导案例……102
第一节 网络商店的定位……103
一、市场调研分析……103

二、网络商店的功能定位……103
第二节　网络商店的设计与建设……104
一、网络商店购物流程设计……105
二、网络商店的框架设计……105
三、会员服务设计……108
四、商品列表设计……108
五、域名选择……110
第三节　数据分析系统……110
一、网店数据分析的概念……111
二、网店数据分析的基本流程……111
三、网店数据分析的指标……111
四、数据分析常用技术……112
第四节　电子商务外包服务……114
一、电子商务外包的基本概念……114
二、外包商的选择……115
三、外包业务的风险控制……116
本章小结……116
课后练习与实践训练……117
拓展学习指南……118

第七章　移动电子商务……119

学习要点及目标……119
核心概念……119
引导案例……119
第一节　移动电子商务的技术基础……120
一、无线通信网络……120
二、移动终端……122
第二节　移动电子商务概述……123
一、移动电子商务的概念……123
二、移动电子商务的优势……124
三、移动电子商务的发展现状……124
第三节　移动电子商务的典型应用……126
一、移动金融……126
二、移动购物……127
三、O2O 电子商务……127
四、OTT 通信……128
五、移动娱乐……128
六、基于位置的服务……129
本章小结……129
课后练习与实践训练……130
拓展学习指南……131

第八章　电子商务支付……132

学习要点及目标……132
核心概念……132
引导案例……132
第一节　电子支付概述……133
一、电子支付的概念……133
二、电子支付与传统支付方式的区别……133
三、电子支付系统的构成要素……134
四、中国现代支付系统……134
第二节　虚拟货币……135
一、虚拟货币概述……135
二、比特币……136
第三节　第三方支付……138
一、第三方支付概述……138
二、第三方支付交易流程……139
三、第三方支付的分类……139
四、第三方支付的监管……140
第四节　网上银行……141
一、网上银行的概念……141
二、网上银行的特点……142
三、网上银行的类型……142
四、网上银行的功能……143
本章小结……143
课后练习与实践训练……143
拓展学习指南……145

第九章　电子商务安全与防范……146

学习要点及目标……146
核心概念……146
引导案例……146
第一节　电子商务安全概述……147
一、电子商务安全的定义……147
二、信息安全的基本特征……147

三、电子商务的安全管理策略……148
第二节 电子商务的主要安全威胁……149
一、社会工程学攻击……150
二、技术型攻击……151
第三节 访问控制、加密和公钥基础设施……153
一、访问控制与身份认证……153
二、公钥基础设施……159
第四节 电子商务网络安全……161
一、防火墙技术……161
二、虚拟专用网……162
三、入侵检测系统……163
本章小结……164
课后练习与实践训练……165
拓展学习指南……166

第十章 电子商务法律……167

学习要点及目标……167
核心概念……167
引导案例……167
【案例导学】……167
第一节 电子商务法律概述……168
一、电子商务的主要法律问题……168
二、电子商务参与各方的法律关系……170
第二节 电子商务中的权益保护……172
一、知识产权保护……172
二、隐私权保护……176
三、网上消费者权益保护……178
四、虚拟财产的保护……180
第三节 电子商务立法……181
一、国际电子商务立法情况……181
二、国内电子商务立法现状……181
第四节 电子商务交易的法律规范……182
一、电子合同……182
二、电子签名……185
三、电子支付法律规范……186
本章小结……187
课后练习与实践训练……187
拓展学习指南……189

第十一章 电子政务……190

学习要点及目标……190
核心概念……190
引导案例……190
第一节 电子政务基础……191
一、电子政务的概念……191
二、电子政务的需求与作用……191
三、电子政务与电子政府……193
四、电子治理……193
第二节 电子政务的业务模型……194
一、电子政务的参与主体……194
二、电子政务的业务类型……195
第三节 我国电子政务的规划与实施策略……197
一、我国电子政务建设的网络框架……197
二、我国电子政务建设的系统框架……198
三、我国电子政务具体实施策略……200
第四节 我国电子政务的发展成就……202
一、办公自动化阶段……203
二、“金字”工程阶段……203
三、网络政务阶段……204
四、创新应用阶段……205
本章小结……209
课后练习与实践训练……209
拓展学习指南……210

主要参考文献……211

配套资料索取说明……213

第一章　电子商务概述

【学习要点及目标】

1. 认识学习电子商务的重要性。
2. 了解电子商务产生的背景。
3. 掌握电子商务的发展现状。
4. 把握电子商务的发展趋势。

【核心概念】

互联网　电子商务　电子商务现状　电子商务发展趋势　电子商务的优势

引导案例

电子商务：互联网带来的变革

1994年到2014年中国互联网已经走过了整整二十年。从蹒跚起步到阔步前行，经过20年的发展，互联网已经成为我国社会运行的基本要素和基础支撑，并以前所未有的深度和广度深刻改变着经济社会的发展。

当下的中国，无论是偏远山区的民众，还是一线城市的精英，凡是社会里的群居者，都或多或少地被互联网的浪潮所波及。互联网对个体、家庭与机构的改变，毫不夸张地说是“彻底而深远的”。通过搜索引擎的关键词查询，我们可以精准搜索相关信息；通过社交平台，我们可以跟同学、老师、朋友在网络上构建一个映射真实关系的社交网络；通过视频网站，我们不仅可以第一时间收看热映的影视剧，甚至可以成为内容发布者，自己制作、上传、分享个人作品；通过即时通信工具，我们可以方便地和远在异国他乡的亲朋好友谈天说地；通过在线支付平台，我们可以轻松地缴纳水、电、煤气等生活费用；通过旅游网站，我们可以定制自己的旅游线路，几个点击就能完成酒店机票的预订；通过网上商城，消费者随时可以挑选琳琅满目的商品；通过外贸电商，可以让中国的小微卖家把产品销售到全球数十个国家，而跨境电商平台让国人可以直接购买海外进口商品；通过智能手机终端，我们甚至可以扫描二维码来完成订单下达与支付……今天，我们的工作、购物、娱乐、社交等活动越来越多地依赖互联网来完成。

互联网浪潮不仅改变了个人生活方式，更对商业模式创新、经济形态变革、组织业务流程优化产生了巨大的影响。伴随着互联网的发展和电子商务的崛起，兴起了一系列商业模式的创新。网上坚果店三只松鼠，创业几个月后的最高日销售额就高达近800万元，2013年营销额超过3亿元。2014年春节爆红的微信红包服务，更是以一种“好玩”的方式，轻轻松松就与上亿张银行卡建立起支付关系。2013年第三方支付平台余额宝利用网络销售余额理财的新创意，不到一年就打造出一只5000多亿元的货币基金。之后，基于互联网理财的各种“宝”瞬间成井喷趋势，并引发互联网巨头的争夺战，同时也让传统商业银行卷入其中，互联网金融更是在2014年两会期间首次被写进《政府工作报告》。在线商城京东的兴起对传统的家电大卖场形成了巨大的冲击，迫使以苏宁为代表的传统家电卖场开始向互联网转型，纷纷大举构建自己的网上商城，形成线上线下的互动营销模式。这些都是互联网思维下互联网商业模式不断突破升级的表现。2014年电子商务交易总额高达12.3万亿元。在全国，83%的企业已经使用互联网开展业务。在中国经济转型升级的当下，这样的变化可谓意义不凡。

在互联网思维的冲击下，一些传统商业理念正在动摇。尊重每个人的权利和期待，汇集每个人的力量和价值，新的商业规范和产业生态开始重新确立和生长。近乎透明的运作、充分平等的参与，给了用户更多的成就感和归属感。这使得利益不再是唯一的现实考量，商业关系在网络的纽带下注入了更多人格化的因素和新能量。

历史告诉我们，每一次科技的进步都伴随着旧有格局的颠覆，新一轮财富的快速增长与重新分割。未来的人类社会，只要有网络，有经济，就会有电子商务，三者相互依存，相互促进。

案例导学：在互联网时代，电子商务这一新生事物正在引发深刻的经济和社会变革。这场革命极大地改变了消费者行为、企业形态和价值创造方式。电子商务不仅意味着技术的突破，更是一种全新的思维方式，旧有的成功经验与逻辑已无法让人们成功驾驭电子商务的发展。深入理解互联网思维，掌握电子商务的基本知识点和技能，在未来无论对个人就业与创业，还是企业的经营与发展都有着非同寻常的意义。

第一节　电子商务导论

一、电子商务时代

从 1946 年第一台电子计算机的发明算起，当代的信息革命已经有将近 70 年的历史。这是一场可与农业革命、工业革命相比拟的伟大变革。这场革命改变了人们的工作方式、家庭生活方式、学习方式、娱乐活动，甚至政治活动。其中最明显的变化无疑体现在企业经营方式上的改变，特别是如何利用互联网技术经营市场以及进行贸易。以互联网技术为核心的电子商务活动因此在全球范围内兴起，并且已经形成难以阻挡的趋势。

在中国，电子商务已经与国民经济深度融合，涉及制造业、零售业、服务业、金融业等经济领域。在众多电子商务活动中，零售业电子商务无疑是其中最光彩夺目的部分，通过互联网购买商品已经成为中国普通消费者重要的消费方式。以淘宝为代表的网络零售平台作为重要的新兴商业基础设施正在改变和塑造信息时代的商业组织、商业行为、商业模式、商业文化和制度环境。网络零售同时推动了衍生经济的发展，第三方服务业开始崛起。以物流环节为例，在电子商务的拉动下，海量的订单促进了物流行业的规模扩展和能力提升。2014 年全年我国快递业务量达 140 亿件，其中“双十一购物节”期间全快递行业处理的快件量 5.86 亿件，截至 2014 年 12 月底，快递业务量连续 46 个月累计同比平均增幅超过 50%。电子商务的发展也催生一批新的职业类型，如电子商务软件服务商、第三方支付服务企业、网店装修服务等。

在电子商务的影响下，社会经济活动全方位向网络空间迁移，这不仅改变了社会经济系统的运作方式，而且改变了社会经济系统的结构。在技术创新、市场需求以及社会投资多重要素的驱动下，未来全球电子商务市场规模依然会不断扩大。人类社会已经全面步入了电子商务时代。

知识拓展

中国互联网络发展状况统计报告（摘要）

中国互联网络信息中心（CNNIC）2015 年 2 月在北京发布《第 35 次中国互联网络发展状况统计报告》，其中数据显示，截至 2014 年 12 月，我国网民规模已达 6.49 亿，互联网普及率进一步提升，达到 47.9%。请登录中国互联网络信息中心“互联网发展研究”页面，在“每日推荐”栏目中查找最新的报告简介（该页面“下载报告”栏目可下载完整的 PDF 格式报告）。

最新报告发布时间为____年__月，数据截止时间为____年__月，报告中显示我国网民规模达____亿，互联网普及率为____%。该报告显示互联网络发展的要点有以下几点：

____

____

____

____

____

二、电子商务的形成与发展

（一）电子商务产生的驱动力

技术革命是推动电子商务发展的首要因素。电子商务起源于信息系统的产生和网络技术的飞速发展，20 世纪 90 年代互联网的出现，将信息技术和网络技术的应用带入商业等领域。步入 21 世纪后，信息技术不断创新，信息产业持续发展，信息资源日益成为重要的生产要素、无形资产和社会财富，信息网络广泛普及并日益融合，互联网成为信息传播和知识扩散的新载体。

在信息技术的推动下，经济社会也发生了深刻的变革。企业的研发、生产、管理、经营、服务等几乎所有的业务活动都离不开信息技术的支持。特别是在经济全球化的趋势下，企业行为受时空的限制不断缩小，国内、国外两个市场融为一体，市场范围不断扩大，竞争对手层出不穷，科技竞争、营销竞争、市场和人才争夺日益激烈，在这种竞争范围扩大、竞争程度提高、竞争方式变化的情况下，企业为谋求竞争优势必须优化资源配置，降低经营成本，改变经营手段。电子商务活动可以有效改善信息流管理，增强企业协同能力，降低交易成本。

（二）电子商务的发展历程

大致可以把电子商务的发展分为三个阶段，即基于电子资金转账和电子数据交换技术的电子商务阶段、基于互联网的电子商务阶段、E 概念电子商务，如图 1.1 所示。

1. 基于电子资金转账和电子数据交换的电子商务阶段

图 1.1 电子商务发展过程

20 世纪 70 年代，金融市场中出现了电子资金转账（electronic funds transfer，EFT）的业务行为，其目标是通过安全的专用通信网络，以电子的方式实现金融机构之间以及少数大公司之间的资金转移。这种创新的业务方式因其高昂的使用费用，应用范围非常有限。

在随后的 20 世纪 70 年代后期至 80 年代早期，又出现了电子数据交换（electronic data interchange，EDI）技术。电子数据交换是电子商业贸易的一种工具，将商业文件如订单、发票、货运单、报关单和进出口许可证，按统一的标准编制成计算机能识别和处理的数据格式，在计算机之间进行传输。使用电子数据交换可以减少甚至消除贸易过程中产生的纸面文件，因此，EDI 也常被称为“无纸化贸易”。

电子数据交换技术将电子交易活动从单纯的金融领域扩展到其他交易领域。参与的企业也从金融机构拓展到了制造企业、零售企业、服务商以及许多其他类型的企业。随之也相继出现了更多新的应用，例如旅游预订系统和股票交易系统的使用。基于电子数据交换的电子商务已经具备了现在基于互联网电子商务的主要特征：通过减少纸质工作和增加自动化程度实现流水线式的业务流程，传统的纸质文档都采用电子化手段传送。

完整的电子数据交换系统包括三个要素：电子数据交换软件和硬件、通信网络以及数据标准体系。考虑到交易安全，20 世纪 90 年代之前的电子数据交换都在专用网络上实现，这类专用的网络被称为增值网（value added network，VAN）。电子数据交换的软件系统会将用户数据库系统中的信息翻译成电子数据交换的标准格式以供传输交换。但是基于电子数据交换的电子商务存在一定的局限性：第一，解决方式是建立在大量功能单一的专用软硬件设施的基础上的；第二，增值网的使用费用昂贵；第三，对技术、设备、人员都有较高的要求。基于上述原因，电子数据交换的应用主要局限在某些发达国家和地区的大型企业内使用，在全世界范围内并没有得到广泛的普及和发展，大多数的中小企业难以应用电子数据交换开展商务活动。电子数据交换可以视为电子商务的初级阶段。

2. 互联网电子商务阶段

20 世纪 90 年代中期以后，互联网开始在企业和家庭领域流行。互联网的普及速度超出了很多专业人士的想象。早在 1996 年，被誉为“英特尔之父”的温特·瑟夫曾乐观地预测，到 2003 年全球将会有 1 亿互联网用户。然而，互联网的发展事实却远远超出了当年的预测。三年之后的 1999 年年底，全球互联网用户就已经达到 1.5 亿。据国际电信组织统计，截至 2013 年年底，全球网民人数已经高达 27 亿。互联网的迅速发展吸引了大量的企业开拓互联网业务，商业贸易实践随之涌入到互联网领域，电子商务随即成为互联网上的热点应用。一些明星企业纷纷涌现，比如以网络直销而闻名的戴尔（Dell）公司、网络零售企业亚马逊（Amazon.com）、搜索引擎巨头谷歌（Google）都利用互联网提供产品和服务而获得了巨大的成功。

互联网属于公共网络，与电子数据交换技术相比，互联网的覆盖面更广，使用成本更低。因此，互联网技术为数量众多的中小微型企业进行电子商务提供了一个强有力的平台。

3. E 概念电子商务阶段

自 2000 年以来，互联网开始全面渗透入各传统行业，出现了大量的创新型应用。互联网技术和商务结合，产生了电子商务；互联网技术和教育结合，产生了互联网教育；互联网技术和医疗结合，产生了远程医疗网络；互联网技术和政务结合，产生了电子政务；互联网技术和金融结合，产生了全新的支付平台。随着互联网技术的发展和社会需要的不断提高，人们会不断地创造出更多基于创新技术的应用。

在 2015 年 3 月十二届全国人民代表大会第三次会议上，李克强总理在《政府工作报告》中提出制订“互联网+”行动计划，推动移动互联网、云计算、大数据、物联网等与现代制造业结合，促进电子商务、工业互联网和互联网金融健康发展，引导互联网企业拓展国际市场。

第二节　电子商务发展现状

一、发达国家电子商务发展现状

在世界范围内，各主要发达国家的电子商务市场都保持着持续快速发展的态势。2012 年全球网络零售交易额首次突破 1 万亿美元。伴随着各种新兴互联网技术和应用的普及，电子商务的交易模式也在不断推陈出新。尤其是 2006 年之后社交网络在全球的广泛应用，使得社交模式成为电子商务发展的重点。此外，全球化合作趋势也日益明显。易贝、亚马逊、阿里巴巴等电子商务平台之间、电子商务平台与生产销售企业之间的强强联合案例已经屡见不鲜。同时，全球电子商务发展地区差异逐步减小。虽然欧美等发达国家仍旧是电子商务市场的主力军，但是中国、印度、巴西等发展中国家异军突起，日益成为国际电子商务市场的重要力量。特别是中国电子商务市场交易规模已经超越美国，位列世界第一。

案例分析

阿里巴巴上市

综合媒体报道　2014 年 9 月 19 日阿里巴巴在美国纽约证券交易所首次公开招股（IPO），发行价为每股 68 美元，当天开盘价高达 92.7 美元，创下美国历史上首次公开募股的最高融资记录。据此测算，阿里巴巴市值轻易超越亚马逊和易贝，成为全球最大的电子商务企业。40 天后阿里巴巴股价已经超过 100 美元。

二、中国电子商务发展现状

1997 年，中国化工信息网正式在互联网上提供商务服务，这被人们看作是我国电子商务的正式发端。十几年以来，伴随着我国国民经济的快速发展以及国民经济和社会发展信息化的不断进步，我国电子商务行业虽然历经曲折却仍然取得骄人成绩。根据艾瑞咨询统计数据显示，2014 年我国电子商务交易规模 12.3 万亿元，增长 21.3%预计未来几年将保持平稳快速增长。

点评：阿里巴巴此次首次公开招股是一个里程碑事件。之前，全球电子商务的核心一直在美国，而亚马逊是美国最知名的在线零售商。阿里巴巴的上市标志着中国电子商务已经将触角伸向世界。

纵观中国电子商务十几年来的发展历程，可以将其划分为四个历史阶段：

1997—2002 年是中国电子商务的初创期。相比于美国“商务推动型”的电子商务，中国的电子商务则属于“技术拉动型”，这也是中国电子商务与美国电子商务在发展模式上最大的不同。当互联网时代到来的时候，美国已经拥有比较先进和发达的电子商务基础。企业的商务需求“推动”了网络和电子商务技术的进步，并最终促成电子商务概念的形成。在中国，电子商务概念先于电子商务应用，“启蒙者”是 IBM 等厂商。1997 年和 1998 年，各大厂商以各种方式进行电子商务的“启蒙教育”，激发和引导中国企业和消费者对电子商务的认识、兴趣和需求。1997 年以后一批电子商务网站在风险资本的介入下成为中国电子商务的开拓者。以 8848 为代表的 B2C 电子商务站可以说是当时最闪耀的亮点。但是不成熟的商业环境、低水平的互联网普及率都成为羁绊中国电子商务进一步发展的障碍。8848 作为龙头企业在 2002 年之后也迅速陨落并彻底退出了中国电子商务的舞台。不过，这段时期的经历为我国电子商务发展打下了很好的基础，营造了很好的社会舆论和环境。

2003—2007 年是中国电子商务高速增长的时期。2003 年的“非典”给中国电子商务的发展提供了难得的历史机遇，支撑电子商务发展的一些基础设施和政策也在此期间得以发展起来，电子商务应用初见成效。在这一阶段，电子商务平台数量和质量都有了大幅度提高。传统行业参与电子商务的热情不断提高，一些重工业、制造业网上采购比例不断增加，网上金融业务也不断扩张。据《电子商务发展“十一五”规划》的数据显示，2005 年，全国企业网上采购商品和服务占采购总额的比重约为 8.5%，企业网上销售商品和服务占主营业务收入的比重近 2%。与此同时，电子商务发展相关的政策法律环境、信用环境、数字认证、标准体系、在线支付、现代物流和人才培养支撑环境有所改善。

我国先后出台了一些促进电子商务发展的重要措施：2004 年 8 月，全国人大通过了《电子签名法》；2004 年年底，国务院通过了《关于加快电子商务发展的若干意见》；2005 年 10 月，中国人民银行出台《电子支付指引（第一号）》，对电子支付中的规范、安全、技术措施、责任承担等进行了详细的规定；《国务院办公厅关于加快电子商务发展若干意见》在 2005 年出台。这些措施对于促进我国电子商务的发展起到了巨大的作用。其中提到的一些原则，如充分发挥企业在开展电子商务应用中的主体作用，促进电子商务与电子政务协调发展，加强政策法规、标准规范、在线支付、现代物流等支撑体系建设，探索多层次、多模式的中国特色电子商务发展道路等指导思想，为电子商务的蓬勃发展注入了动力。2007 年 6 月，国家发展和改革委员会、国务院信息化工作办公室联合发布《电子商务发展“十一五”规划》，这是我国首部电子商务发展规划，首次在国家政策层面确立了发展电子商务的战略和任务。

2008—2010 年是中国电子商务纵深发展的阶段。越来越多的传统企业和资金开始流入电子商务领域，使得电子商务世界变得异彩纷呈。尽管受到国际金融危机的影响，但是 2008 年以来我国电子商务仍然以较高的速度增长。淘宝、PPG、红孩子、京东的火爆，带动了整个互联网零售业的发展，更让众多传统商家按捺不住纷纷跟进。除了 2009 年、2010 年外，其他年份电子商务的增长率都在 30%以上。这段时期的特点是，我国电子商务初步形成了具有中国特色的网络交易方式，网民数量和物流快递行业都快速增长，电子商务企业竞争激烈，平台化局面初步成型。

2010 年后，中国电子商务进入规模化快速发展的新阶段。在这一阶段，中国电子商务快速发展，移动互联网、网络视频、网络社交、网络购物、微博等应用全方位普及。在这一阶段，电子商务在交易额、网民数量、互联网普及率、网络购物、网站数量、手机网民、网上支付等方面达到相当规模。大型企业电子商务正在从网上信息发布、采购、销售等基础性应用向上下游企业间网上设计、制造、计划管理等全方位协同方向发展。中小企业电子商务应用意识普遍提高，应用速度保持较高的增长，网上零售规模增长迅速。此外，以终端、平台和服务为主要组成的移动互联网产业体系得到整体发展，新的服务形态、新的商业模式极大地改变了中国互联网产业的格局。

阅读案例

中国典型的电子商务网站

1. 淘宝网

淘宝网是中国深受欢迎的网购零售平台，拥有近5亿的注册用户数，每天有超过6000万的固定访客，同时每天的在线商品数已经超过了8亿件，平均每分钟售出4.8万件商品（编辑注：根据相关报道，估计是2013年数据）。2014年“双十一”，来自217个国家和地区的用户利用淘宝平台完成了全天成交金额571亿元的壮举，总共产生了物流包裹2.78亿个。

2. 京东商城

京东（JD.com），2013年在中国自营式电商市场的占有率为46.5%。京东通过内容丰富、人性化的网站和移动客户端提供具有丰富品类及卓越品质的商品和服务，并且以快速可靠的方式送达消费者。另外，京东还为第三方卖家提供在线销售平台和物流等一系列增值服务。

京东提供13大类约3130万SKUs的丰富商品，品类包括计算机、手机及其他数码产品、家电、汽车配件、服装与鞋类、奢侈品（如手提包、手表与珠宝）、家居与家庭用品、化妆品与其他个人护理用品、食品与营养品、书籍、电子图书、音乐、电影与其他媒体产品、母婴用品与玩具、体育与健身器材以及虚拟商品（如国内机票、酒店预订等）。

截至2014年2月28日，京东建立了7大物流中心，在全国34座城市建立了82个仓库。同时，还在全国476座城市拥有1485个配送站和212个自提点。凭借超过20 000人的专业配送队伍，为消费者提供一系列专业服务，如211限时达、次日达、夜间配和三小时极速达，GIS包裹实时追踪、售后100分、快速退换货以及家电上门安装等服务，保障用户享受到卓越、全面的物流配送和完整的“端对端”购物体验。

本案例整理自淘宝网、京东商城官网（2014年年底）和相关报道，有兴趣的读者可查查这两家企业近年来有何变化。

第三节　电子商务的发展趋势

Web2.0、移动互联网、云计算、物联网等一系列新技术与应用的出现，进一步驱动了电子商务的模式创新，为电子商务注入了新活力。

知识拓展

Web2.0

Web2.0 的概念最初由奥莱利媒体（O'Reilly Media，以计算机图书成名的美国出版社）在 2004 年提出。身为互联网先驱和奥莱利媒体副总裁的戴尔·多尔蒂（Dale Dougherty）指出，Web2.0 能用新的方式，例如社交网络、维基网站、网络通信工具等帮助用户编制、控制信息，利用网络相互合作，分享信息。Web2.0 注重用户的交互作用，用户既是网站内容的浏览者，也是网站内容的制作者。

一、移动电子商务

随着 4G 网络的商用，智能手机的进一步普及，移动终端现在已经成为媒体终端、工作终端、主流终端，成为全新的生产生活平台。移动电子商务展现出了极大的发展空间。电子商务移动化趋势呈现如下三大特点。

一是利用移动终端进行购物、支付、交易、商务、金融，以及相关的综合服务等活动。随着移动互联网的普及，各类移动微商务的市场规模不断扩大。根据京东公司的统计数字，2014 年 11 月京东移动客户端用户数量已经突破 1 亿元，来自移动终端的订单比例接近 20%。

二是移动支付。支付标准政策的出台、移动支付需求的快速增长、移动支付应用试点的市场拓展以及多样化解决方案的推出，直接催生了移动支付行业的快速成长。

三是移动社交。通过网络移动平台快速发送语音短信、视频、图片和文字，支持包括微博、微信、陌陌等移动社交应用，人们的碎片时间正在被拼贴，移动社交逐渐渗透到人们的工作和生活，也将带来生活方式的变化。

本书第七章将会对移动电子商务展开深入讨论。

二、大数据技术的应用

电商平台在长期的经营过程中，积累了大量关于用户的、蕴藏潜在经济价值的数据，这些数据来自电商平台的营销体系、广告推送、捕获系统、销量预测系统、物流配送调用乃至其移动终端。要发现、利用这些海量数据的经济价值，就必须对其进行全面系统的挖掘。然而，从技术上讲，要对存储在云计算中心的这些海量数据进行处理，需要经过清洗、分析、建模、加密、搜索、制作等一系列环节，而所有这些环节都属于整个“大数据”处理的一个流程。

对电子商务而言，大数据处理的应用主要体现在两个方面。

首先是电商平台的综合应用。例如，把握平台自身的宏观数据，即供应商规模、能够供应的产品服务种类、每天的交易规模、供应商与需求者的细分领域及其特征等，从而为自身的综合决策奠定基础；将这些数据结果一方面服务于电子商务应用企业，帮其分析市场需求，另一方面也服务于其他电子商务服务业伙伴，例如广告、市场调查与分析公司等。

其次，大数据将通过广告实现电商平台的产品服务供给者与潜在需求者之间的直接关联，通过这种精准营销减少市场的信息不对称及其社会交易成本。

三、云计算技术的应用

云服务有三种：一是软件服务，即在线访问的软件应用；二是基础设施服务，即向用户出租服务器，按时间计费；三是平台服务，即提供平台工具。以超级计算能力、海量存储和网络带宽为主要特征的云服务，不仅是一种技术汇聚，而且还是一种商业模式。云会引发电子商务三个方面的变革。

一是新技术架构。技术架构是电子商务得以实现的基础。云条件下，电子商务的技术架构由传统的自行架设转为租用云计算的硬件和软件服务，采用“用多少，付费多少”的付费方式，云改变了原有的信息基础设施架构，节省硬件投资，充分利用信息资源。

二是新经营模式。云计算的特殊性在于硬件、软件、数据和基础架构都被作为服务提供给下游的电子商务运营商，这种服务是基于用户的需求而产生的，而且可以根据需求的变化进行客制化。电子商务运营商通过互联网从丰富的云资源中选择和获取服务，这样就出现了新的服务理念和经营许可模式。

三是新竞争优势。云计算的发展将导致信息技术成为普遍的廉价的公共资源，对于所有人都是一致的，因而信息技术不再具有核心竞争优势。电子商务运营商将其主要精力和资源集中在经营管理上，提高产品和服务质量，构建非信息技术的核心竞争力。电子商务产业资源将重新进行优化组合。

四、泛在化

以传感器、无线射频、智能感知等技术为核心物联网（internet of things）已经逐步进入商业实践领域。物联网扩展了网络节点的类型，将所有物品纳入网络节点，彼此之间能够进行信息交互，进而形成一个“无处不在”的网络环境。“无所不在”即所谓的“泛在”（ubiquitous）。例如基于二维码的购物、移动支付等商业行为已经在部分地区开展和使用。这些商业活动推动物联网产业从技术理念走向日常公共应用服务。泛在化电子商务的应用可能包括：商品的自动识别、面向消费者的个性化营销与推荐、智能谈判议价、基于位置的商务等。

> 知识拓展
>
> **物联网**
>
> 物联网（Internet of things，IOT），在我国也称为传感网。通俗地讲，物联网就是“物物相连的互联网”，是将各种信息传感设备通过互联网把物品与物品结合起来而形成的一个巨大网络。这包括两层意思：第一，物联网是互联网的延伸和扩展，其核心和基础仍然是互联网；第二，其用户端不仅仅是个人，还包括任何物品。

五、协同商务

网络技术的迅速发展，使得企业内部部门之间、企业与企业之间的分工协作发生了变化，从而引起企业的组织形式、组织文化、管理方式、决策过程发生变化，相继出现了虚拟企业、动态联盟等企业组织形式。企业的生产、经营、管理等均需协同技术的支持，包括产品协同设计、协同产品商务（collaborative product commerce，CPC）、工作流协同管理、产品和过程的集成技术、分散网络化制造、面向协同工程的友好的人机界面和通信。协同商务也不再仅仅是一个概念，而是与企业的业务紧密结合在一起。

六、跨境电子商务

电子商务交易在很大程度上克服了地理空间对商业的限制。在全球经济一体化进程日益加快的今天，跨境电商成为推动国际间贸易的重要手段。跨境电子商务不仅冲破了国家间的障碍，使国际贸易走向无国界贸易，同时它也正在引起世界经济贸易的巨大变革。对企业来说，跨境电子商务构建的开放、多维、立体的多边经贸合作模式，极大地拓宽了进入国际市场的路径，大大促进了多边资源的优化配置与企业间的互利共赢；对于消费者来说，跨境电子商务使他们非常容易地获取其他国家的信息并买到物美价廉的商品。

本书将在第三章对跨境电商展开详细阐述。

本章小结

本章在全书中起到引导性作用。全章主要介绍了电子商务的起源、发展历程、现状和趋势。本章的主要目的是阐述电子商务发展对社会经济的革命性影响，强调电子商务的重要性，为后面章节的开展做铺垫。

课后练习与实践训练

一、不定项选择题

1. “电子数据交换”的英文缩写是（　　）。

   A. EDI　　B. ICP　　C. FTP　　D. ISP

2. 电子商务实质上形成了一个（　　）的市场交换场所。

   A. 在线实时　　B. 虚拟性　　C. 全球性　　D. 网上真实

3. 电子商务的意义是（　　）。

   A. 改变商务活动的方式　　B. 改变经营方式
   C. 改变组织结构和职能　　D. 改变消费方式

4. 驱动电子商务发展的主要因素有（　　）。

   A. 经济发展的需求　　B. 信息技术的发展
   C. 新闻媒体的炒作　　D. 军事竞争的需要

5. 电子商务的优势有（　　）。

   A. 无空间限制　　B. 具有个性化　　C. 更为便捷　　D. 安全性更高

二、简答题

1. 结合自身经历，谈一谈你对电子商务的理解。
2. 什么是互联网思维，互联网思维的核心是什么？
3. 电子商务发展的推动因素有哪些？
4. 中国电子商务发展的阶段有哪些？

5. 结合自身体验，阐述未来电子商务发展的趋势。

三、实践训练

1. 访问当当网，完成以下任务：

（1）搜索“电子商务概论”书籍，观察默认排名前五的图书，再按销量、好评、出版时间、价格排序，观察图书排序的变化；

（2）浏览自己最关注的一本图书的书评；

（3）如果你准备选购一本“电子商务概论”图书，当当网是否向你展示了足够的信息？如果准备采购，当当网应提供什么服务？如果对图书不满意，退货手续是否方便？（如无实际采购，可咨询有购买经验的同学，或参考页面最下端的“购物指南”）

2. 访问中国互联网络信息中心、阿里研究中心、中国电子商务研究中心、艾瑞咨询。下载最新一期中国互联网络统计报告和最新一期网商发展统计报告，收集整理我国互联网以及电子商务相关统计数据，填写完成表 1.1。

表 1.1 综合实训题表 1

年份	上网人数	网购普及率	电子商务交易额
2012			
2013			
2014			
2015			
2016			
2017			
2018			

拓展学习指南

电子商务是互联网时代的产物，学习电子商务有赖于对互联网的深刻理解，推荐读者课外观看央视财经频道纪录片《互联网时代》（共 10 集，2014 年 8 月 25 日首播）。

> 读者可在央视网搜索并观看《互联网时代》视频。

《互联网时代》是央视财经频道拍摄的一部全面、系统、深入、客观解析互联网的大型纪录片，反映了互联网的历史、现实与未来。

第二章　电子商务基础知识

【学习要点及目标】

1. 了解电子商务的基本概念。
2. 掌握电子商务的概念模型。
3. 掌握电子商务的分类。
4. 理解电子商务运作体系框架。

【核心概念】

电子商务概念　电子商务概念模型　电子商务分类　电子商务运作体系框架

引导案例

三只松鼠：天猫上的坚果老大

“三只松鼠”是由安徽三只松鼠电子商务有限公司于2012年7月推出的互联网森林食品品牌，主要销售坚果、干果、茶叶等产品。上线仅仅65天，三只松鼠的销售额在淘宝天猫坚果行业就跃居第一名；2012年“双十一”时，三只松鼠实现日销售额766万元，名列全网食品类电商当日销售收入第一，2014年6月19日当天的销售额则又突破1200万元。

控制产品品质是三只松鼠成功的首要因素。三只松鼠在全国范围内寻找产品的原产地，统一采取订单式合作，并提前支付预付款，同时，保证每一家厂商不生产超过两样产品。三只松鼠在收购原材料之后，先委托当地企业加工成半成品，然后半成品被送回三只松鼠位于芜湖高新区的10 000平方米的封装工厂中，或存于0～5℃的冷库中，或保存在20℃恒温的全封闭车间中。相对于传统销售，这样大大减少了货架期，得以将商品从生产出来到卖给消费者的时间控制在一个月以内，也实现了以销定产。

提高消费者体验是三只松鼠能够成功的又一个重要因素。三只松鼠的产品被加工得易剥，并用双层包装，而且还会在包裹中提供纸袋、夹子、垃圾袋、纸巾、微杂志等，吃坚果的工具基本上都能在包裹里找到。这就是把服务的意识融入产品当中。而互联网能将“服务”发挥到极致，实现一对一的服务。比如用软件识别几个关键指数以筛选出目标用户：顾客购买的客单价、二次购买频率、购买内容、购买打折商品的比例、几次购买等。识别出了这些，顾客每次购买三只松鼠产品所收到的包裹都会不一样。

本例改编自沈凌莉《三只松鼠：天猫上的坚果老大》一文，少部分内容摘自天猫网三只松鼠店铺网站。

案例导学：三只松鼠是一家非常成功的互联网零售企业。互联网零售是电子商务的一个重要组成部分，本书的第三章将详细讨论在线零售的内容。互联网零售市场竞争激烈，三只松鼠能够占据优势关键还在于合适的网络营销策略和强大的订单履行能力，这正是本书第四章和第五章的主要内容。本章是对全书的概览，我们将讨论电子商务的概念和体系结构，大家将会全面了解电子商务的基础知识。

第一节　电子商务的概念与参与对象

一、电子商务的概念

关于电子商务的定义、解释、内涵和外延存在诸多学说，不同的学者、组织和企业从不同角度对电子商务的概念进行阐述。作为舶来品，电子商务在英文当中有两个词汇来表达，即 electronic commerce 和 electronic business，虽然都翻译成“电子商务”，但是两者的内涵并不完全一致。

1. 社会组织对电子商务的定义

联合国经济合作和发展组织（OECD）在有关电子商务的报告中对电子商务的定义：电子商务是发生在开放网络上的包含企业之间（business to business）、企业和消费者之间（business to consumer）的商业交易。

全球信息基础设施委员会（GIIC）电子商务工作委员会报告草案中对电子商务定义如下：电子商务是运用电子通信作为手段的经济活动，通过这种方式人们可以对带有经济价值的产品和服务进行宣传、购买和结算。这种交易的方式不受地理位置、资金多少或零售渠道的所有权影响，企业、公司、政府组织、各种社会团体、一般公民、企业家都能自由地参加广泛的经济活动，其中包括农业、林业、渔业、工业和服务业。电子商务能使产品在世界范围内交易，并向消费者提供多种多样的选择。

欧洲议会给出的关于电子商务的定义是：电子商务是通过电子方式进行的商务活动。它通过电子方式处理和传递数据，包括文本、声音和图像。它涉及许多方面的活动，包括货物电子贸易和服务、在线数据传递、电子资金划拨、电子证券交易、电子货运单证、商业拍卖、合作设计和工程、在线资料、公共产品获得。它包括了产品（如消费品、专门设备）和服务（如信息服务、金融和法律服务）、传统活动（如健身、体育）和新型活动（如虚拟购物、虚拟训练）。

中国电子商务协会发布的《中国电子商务发展分析报告》中对电子商务进行了定义。分析报告认为：电子商务是以电子形式进行的商务活动。它在供应商、消费者、政府机构和其他业务伙伴之间通过电子方式（如电子函件、报文、互联网技术、电子公告牌、智能卡、电子资金转账、电子数据交换和数据自动采集技术等）实现非结构化或结构化的商务信息的共享，以管理和执行商业、行政和消费活动中的交易。电子商务是建立在全社会的“网络就绪”的基础上，利用信息技术实现社会商业模式、管理模式和组织机构的创新与变革，使全社会资源以透明、快捷、全息和互动方式流动带来整个社会生产经营活动价值链的改变。

2. 企业组织对电子商务的定义

IBM公司的电子商务概念包括企业内部网、企业外部网、电子商务三个部分，它所强调的是在网络环境下的商业化应用，不仅仅是硬件和软件的结合，也不仅仅是我们通常意义上强调交易的狭义的电子商务，而是把买方、卖方、厂商及其合作伙伴在互联网、企业内部网和企业外部网结合起来的应用。它同时强调这三部分是有层次的：只有先建立良好的内部网，建立好比较完善的标准和各种信息基础设施，才能顺利扩展到企业外部网，最后扩展到电子商务。

惠普公司提出电子商务、电子业务、电子消费和电子化世界的概念。它对电子商务的定义是：通过电子化手段来完成商业贸易活动的一种方式，电子商务使我们能够以电子交易为手段完成物品和服务等的交换，是商家和客户之间的联系纽带。它包括两种基本形式：商家之间的电子商务及商界与最终消费者之间的电子商务。

3. 本书对电子商务的定义

上述有关电子商务的定义大多形成于2000年左右，当时的电子商务发展尚处于雏形，不仅相对简单，而且很多属性、特征和业态都远未显露。要深入认识当前电子商务的具体属性，必须结合以下几个方面具体分析。

首先，电子商务有广义与狭义之分。广义的电子商务是指各行各业（包括政府机构和企业、事业单位）、各种业务的电子化、网络化，可称为电子业务，包括电子商务、电子政务、电子军务、电子医务、电子教务、电子公务、电子事物、电子家务等。狭义的电子商务是指人们利用电子化手段进行以商品交换为中心的各种商务活动，是公司、厂家、商业企业、工业企业与消费者个人之间的交易，是双方或各方利用计算机网络进行的商务活动，也可称为电子交易，包括电子商情、电子广告、电子合同签订、电子购物、电子交易、电子支付、电子转账、电子结算、电子商场、电子银行等不同层次、不同程度的电子商务活动。

其次，电子商务中的“电子”不仅指互联网，还包括其他各种电子工具。电子商务的本质是商务，商务主要指产品及服务的销售、贸易和交易活动。电子商务针对整个商务交易过程，涉及信息流、商流、资金流及物流四个基本流形态。

最后，电子商务可以从宏观与微观两个方面来考察。从宏观上讲，电子商务是计算机网络的又一次革命，是在通过电子手段建立一种新的经济秩序，它不仅涉及电子技术和商业交易本身，而且涉及诸如金融、税务、教育等社会其他层面，是继工业革命后的又一次革命；从微观角度说，电子商务是指各种具有商业活动能力的实体（生产企业、商贸企业、金融机构、政府机构、个人消费者等）利用网络和先进的数字化传媒技术进行的各项商业贸易活动。

阅读案例

商务部：电商迎来发展良机

据2013年11月25日《经济导报》报道（记者 吕文）2013年“双十一”的网上“淘宝”盛筵尘埃落定，商务部日前又发布其制定的《关于促进电子商务应用的实施意见》，提出十项措施助力电子商务企业发展，到2015年要使我国电子商务交易额超过18万亿元。种种迹象表明，随着我国零售业和外贸发展进入转型升级的关键时期，电子商务在市场和政策方面均迎来难得的发展良机。

商务部调查数据显示，传统零售业面临多重挑战，其中最大的压力来自于成本费用的持续上涨。2012 年全国连锁百强企业平均房租比上年上涨 21%，人工费用上涨 20.5%。经过近 30 年的高速增长，我国消费市场已经告别 20%左右的高增速。今年前三季度，我国社会消费品零售总额同比仅增长 11.3%。

与此形成鲜明对比的是，凭借网上交易的低成本和便利性，电子商务近年来发展势头非常迅猛，并给传统商业领域带来革命性的变化。据商务部监测，2012 年，我国电子商务交易总额突破 8 万亿元，同比增长 31.7%；今年前 3 季度全国 3000 家重点零售企业网络购物同比增长 34.7%，目前大部分企业已开始“触电”。2013 年“双十一”期间，仅阿里巴巴平台天猫、淘宝的交易额即高达 350 多亿元，同比猛增逾八成，更凸显了电子商务的巨大发展潜力。

不仅如此，在传统外贸出口增长乏力的形势下，跨境电商正成为我国对外贸易新的增长点，正在改变传统国际贸易格局。国家发改委的数据显示，2011 年我国跨境电子商务交易额达到 1.6 万亿元，同比增长 33%；2012 年跨境交易额 2 万亿元，同比增长超过 25%，增速远高于外贸增速。

按照商务部制订的目标，到 2015 年，网络零售额将相当于社会消费品零售总额的 10%以上，我国规模以上企业应用电子商务比例达 80%以上；应用电子商务完成进出口贸易额力争达到我国当年进出口贸易总额的 10%以上；电子商务服务业将实现规模化、产业化、规范化发展。

为推动电子商务的全面健康发展，我国将促进电子商务的立法工作。同时，中央和地方将安排专项资金，选择零售、跨境贸易、农产品和生活服务等重点领域进行突破。

可以预计，随着相关措施的逐一落实，以及我国经济转型步伐的加快，电子商务将迎来更加广阔的发展空间。

二、电子商务的概念模型

电子商务的概念模型是对现实世界中电子商务活动的一般抽象描述，它由交易主体、电子市场（electronic market，EM）、交易事务和信息流、资金流、物流等基本要素构成。电子商务的概念模型如图 2.1 所示。

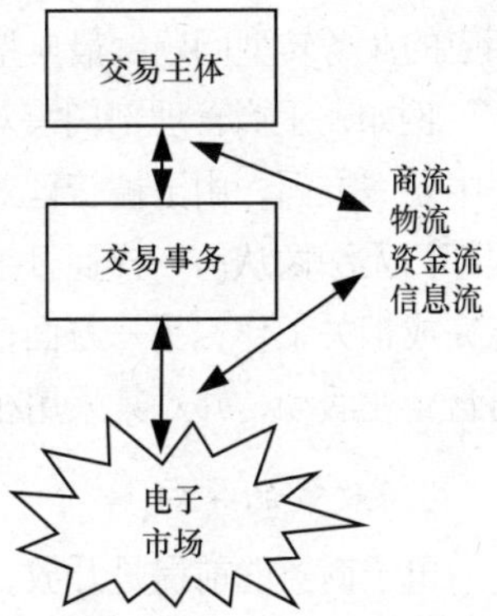

图 2.1　电子商务的概念模型

在电子商务概念模型中，交易主体是指能够从事电子商务活动的客观对象，如企业、银行、商店、政府机关、科研教育机构和个人等；电子市场是指电子商务实体从事商品和服务交换的场所，它由各种各样的商务活动参与者，利用各种通信装置，通过网络连接成一个统一的经济整体；交易事物是指电子商务实体之间所从事的具体的商务活动的内容。如询价、报价、转账支付、广告宣传、商品运输等。电子商务的任何一笔交易，包含四种基本的“流”，即商流、物流、资金流和信息流。其中物流是基础，信息流是桥梁，商流是载体，资金流是目的。

商流指物品在流通中发生形态变化的过程，即由货币形态转化为商品形态，商品形态转化为货币形态的过程，随着买卖关系的发生，商品所有权发生转移。因此，商流解决的是商品价值与使用价值的实现。经过商流，商品变更了所有权。

物流主要是指商品和服务的配送和传输渠道，对于大多数商品和服务来说，物流可能仍然由传统的经销渠道完成，然而对有些商品和服务来说，可以直接以网络传输的方式进行配送，如各种电子出版物、信息咨询服务、有价信息等。

资金流主要是指资金的转移过程，包括付款、转账、兑换等过程。

信息流既包括商品信息的提供、促销营销、技术支持、售后服务等内容，也包括诸如询价单、报价单、付款通知单、转账通知单等商业贸易单证，还包括交易方的支付能力、支付信誉、中介信誉等。对于每个交易主体来说，面对的是电子市场，必须通过电子市场选择交易的内容和对象。

因此，电子商务的概念模型可以抽象地描述为每个电子商务交易的主体和电子市场之间的交易事务关系。

三、电子商务参与对象

电子商务的参与对象不仅只有企业和消费者，还有政府和中介机构。

（一）企业和消费者

企业是电子商务的最主要的推动者和收益者。

消费者是经济活动的不可缺少的重要一环，在电子商务中其角色定位明确，也比较容易理解。

（二）政府

在电子商务环境中，政府应该发挥何种作用，各国政府的态度不尽相同。对于我国来说，政府在电子商务中扮演着双重角色，既是宏观政策的制定者和调控者，又是商业采购的积极参与者。政府在电子商务中应该发挥的作用还表现在以下几方面。

1. 政府业务的转型

对于工业企业、商业企业而言，电子商务实质上是一种业务转型。事实上，也有一些相关政府部门因为其职能需要（如对某些企业或商品进行调配、管理，对企业行为进行监督等），也必须作为贸易模型的一个环节加入到电子商务当中来，政府部门在这个加入过程中，也存在着相应的业务转型问题。最典型的是政府与企业之间的数据传输。

例如，工商管理部门需对下属各类企业的经营活动进行管理，就必须介入到电子商务的过程中。一方面，由于被管理对象已经集成到电子商务中去了，业务过程变成完全无纸化的，管理部门无法像从前一样通过纸面单证来监督企业活动，必须加入到企业的现有贸易活动中，才能完成相关工作；另一方面，管理者加入电子商务可以更及时准确地获得企业信息，更严密地监督企业活动，并对其采用相应的技术手段执法，从而加大执法力度，提高政府威信。

2. 政策的导向

电子商务的前提是开放，因为一切商务活动均建立在一个开放的公共网络之上。开放的网络必然带来贸易环境的开放，因此，国家在贸易政策上要想全面加入世界范围的电子商务中，必须坚持并继续发展现行的开放政策。而其中一些关于保护民族工业等问题与之又有一定的矛盾，需要国家采取相应的措施予以解决。

3. 认证中心问题

电子商务中最重要的也是最核心的问题就是安全和信任，因为网上的交易不是面对面的交易，双方都无法确认对方的身份，而这一问题既要通过技术手段来解决，同时也需要一个权威机构负责其中的仲裁和信誉保证。这一角色显然应该由政府出面或指定相关机构或部门来担当，这就是所谓的认证中心（certificate authority，CA），它必须具备一定的法律效力。

（三）中介机构

在电子商务环境下，大量的新兴中介机构将会产生，它们在一定程度上决定了电子商务的成败。电子商务环境中的中介机构是指为完成一笔交易，在买方和卖方之间起桥梁作用的各种解决代理实体。大部分的金融性服务行业，如银行、保险公司、信用卡公司、基金组织、风险投资公司都是中介机构；其他的像经济人、代理人、仲裁机构也都是中介机构。

大致来说，中介机构可以分为三类：一是为商品所有权的转移过程（即支付机制）服务的，像那些金融机构；二是提供电子商务软硬件服务、通信服务的各种厂商，像 IBM、微软这样的软硬件和解决方案提供商；三是像雅虎、谷歌这样的提供信息及搜索服务的信息服务增值商。表 2.1 详细列出了电子商务环境中的各种中介机构。

表 2.1　商务中介机构

中 介 机 构	定义及代表
设备提供商	服务器、客户端、路由器、网卡
网络接入服务	电信运营商
支付服务	维萨、万事达、支付宝
网页设计及咨询机构	帮助用户建立站点，并收取一定费用的公司
网上信息发布媒体	雅虎、新浪、自媒体
网上搜索引擎	谷歌、百度、必应
市场咨询服务	消费者调查、购买指南

第二节　电子商务的分类

在电子商务系统中，由于开展电子商务的目的不同，使用方式不同，可能存在着一些差别，但其本质是相同的。怎样将这些各式各样的开展电子商务的企业进行分类，以便于对其进行研究，是一个看似容易但其实相当复杂的问题，不同的认识有不同的划分方法。下面我们按照目前较为肯定的说法来进行一下划分。

一、按交易对象划分

1. 企业对消费者

企业对消费者的电子商务（business to consumer，B to C，B2C，也称商家对个人客户或商业机构对消费者），即网络零售，是指企业通过互联网为消费者提供的完成订购商品或服务的活动。企业对消费者的电子商务基本上表现为网上在线零售形式。企业建立自己的网站，推销自己的产品、服务，形成网上商店。消费者通过访问网上商店，浏览商品，进行网上购物或接受服务。

知识拓展

艾瑞咨询数据显示，2013 年中国网络购物市场中 B2C 交易规模达 6500 亿元，在整体网络购物市场交易规模的比重达到 35.1%，较 2012 年的 29.6%增长了 5.5 个百分点。从增速来看，B2C 市场增长迅猛，2013 年中国网络购物 B2C 市场增长 68.4%，远高于 C2C 市场 30.9%的增速，B2C 市场将继续成为网络购物行业的主要推动力。预计到 2017 年，B2C 在整体网络购物市场交易规模中的比重将超过 C2C，达到 52.4%。

据艾瑞咨询分析，B2C 成为中国网络购物市场的主要推动力有以下几方面：①从市场方面来看，C2C 市场发展较为稳定，成长空间有限，而 B2C 市场中众多企业都可以进入，存在较多的市场机会，未来也将有较大的发展空间；②从企业方面看，除了传统的电商 B2C 网站外，传统企业也纷纷加入 B2C 市场，B2C 逐渐被各大企业所重视；③从消费者方面看，随着网络购物的逐步发展与成熟，网络购物用户的消费观念逐渐发生改变，对商品品质的诉求不断提升，与 C2C 相比，B2C 在信誉和质量保障方面更能满足网络购物用户的消费诉求。

2. 企业对企业

企业对企业（business to business，B to B，B2B，也称为商家对商家或商业机构对商业机构）的电子商务，是指在互联网上采购商与供应商进行谈判、订货、签约、接受发票和付款以及索赔处理、商品发送管理和运输跟踪等所有活动。企业间的电子商务具体包括供应商管理、库存管理、销售管理、信息传递以及支付管理等功能。

企业间的电子商务又可以分为两种：一种是非特定企业间的电子商务，它是在开放的网络中对每笔交易寻找最佳伙伴，并与伙伴进行从订购到结算的全面交易行为；另一种是特定企业间的电子商务，是指与过去一直有交易关系而且今后要继续进行交易的企业间围绕交易进行的各种商务活动。特定的企业间买卖双方既可以利用大众公用网络进行，也可以利用企业间专门建立的网络完成。

知识拓展

据新华网杭州 2014 年 3 月 19 日电（记者　舒继华）国内电子商务市场第三方研究机构——中国电子商务研究中心在杭州发布了《2013 年度中国电子商务市场数据监测报告》，数据显示，2013 年中国电子商务市场交易规模达 10.2 万亿元，同比 2012 年的 8.5 万亿元，增长 20%。

在电子商务各细分行业中，B2B 电子商务占比 80.4%，2013 年交易额达 8.2 万亿元，同比增长 31.2%；网络零售交易规模市场份额占比 17.6%，交易规模达 18 851 亿元，同比增长 42.8%；网络团购占比 0.6%；其他占 1.4%。

业内专家指出，2013 年各类 B2B 运营商加速商业模式的探索，中国电子商务研究中心高级分析师张周平分析称，这一年的网络零售市场围绕“价格战”“并购”“整合”进行，保持了高速发展态势，从之前的混乱格局逐渐走向清晰。“团购行业经历三年的起伏，2013 年国内大型团购网站相继实现赢利共同推动团购市场规模，团购俨然已经成为消费者最主要的消费形式之一。”张周平说。

在区域分布上，电子商务规模排在前十的省份（含直辖市）分别为：广东省、江苏省、北京市、上海市、浙江省、山东省、湖北省、福建省、四川省、湖南省。分析指出，目前国内电子商务发展依然呈现不平衡，东南沿海及经济发达地区电子商务规模较大，而中、西部地区则刚刚起步。

业内人士表示，近年来，政府大力支持企业利用电子商务平台开展国际贸易，建设电子商务示范基地，对电子商务产业发展发挥了积极作用。未来 B2B 电子商务应用将会得到飞跃式的发展。

据中国电子商务研究中心监测数据显示，截至2013年12月，电子商务服务企业直接从业人员超过235万人。目前由电子商务间接带动的就业人数，已超过1680万人。“电子商务正在为中国社会创造新的经济增长点、新市场和新的就业方式。”张周平说。

（原文链接：http://news.xinhuanet.com/fortune/2014-03/19/c_119849576.htm）

3. 企业对政府机构

企业对政府机构（business to government，B to G，B2G）之间的电子商务涵盖了政府与企业间的各项事务，包括政府采购、税收、商检、管理条例发布以及法规政策颁布等。一方面，政府作为消费者可以通过互联网发布自己的采购清单，公开、透明、高效、廉洁地完成所需物品的采购；另一方面，政府针对企业的各种宏观调控、指导规范及监督管理的职能借助网络以电子方式更能充分、及时地发挥。总之，在电子商务中政府扮演着双重角色：既是电子商务的使用者，进行购买活动，属商业行为；又是电子商务的宏观管理者，对电子商务起着扶持和规范的作用。

4. 消费者对政府机构

消费者对政府机构（consumer to government，C to G，C2G）的电子商务就是消费者与政府之间进行的电子商务或事务合作活动，包含政府面向个人消费者的电子政务。这类电子商务或事务合作主要是在政府与个人之间借助于互联网开展事务合作或商业交易，比如个人网上纳税、网上事务审批、个人身份证办理和社会福利金的支付等。这方面更多地体现为政府的电子政务。

5. 消费者对消费者

消费者对消费者（consumer to consumer，C to C，C2C）间电子商务就是消费者与消费者之间进行的电子商务或网上事务合作活动。这类电子商务或网上事务合作主要借助一些特殊的网站在个人与个人之间开展事务合作或商业交易，比如网上物品拍卖、个人网上事务合作和网上跳蚤市场等。注意，这里所指的个人可以是自然人也可以是商家的商务代表。消费者与消费者的电子商务能够实现家庭或个人的消费物资再调配、个人脑力资源和专门技能的充分利用，从而最大限度地减少人类对自然资源和脑力资源的浪费。即个人借助网络满足自己个性化的机会大大增加了，社会各类资源包括物资资源与智力资源，也能得到更广泛与更充分的使用。同样，这类电子商务是近年来电子商务发展的一个热点。

6. 其他类型

电子商务除上述几种主要类型外，还有消费者与企业之间的电子商务（consumer to business，C to B，C2B）、企业与员工之间的电子商务（business to employee，B to E，B2E）、企业联合体与消费者之间的电子商务（business to business to consumer，B to B to C，B2B2C）等。

二、按交易过程划分

电子商务按交易过程可以划分为交易前、交易中和交易后三类。

1. 交易前电子商务

交易前电子商务主要是指买卖双方和参加交易其他各方在签订贸易合同前的准备活动，包括以下几方面。

（1）买方根据自己要买的商品，准备购货款，制订购货计划，进行货源市场调查和市场分析，然后反复进行市场查询，了解各个卖方国家的贸易政策，修改购货计划和进货计划，确定和审批购货计划，再按计划确定购买商品的种类、数量、规格、价格、购货地点和交易方式等。

（2）卖方根据自己所销售的商品，召开商品新闻发布会，制作广告进行宣传，全面进行市场调查和市场分析，制订各种销售策略和销售方式，了解各个买方国家的贸易政策，利用互联网和各种电子商务网络发布商品广告，寻找贸易伙伴和交易机会，扩大贸易范围和商品所占市场的份额。其他参加交易的各方，如中介方、银行金融机构、信用卡公司、海关系统、商检系统、保险公司、税务系统和运输公司等，也都为进行电子商务交易做好相应的准备。

（3）买卖双方对所有交易细节进行谈判，将双方磋商的结果以文件的形式确定下来，然后以书面文件形式或电子文件形式签订贸易合同。在这一阶段，交易双方可以利用现代电子通信设备，经过认真谈判和磋商，将双方在交易中的权利、所承担的义务，对所购买商品的种类、数量、价格、交货地点、交货期、交易方式和运输方式、违约和索赔等合同条款，全部以电子交易合同方式做出全面、详细的规定，合同双方可以通过数字签名等方式签约。

2. 交易中电子商务

交易中电子商务主要是指买卖双方签订合同后到合同开始履行之前办理各种手续的过程，要涉及中介方、银行金融机构、信用卡公司、海关系统、商检系统、保险公司、税务系统和运输公司等。买卖双方要利用电子商务系统与有关各方进行各种电子票据和电子单证的交换，直到办理完这一过程的一切手续为止。

3. 交易后电子商务

交易后的活动从买卖双方办完所有手续之后开始，卖方要备货、组货，同时进行报关、保险、取证和发信用证等。卖方将所售商品交付给运输公司包装、起运和发货，买卖双方可以通过电子商务服务器跟踪这一过程，银行和金融机构也按照合同处理双方收付款，进行结算，直到买方收到自己所购商品，这时才完成了整个交易过程。

三、按商品交易过程完整程度划分

商品交易过程以产品形成为起点，以产品交付或实施服务为终点，按交易过程在网络上完成的程度，电子商务可以划分为完全电子商务和不完全电子商务两种类型。

1. 完全电子商务

完全电子商务指产品或服务的交易全过程（信息流、物流和资金流）都在网络上实现的电子商务。一些数字化的无形产品和服务，如计算机软件、电子书籍、娱乐内容（影视、游戏、音乐等）、远程教育、网上订房、网上订票以及电子证券等，供求双方直接在网络上完成订货或申请服务、货款的电子支付与结算、实施服务或产品交付即从网络上下载产品等全过程，而无需借助其他手段。完全电子商务是充分超越时空限制尤其是空间限制的电子商务，在理论上是电子商务的最高境界，但交易对象限于无形产品和网上信息服务。

2. 不完全电子商务

不完全电子商务指商品交易的全过程不能完全在网络上实现的电子商务。一些物质和非数字化的商品交易只能在网络上完成信息流和资金流，而物流的完成需要借助其他一些外部辅助系统，如企业自营物流系统、第三方物流系统以及第四方物流系统。

四、按使用网络类型划分

根据目前支撑电子商务开展的网络类型，电子商务可以分为五种主要形式：第一种形式是基于电子数据交换的电子商务；第二种形式是基于互联网的电子商务；第三种形式是基于内部网的电子商务；第四种是基于外部网的电子商务；第五种是基于移动通信网络和互联网技术的移动商务。

1. 基于电子数据交换的电子商务

在20世纪80年代末期，发达国家电子数据交换的急剧发展，不仅引发了全球范围的无纸贸易热潮，同时也促进了与商务过程有关的各种信息技术在商业、制造业、基础工业及服务业的广泛应用，导致了商务运作全过程的电子化。

2. 基于互联网的电子商务

20世纪90年代以来，互联网风靡全球，基于互联网的电子商务应运而生。这时的电子商务是基于计算机和软件以及在通信网络上从事的经济活动。它以电子通信为手段，通过这种方式，人们可以在计算机网络上宣传自己的产品和服务，同时进行交易和结算。也就是说，人们可以利用互联网进行交流和从事电子交易活动。凭借互联网这个载体，电子商务将商务活动中的信息流、物流和资金流等所有业务流程汇集在一个整合的“场”。通过对“场”里信息资源的共享和业务的重组，电子商务不仅可以降低经营成本、加速资金周转、提高管理服务水平，更加快了企业实体的市场适应能力。这种基于全球计算机信息网络的电子商务，又被称为第二代电子商务。

3. 基于内部网的电子商务

内部网是在互联网基础上发展起来的企业内部网。内部网与互联网连接，其间用防火墙（firewall）隔离，从而实现了开放性与安全性的统一。一方面，保证企业各部门和人员可以充分享用互联网的全部功能；另一方面，保障企业内部有关信息的安全，不受外部非法访问，同时，又可充分发挥企业内部信息系统的全部功能。内部网将大中型企业分布在各地的分支机构及企业内部有关部门和各种信息通过网络予以连通，使企业各级管理人员能够通过网络方便读取自己所需的信息，利用网上在线事务的处理代替纸张贸易和内部流通，从而有效地降低了交易成本，提高了经营效益。

4. 基于外部网的电子商务

外部网是互联网的另一种应用，它是内部网的外部扩展和延伸。在互联网的基础上，将一些企业的内部网通过访问控制和路由器予以连接，构成一个虚拟网络，便形成了外部网，也就是企业外部网或外联网。外部网能使企业和其他企业及相关机构如原材料供应商、部件供应商、产品批发商、用户、银行、工商管理和税务部门等之间互访内部网，开展商品交易及相关作业。同时由于外部网置于防火墙之后，拒绝非法外来访问，从而使得这种商务活动具有与内部网同样的安全性。又由于它通过互联网来实现内部网之间的连接，所以既能够利用互联网覆盖面广的优点来扩大合作面，同时又能利用互联网使用成本低廉的优点。

基于外部网的电子商务主要有两类企业开展，一类是没有采用电子数据交换的中小企业，其主要目的是降低交易成本；另一类是已经采用电子数据交换的大型企业，其主要目的是扩大现有的电子数据交换系统，同时也扩大合作伙伴的范围。

5. 移动商务

移动商务是基于移动通信网络和互联网络技术使用手机、平板电脑等和其他移动智能终端进行的交易、支付和认证等电子商务活动。与传统电子商务相比，拥有更为广泛的用户基础，因此具有极为广阔的市场前景。

五、按交易地域范围划分

按交易的地域范围，电子商务可以划分为本地电子商务、远程国内电子商务和全球电子商务三种类型。它们之间的差别主要表现在对于电子商务系统和电子商务环境方面有着特定的要求。

1. 本地电子商务

本地电子商务是指在本地区范围内开展的电子商务。具体地说，交易双方都在本地范围之内，利用本地的网络开展商品交易或相关作业。本地电子商务是开展国内远程电子商务和全球电子商务的基础系统。与其他两种电子商务类型相比，本地电子商务由于地理范围较小的原因，物质商品的货物运送相对快捷。在有些国家，它还会受到本地区特殊政策、法规的影响和支配。此外，本地电子商务系统可以整合本地资源，在国内远程电子商务和全球电子商务应用中发挥本地整体资源优势，对本地资源起到很好的作用。

2. 远程国内电子商务

远程国内电子商务是指在本国范围内开展的电子商务。在这种电子商务应用中，交易双方及相关部门分处国内的不同地区，利用本国电子商务系统开展商品交易和相关作业。国家电子商务系统在构成要素和连接网络上与地区电子商务系统没有本质区别，只不过是其交易地域范围较大，对软硬件和技术要求较高，要求在全国范围内实现商业电子化、自动化和金融电子化，交易各方须具备一定的电子商务知识、经济能力和技术能力，并具有一定的管理水平和能力等。

3. 全球电子商务

全球电子商务是指在全世界范围内开展的电子商务。交易双方及相关部门处于不同的国家或地区，通过网络开展商品交易和相关作业。全球电子商务业务内容繁杂，数据来往频繁，要求全球电子商务系统的构成要素在前两种电子商务系统的基础上，还应增加国家商业进出口电子业务系统、海关电子化信息系统，并制订全球统一的电子商务标准和电子贸易协议。

第三节　电子商务系统框架

电子商务的框架结构是指实现电子商务从技术到一般服务层所应该具备的完整的运作基础。电子商务系统不是一个孤立的系统，它需要和外界进行信息交流。可将电子商务系统的基本框架归纳为如图 2.2 所示的形式。

电子商务系统框架的组成要素包括：社会环境，网络、硬件、软件及开发环境，商务服务环境，电子商务应用。

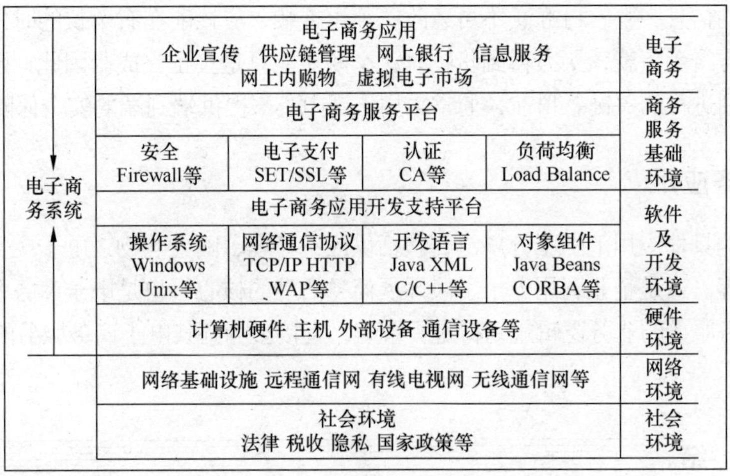

图 2.2　电子商务系统的基本框架结构

一、社会环境

电子商务的社会环境主要包括法律、税收、国家政策等方面。

电子商务的显著特点是全球性，它将改变全球经济，并通过让更多资源为更多人所用而改善人们的生活，改变人们的思维方式。也正是因为它的这种全球性，从诞生之日起，电子商务就面临着一系列不可避免的问题，如安全性问题、知识产权问题、电子文件的有效性问题等，这些问题都对建立新的法律环境提出了迫切要求。

在税收方面电子商务必然更多地触动各国关税机构，同时对各个国家内部的税收制度也带来新的挑战。一个商家对商家的电子商务交易从贸易伙伴的联络、询价议价、签订电子合同，一直到发货运输、货款支付都可以通过网络实现，整个交易过程是无形的。这势必为海关统计、税务征收等工作带来一系列的问题。

电子商务作为一种交易模式，它的跨地域性非常明显，这与各个国家的不同体制和不同国情是有一定冲突的，既要加强国际间的合作，同时应制定适合国情的相应政策，主要包括投资、税收和收费政策。

二、网络、硬件、软件及开发环境

网络设施是实现电子商务最底层的硬件基础设施，包括远程通信网、有线电视网、无线通信网和互联网等。这些网络都在不同层次上提供电子商务所需的传输线路，但是大部分的电子商务运作还是基于互联网媒介的。

计算机主机、外部设备和通信设备构成电子商务系统的硬件环境，这是电子商务系统运行的硬件平台。

软件及开发环境为电子商务系统的开发、维护提供软件平台支持，包括操作系统、网络通信协议、软件开发工具等。

三、商务服务环境

商务服务环境主要包括安全、支付、认证等。对于电子商务来说，为了保证商业信息的安全性，使传递的信息完整、可靠、不可篡改、不可抵赖，应该能在有争议的时候提供适当的证据，只有在卖方得到货款，买方得到货物时，交易才能算是真正完成。因此，网上支付的安全是保障交易顺利进行的关键。目前，通常采用认证中心来提供端到端的安全保障。

四、电子商务应用

电子商务的具体应用范围十分广泛，包括供应链管理、网上购物、电子广告、有偿信息服务和网上银行等。这是企业利用电子手段开展商务活动的核心，也是电子商务系统的核心组成部分。企业商务服务的业务逻辑规划得是否合理，直接影响到其电子商务服务的功能。

本章小结

本章从电子商务的概念入手，讨论电子商务的概念模型、参与对象、电子商务分类以及电子商务系统框架等内容。

课后练习与实践训练

一、单项选择题

1. 完全电子商务指的是（　　）。
   A. 可以通过电子商务方式实现和完成完整交易的交易行为和过程
   B. 不能完全依靠电子商务方式实现和完成完整交易的交易行为和过程
   C. 利用本地区或本城市的信息网络实现的电子商务活动
   D. 在本国范围内进行的网上电子交易活动
2. 电子商务中的 B2B 是指（　　）。
   A. 企业与消费者　B. 企业与政府　C. 企业与企业　D. 消费者与消费者
3. 电子商务的对象是（　　）。
   A. 商品的生产厂家　B. 商品的消费者
   C. 以商品交易为中心的各种经济事务活动　D. 通信行业
4. 狭义电子商务是指（　　）。
   A. 供应链管理　B. 生产管理
   C. 使用互联网开展商务活动　D. 使用电话开展商务活动
5. 在电子商务交易过程中，负责通过网络与客户和银行进行交互完成支付的是（　　）。
   A. 认证中心　B. 支付网关　C. 客户关系管理　D. 搜索引擎

二、多项选择题

1. 按照网络类型划分电子商务可以分为（　　）。
   A. 基于电子数据交换电子商务　B. 基于互联网电子商务
   C. 不完全电子商务　D. 基于外部网电子商务

2. 电子商务交易过程中的三流以下描述正确的是（　　）。

A. 信息流　　B. 商流　　C. 人员　　D. 物流

3. 以下属于电子商务功能的是（　　）。

A. 广告宣传　　B. 网上支付　　C. 咨询洽谈　　D. 交易管理

4. 支撑电子商务的社会环境包括（　　）等因素。

A. 税收　　B. 隐私　　C. 法律　　D. 国家政策

三、简答题

1. 比较 e-commerce 与 e-business 的区别。
2. 试述电子商务的基本框架结构。
3. 结合实践，谈谈电子商务的功能主要有哪些？
4. 电子商务有哪些主要的分类方法？

四、实践训练

【实训目的】通过实训使学生了解电子商务的基本概念，并了解目前比较知名的电子商务网站的运作情况，进行电子商务的实际操作和体验。

【实训内容】

1. 在浏览器中打开百度搜索引擎，在百度的“知道”和“百科”栏目查阅有关电子商务的概念和相关知识（推荐使用计算机查阅，如无计算机则选择手机等移动设备，下同）。

2. 登录戴尔公司中文网站的电子商务网站，观察其网站主页频道，自己动手实际体会该网站的功能。

3. 登录天猫，搜寻一件你最喜欢的商品，并尝试进行购买，从购买商品过程中可能涉及的时间、运输等方面分析它的优势与不足。

【实训报告】

1. 要求写出实训具体过程。
2. 阐述实训结果，总结实训体会，并对实训结果进行分析。

拓展学习指南

可登录“央视网”搜索并观看《商战之电商风云》。

《商战之电商风云》是中央电视台财经频道 2014 年 5 月出品的大型财经类纪录片（共 6 集）。该片全面展示了中国电子商务 15 年的历史，讲述 15 年电商领域的鲜活的故事，分享商业智慧，探讨商业规律，推荐读者业余时间在线观看。

第三章 网络零售

【学习要点及目标】

1. 理解网络零售的概念，掌握网络零售的分类。
2. 了解网络零售的发展概况，网络零售对传统零售业的影响。
3. 了解适合网络零售的产品类型及特点，掌握网络零售的商务模式。
4. 了解网络零售存在的问题。

【核心概念】

网络零售　网络零售模式　网络零售产品类型

引导案例

高速增长的网络零售业

2014年3月4日，电子商务研究中心发布了《2013年度中国网络零售市场数据监测报告》，各项监测数据均显示2013年中国网络零售市场保持了较高的增长。例如，报告显示截至2013年12月中国网络零售市场交易规模达18851亿元，较2012年的13205亿元同比增长42.8%，预计2014年有望达到27861亿。网络零售市场交易总规模占到社会消费品零售总额的8.04%，较2012年（6.3%）同比增长27.6%，预计到2014年达到9.8%。不仅如此，2013年我国网购用户规模也有了较大的增长，网购用户规模已达3.12亿人，较之前一年同比增长26.3%，而且随着我国网络购物环境日趋完善与成熟，网络购物的方便快捷、不受地域限制、选择范围广和低价的优势日益凸显，网购已不再是年轻人的专属，越来越多的大龄网民也加入到网购队伍当中，预计2014年年底中国网络购物用户规模将达到3.8亿。

> 读者可在电子商务中心网站查找并下载该报告原文。

案例导学：网络零售一直是电子商务中最引人注目的领域。网络购物的兴起对传统批发商、零售商、销售代理商的地位产生了重大的影响，并引发了从百货商店、超级市场、连锁商店演进而来的以“网上商店”为标志的第四次零售革命。本章将围绕网络零售展开讨论。

第一节 网络零售业概况

一、网络零售概述

互联网和零售业的结合产生了网络零售业（e-retailing），但有关网络零售的称谓比较混乱，“网上销售”“互联网购物”和“网络购物”等词汇经常混用。本书中所指的网络零售为所有通过互联网渠道（以电脑、手机或其他通信设备为终端）向最终消费者直接销售商品和服务，以供其作个人及非商业性用途的活动。网络零售属于电子商务中的一部分，在对网络零售产业进行分析时，很多学者会使用“网络零售商”或是“网上零售企业”来称呼网络零售中的参与企业。

按照电子商务的交易主体，网络零售可以分为 B2C 电子商务和 C2C 电子商务。按照网络购物网站是否参与具体的销售环节，又可以分为平台式销售模式和自主式销售模式。由于现在许多曾经以自主式销售模式为主的网站均转向平台式销售模式，本书仅采用交易主体的分类方法进行分类，将网络购物分为 B2C 和 C2C。

（1）B2C 模式。B2C 模式一般指规模较大的企业通过自主网站或网络零售平台进行商品销售。例如以鞋子为主要品类的乐淘网，就是典型的 B2C 企业。需要强调的是，在网络零售市场中存在很多双重身份的企业，比如京东网既通过自营网站开展销售又为第三方卖家提供网络零售平台。

（2）C2C 模式。C2C 模式中，商家入驻互联网销售平台开店进行网络销售，例如淘宝网上众多的小卖家。相比于传统购物方式，C2C 网上购物有价格便宜和购物便捷的优势。随着诸如淘宝等 C2C 网站的不断发展和成熟，C2C 网站提供给消费者的已经不仅仅是一个购物的平台，而是一个集娱乐与购物为一体的综合性网站。

二、全球网络零售业发展概况

进入 21 世纪第二个十年，全球网络零售业的发展应该说冷热不均，发达国家和部分发展中国家已经非常普及接近成熟，相反在一些不发达国家还是“新生”事物。下面简要介绍美国、韩国、英国网络零售业发展概况。

1. 美国网络零售业发展概况

美国是世界上网络零售最发达的国家之一。在美国，网络零售整体增长速度已经超过传统零售业的增长速度。2013 年美国网络购物（不包括旅游和票务）市场规模达到 2589 亿美元，和 2012 年的 2252 亿美元相比增长 15%。预计 2014—2017 年美国网购市场将保持 14%的复合增长率，2017 年市场规模有望达到 4342 亿美元。表 3.1 显示出美国最大的网络零售商亚马逊在美国零售市场上的排名。

表 3.1 美国零售商联合会、STORES 杂志 2012 年零售商 11 强

排名	公司名称	2012 年美国市场销售额（亿美元）	2012 年全球市场销售额（亿美元）	2012 年店铺数量
1	Wal-Mart（沃尔玛）	3 287.04	4 678.96	4 570
2	Kroger（克罗格公司）	921.65	921.65	3 538
3	Target（塔吉特公司）	719.60	719.60	1 778

续表

排名	公司名称	2012 年美国市场销售额（亿美元）	2012 年全球市场销售额（亿美元）	2012 年店铺数量
4	Costco（好市多）	710.42	970.62	435
5	The Home Depot（家得宝）	660.22	747.54	1 965
6	Walgreen（沃尔格林）	650.14	669.77	7 821
7	CVS Caremark	636.88	638.63	7 472
8	Lowe's	493.66	505.21	1 715
9	Safeway（西夫韦）	375.32	422.37	1 418
10	McDonald's（麦当劳）	355.93	882.90	14 146
11	Amazon.com（亚马逊）	344.16	610.93	-

（资料来源：美国零售商联合会，NRF Stores，Kantar Retail）

2. 韩国网络零售业发展概况

韩国网上购物在零售市场中的占有率也在逐年递增，其重要性越来越明显。2007 年韩国线上购物市场规模超过百货商店的市场规模，在全部零售份额中排名第二。韩联社 2014 年 1 月 2 日援引韩国流通业界消息称，2013 年韩国网络购物交易额达到 55 万亿韩元（约合人民币 3165 亿元），比 2012 年的 48 万亿韩元增加 14.6%。

业内普遍预测，2014 年韩国网络购物交易规模有望增加到 65 万亿韩元。其中，利用移动终端购物交易额预计从 2011 年的 6 千亿韩元增加到今年的 10 万亿韩元。利用移动终端交易额所占比重将从 2011 年的 1%提高到 2014 年的 15%。另外，在零售市场增长放慢的情况下，网络购物网站中团购（social commerce）占有率将从 2011 年的 6.3%提高到 2014 年的 8.2%。

3. 英国网络零售业发展概况

英国网络零售极为发达。网上零售商不仅做本国的生意，还将生意触角延伸到国际市场，其中澳大利亚、新西兰、美国是英国零售商主要的跨境电商出口目的地。英国在线零售的成功主要是由于时尚电商的发展。包括 ASOS、Net-a-porter 和 Farfetch 在内的英国电商品牌已经跻身最受国际消费者追捧前 20 大品牌的行列。Burberry、Dr Martens 和 Barbour 则是在海外搜索量最大的英国品牌。

三、中国网络零售业发展概况

据《第 33 次中国互联网络发展状况统计报告》显示，2013 年我国网络购物用户规模达 3.02 亿人，网络购物使用率达 48.9%，而网络购物市场交易规模达到 1.85 万亿元。随着购物类互联网平台的逐渐成熟，以及人们生活习惯的改变，如今越来越多的人开始利用网络进行购物，“逛网店”已经成为时下一种流行趋势。

1. 网络购物用户购买决策存在年龄代际区隔，分群分类促销效果更佳

根据中国互联网络信息中心《2013 年中国网络购物市场研究报告》显示，不同年龄代际横向比较来看，在购买不熟悉的产品时，“60 后”决策更看重购物网站的品牌；“70 后”追求品牌的性价比，看重购物网站的品牌和产品价格的高低；“80 后”更看重用户评价与网站的知名度/口碑；“90 后”则更看重用户评价。这与不同年龄代际的生活态度和购物习惯相关。因此购物网站在做宣传推广时，针对不同年龄段目标用户应该采取不同的促销策略。

不同年龄代际用户在购买熟悉的商品时决策因素与购买不熟悉商品时的决策因素基本一

致。“60 后”谨慎而行看网站知名度和口碑以及购物网站品牌，“70 后”持节俭风格看重价格高低，“80 后”看重用户评价和性价比，“90 后”更注重用户评价。

2. 手机网络购物成重要消费模式，增长潜力较大

随着我国移动网络环境的改善和智能手机的普及，我国电子商务类应用在手机端发展迅速。2013 年手机网络购物用户规模达到 1.44 亿，年增长率 160.2%，使用率高达 28.9%。此外，根据中国互联网络信息中心《2013 年中国网络购物市场研究报告》，网络购物时使用手机浏览查询的用户占比 58.2%，而手机网络购物用户仅占网络购物总体用户的 47.8%。由此可见，手机网络购物已经发展成为网络购物市场重要的补充方式，其用户规模未来还将呈现较快增长。

数据显示，81.8%的手机网络购物用户通过手机上百度等通用搜索查看商品信息，78.8%的手机网络购物用户在手机上输入网址打开网站浏览。用手机上一淘网等购物搜索查看和登录购物网站客户端软件浏览的网络购物用户均占比 54.5%。与 2012 年相比，用户在手机上查看商品信息的各种方式的使用比例均有所增加，消费者对手机购物的认可程度逐渐加深。

用户使用手机网络购物的情景较为多元。有 86.7%的用户在家休闲时用手机网络购物，对于部分用户而言，手机已经开始逐步替代家用计算机在用户网络购物中的地位；有 60.0%的用户是在无法使用计算机联网时使用手机网络购物；20%的用户在上班、上学时用手机网络购物；还有 40.0%和 13.3%的用户是在乘坐公共交通工具和排队等候时用手机网络购物。

手机网络购物未来将成为拉动网络购物增长的重要力量。首先，设备与网络购物消费模式转变结合。手机的便携性和无线局域网（Wi-Fi）环境的发展，让交易随时随地发生，打破了传统购物方式的场景限制，激发了更多的冲动型消费行为。其次，功能与手机使用属性结合，二维码、条形码、购物比较等功能的发展，契合了手机的界面和应用场景，促使更多的消费者开始尝试移动网络购物；最后，应用与用户最新需求相结合，社会化导购、购物分享类 APP（应用程序）的发展和手机支付的完善，使得手机端购物操作体验逐渐提高，满足了用户多样化的需求，将持续推动网络购物市场的增长。

随着智能手机应用的丰富和手机购物体验的完善，手机对个人计算机网络购物形成了一定的影响。数据显示：与个人计算机端相比，21.2%的网络购物用户更愿意使用手机浏览购物网站，20.5%的网民使用手机浏览购物网站的时间更长，18.5%的网络购物用户使用手机浏览购物网站时下单速度更快，18.2%的网络购物用户更喜欢手机购物体验。

3. 购物网站是购物搜索的主要地点，搜索与线上购买契合度提升

购物网站已成为网民最常用的购物搜索平台，近年来，由于大型购物平台的崛起，平台内商品种类不断丰富、信息不断完善，网民直接在这些购物平台上搜索的意愿增加。网民计算机上常用的购物搜索网站类型中，购物网站达 75.8%，远超综合搜索引擎（23.7%）和垂直搜索引擎（0.5%）。随着电子商务的普及，物流和在线支付服务质量的提升，网民线上购物意愿增强，购物搜索后在线购买的比例增加。62.2%的网民在搜索购物信息后，以线上购买情况较多，还有 13.4%的人“线上、线下购买情况差不多”，只有 22.6%的网民线下购买情况较多，1.6%的网民不购买。

与 2012 年相比，2013 年网民在进行购物搜索后，线上购买情况较多的比例大幅度提升，增加了 22.5 个百分点，2012 年线上线下购买情况差不多的网民的购买渠道重心已经逐渐向线上购买倾斜，网民的线上购买意愿快速增强。同时，购物搜索后不购买的比例也大幅下降，从 2012 年的 8.3%降至 2013 年的 1.6%，线上购物在搜索网民中的普及率越来越高。

4. 移动智能终端的发展拓展在线旅游预订渠道，交互应用促进消费

根据中国互联网络信息中心《2012—2013 年中国在线旅游预订行业发展报告》，线上预订用户中，有过手机预订经历的用户占 20.3%。安装了在线旅游预订应用程序（APP）的人绝大多数都在使用该应用程序。手机在人们旅行过程中的作用贯穿全程。不仅仅是旅游过程中与亲人朋友联络，对于旅行前目的地等行程信息查询、旅游过程中信息导航（LBS 等功能）、旅游过程中分享见闻等智能手机新兴功能，线上预订用户占比分别为 60.6%、59.8%和 45.3%，多于线下预订用户。移动智能终端的发展和应用拓展了在线旅游预订渠道，朋友间的交互作用极大地刺激了旅游需求和旅游消费。未来随着智能手机的普及和旅游预订应用程序的不断完善，线下用户和潜在旅游用户可能直接转化为手机在线旅游预订用户。

5. 硬性指标对比促进线上机票预订，软性服务促进线下预订

根据中国互联网络信息中心《2012—2013 年中国在线旅游预订行业发展报告》，线上线下吸引用户进行机票预订的核心竞争力侧重点不同。与线下用户相比，线上用户在进行飞机票预订时主要考虑机票的折扣力度和航班时间，选择比例分别为 84.0%和 78.4%，明显高于线下旅行预订用户。而线下用户主要考虑航空公司飞行安全性、飞机准点性、空乘人员的服务热情，以及飞机餐点可口程度，选择比例分别为 65.0%、63.3%、35.0%和 23.3%。这与线上线下进行机票预订时所提供的使用环境不同有关，线上预订可以方便地使用多家信息进行对比，考虑的是硬性指标；线下预订则主要依赖各航空公司的口碑，考虑更多的是软性服务。

第二节　适合网络零售的商品

一、适合网络零售的常见商品类别

理论上讲，任何产品和服务都可以通过互联网销售。但是，并非所有的商品和服务都适合互联网销售。产品能否利用网络销售一般取决于产品的性质、科技含量以及产品的目标市场与交易方式等方面的因素。一般来说，目前适合于网络营销的产品主要有以下几种。

1. 一般日常消费品

一般日常消费品，如服饰类、居家类等日常的衣食住行所用到的一些产品。

2. 服务等无形产品

服务等无形产品主要包括宾馆预定、鲜花预定、演出门票的订购、旅游线路的挑选、储蓄业务、电子机票预定和各类咨询服务等。借助于网络，这类服务显得更加方便快捷有效，也更加人性化。

3. 计算机、通信和消费类电子产品

计算机（computer）、通信（communication）和消费电子产品（consumer electronic）一般称为“3C”商品。此类产品在网上的销售一直很活跃。主要原因是：首先，网络用户大多数对这类产品信息最为热衷，而且产品的升级，更新换代使得这一市场有着永不衰退的增长点；其次，电脑软件通过网络传输非常便利，可以采用试用或免费赠送等引起消费者的兴趣，在使用

过软件网上试用版后，就可决定是否购买整个软件了。

4. 知识含量较高的或不便现实咨询的产品

知识含量较高的产品或不便现实咨询的产品，如心理咨询、个人问题咨询（如婚姻问题、涉及个人隐私的问题）等。

5. 创新独特的新产品

利用网络沟通的广泛性、便利性，使创意独特的新产品可以更主动地向更多的人展示，充分满足那些品味独特、需求特殊的顾客，如杭州每年都会举办创意展，其产品更多追求的不是实用性，而是创意。

当然，创意型产品也要分具体情况，某些创意型产品就不太适合拿到网上展示，例如图片一放到网上，马上就有可能被模仿，而某些创意型产品不挂到网上的原因就在于此。

6. 有收藏价值的产品

有收藏价值的产品，如珠宝类，现在做网店的商家已经不少，而且包括珂兰钻石在内的垂直类 B2C 网站近来也呈快速发展态势，还有奥运相关收藏品、纪念币、邮票等。

7. 能引起女性购买欲的产品

其实上面的分类已经包含了很多女性购买类产品，之所以要单独提出作为一个大类，主要是因为据淘宝网等相关数据表明，当前网购人群中，无论从购买频率、消费额，还是从其他方面分析，女性都是商家要特别重视的一个购买群体，如家居用品、女装、女鞋等。

很多产品都可以在网上进行营销，例如可以利用网络扩大品牌的宣传、增加品牌的认知度、建立品牌忠诚度等。但是，网络营销的产品也有其适用范围，但如果将网络营销看作整个营销体系的一部分，那么它能对整个营销体系的良好运作起推动作用，发挥巨大的功能。

二、适合网络零售商品的标准

一款商品是否适合网络零售通常可用以下标准去判断。读者需要注意，随着社会环境、技术条件的改善，判别标准也需要适当调整。

（1）是否为准必需品。一方面刺激非必需品的购买相比准必需品要难很多；另一方面非必需品的需求往往跟着经济走，经济下滑或泡沫会对非必需品（相机、玩具）和奢侈品（手表、钻石）造成毁灭性打击。

（2）是否为大众商品。小众商品很难起量，同时那些综合 B2C 也会涉及这些商品，在一个狭窄市场里与众多竞争对手争食会很辛苦，而且推广营销上会比较受限制，只能对点不能对面。

（3）是否为可产生重复持续购买的商品。如果重复持续购买低，就意味着必须要把重心放在吸引新顾客上，会导致初次营销成本一直居高不下，而老客户只能起到有限的口碑传播的作用。重复持续购买高的商品可以通过很高的初次营销成本亏损来投资新客户，以后总能从这个顾客上收回来，同时又有老客户一直在持续创造价值。

（4）是否为标准化商品。越标准的商品用户说服成本就越小，这就是为什么做男士衬衣的凡客诚品可以做得很大，而历史更长的女装 B2C 却没一家能出规模的。

（5）是否有价格优势。如信息技术类商品，价格比线下并没有明显优势也没有足够利润，不打价格战就是等死，打价格战就是亏损，只能拿规模说话，就算有了规模利润也少得可怜。

（6）是否严重受水货假货冲击。如信息技术、运动用品等商品，不但要面临激烈的竞争对手，还要受水货、假货的严重冲击，一般来说不太适合作为网络零售商品。

（7）售后是否麻烦。信息技术、服装等商品售后问题多而且处理程序烦琐，导致顾客不敢或不愿网上购买，而且 B2C 本身售后成本就比较高。

（8）单价是否过高。单价越高，初次尝试购买成本越大，购买阻力越大，也会影响重复持续购买率。

（9）运输是否便利。在我国目前的物流环境下，图书影碟和数码电脑的运输条件和成本相差很大，有些产品的销售也受到物流所能到达的区域影响。

（10）是否为市场变化快容易贬值的商品。如信息技术类产品，一个月内变几次价，而且经常出现缺货情况，对库存的依赖和要求很大，库存积压就会导致现金流紧张。

（11）是否为非阶段性需求商品。比如母婴和运动鞋，只是人在某一个特定时期才需要的商品，顾客在没到或过了这个时期后自然会流失掉，只能依靠市场够大，不像图书、信息技术、服装这些大部分阶段都需要的商品。

所以，在网上选择销售商品时，要慎重选择适销对路的产品，同时要进行长期有效地推广。

第三节　网络零售的影响力

一、商品流通的发展趋势

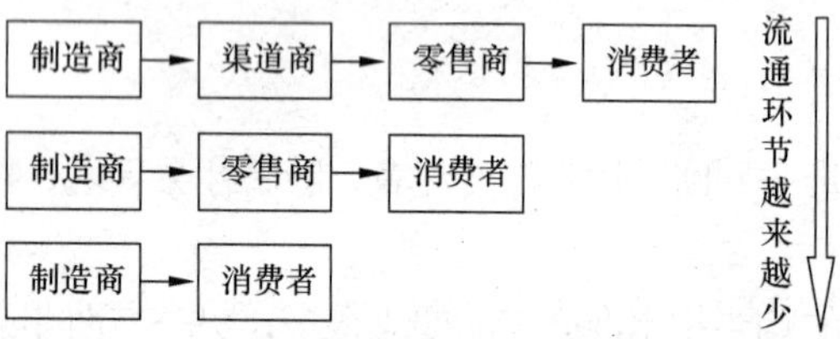

图 3.1　商品流通未来发展趋势

未来商品流通的发展趋势使整个流通环节将不断缩短，如图 3.1 所示。

在整个贸易流程中，每增加一个中介，产品的价格都会提高一些，当产品最终达到消费者手中时，其价格往往比出厂价高出很多。

阅读案例

一个钥匙扣的价值路径

经营小商品的陈先生有超过 10 年的外贸从业经验，以下是他经营钥匙扣的案例。

一个钥匙扣在国内售价 1 元人民币，出口到澳大利亚售价是 1 澳元，约合 5 元人民币。假设它的销售终端是社区商场的精品店，那通常毛利率达到 35%，其中分销商毛利率 20%，进口商毛利率 15%。一般情况下，如果目标价格是 1 澳元，那么该零售终端的进货价就是 0.65 澳元，分销商进货价为 0.45 澳元，进口商进货价为 0.35 澳元（到岸价格含物流费用），这样按照国际正常商务渠道利润分配，厂家应得的价格应该是 0.35 澳元，合 1.75 元人民币（到岸价格），减去所有的中间费用，这个钥匙扣的出厂价格约为 1.65 元人民币/个。而国内义乌小商品市场中，在销售这个钥匙扣的陈先生这里，出厂价为 0.60 元人民币，因为是有品牌的产品，厂家会按照零售价的 8 折报价，客人还价在 7 折成交，也就是每个钥匙扣出厂价格 0.70 元人民币/个，国内物流商检加 0.10 元，离岸价格 0.80 元，加上退税，加 0.09 元，厂家实际出厂价格人民币约 0.89 元/个。

撇开出口退税的因素，本来厂家的出厂价格可以最低是 1.65 元，可实际出厂价格还不到 0.90 元，中间相差 0.95，几乎是厂家出厂价格的 2 倍。

这个钥匙扣的价值实现过程中，流通中介获得了最大份额的价值，原因有几点：①国内的供应商必须通过这些国外进口商、代理商进入国外市场；②国内供应商通过国外进口商、代理商了解国外市场的需求；③国内供应商不完全具备向终端消费者营销自己产品的意识和能力。

经营钥匙扣的陈先生发现，如果自己能直接和国外的分销商合作，即使让对方的毛利率达到零售价的 35%，那自己的出厂价也能提升到 1.2 元以上，这样双方的利润都能高出 20%以上。

（佚名）

二、网络零售对传统零售业带来的影响

网络零售减少了商品流通过程中的流通环节，渠道商（中间商）因此成为受影响最大的群体。当然部分渠道商也会因为自身货源优势自建网上商城，从而绕开原有零售商而直接与消费者接触。与此类似的是，部分制造商和零售商也纷纷上网，建立自己的网上商店，如图 3.2 所示。

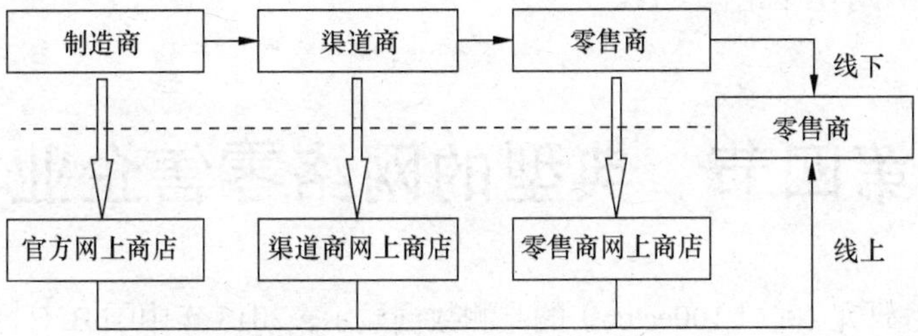

图 3.2　网络零售与传统零售对应关系

1. 网络零售对传统零售行业价格体系造成冲击

网络零售对传统零售企业而言，最大的冲击来源于对现有传统渠道价格体系的破坏，传统店铺的利益不可避免地受到冲击。由于省去了门店房租和中间环节，对比传统销售渠道，网络渠道有着无可争议的价格优势。

以服装行业为例，不少实体店铺已经沦为了网络销售的“试衣间”。如 2009 年 11 月 2 日《IT 时报》曾报道（钱立富），某服饰礼品市场经营品牌服装的吕女士表示，顾客光试不买的事情越来越多，“前些天有个小姑娘，试穿衣服之后挺满意的，然后就是谈价格。本来这件衣服 400 多元，我同意再降 100 元，已经降得够多了。”但是那位顾客却坚持降到 250 元才买，还拿出手机短信给吕女士看，称网上售价只要 230 元，不同意她便去网上购买。吕女士最终还是没有答应顾客的条件，“网上的店铺不需要租金，还不用交税，价格当然低了，要是这样的价格我要亏本的。其他顾客也是这样，我只好关门了。”

2. 对现有渠道体系造成冲击

在传统渠道体系中，一般都是层层设级的扁平化渠道，其缺点包括但不限于以下几种：厂商无法感知市场终端的现状，很多渠道库存问题也因此产生；每经过一个渠道，厂商都需要分配给相关渠道相应的利润，过多的渠道中间商大大拉低了厂商的利润空间。

而今天，网络零售浪潮的到来，似乎让人们看到了解决上述问题的方法。但是传统渠道以整体业绩实力相要挟使得厂商面对网络零售左右摇摆、举棋不定。

现在很多渠道商经常拿网络零售作为和厂商讨价还价、榨取市场费用的手段，而事实上，很多网店就是这些渠道商自己经营的。网络零售渠道的无地域限制特征与传统按地理划分的渠道体系存在矛盾，这就带来比如窜货等问题，很难解决。大多数情况下，对于渠道商的网络窜货，只要做得不过分，品牌厂商只能睁一只眼闭一只眼；只有在少数情况下，品牌厂商不得不冒着得罪渠道商的风险而做出严厉整治。

3. 网络零售品牌的兴起

网络渠道的崛起给新品牌提供了一个突破的机会，成为现有厂商的潜在竞争者。比如，德尔电器是一个外销品牌，由于金融危机被迫转向内销市场。因为德尔电器的外观相对粗糙，摆在超市里一眼就可以看出与美的、九阳等品牌商品的差距，但在淘宝上的买家仅仅通过图片是无法分辨出来的。为此，德尔成立了电子商务部，并把德尔和国内的知名品牌九阳、美的捆绑在一起，在买家搜索豆浆机时，德尔和那些国内的知名品牌九阳、美的一起被搜索出来，凭借极高的性价比，德尔的豆浆机在短期内就实现了低成本的品牌推广。2012 年，实施 O2O 战略，在拓展地面销售网络的同时，线上销售陆续进驻京东、天猫、淘宝、国美商城、亚马逊、拉手网、1 号店、当当网等网络销售平台。

第四节　典型的网络零售企业

中国电子商务研究中心（100ec.cn）的监测数据显示，2013 年中国 B2C 网络零售市场（包括平台式与自主销售式），排名第一的依旧是天猫商城，占 50.1%；京东名列第二，占据 22.4%；位于第三位的是苏宁易购达到 4.9%；后续 4～10 位排名依次为腾讯电商（3.1%）、亚马逊中国（2.7%）、1 号店（2.6%）、唯品会（2.3%）、当当网（1.4%）、国美在线（0.4%）、凡客诚品（0.2%）。下面我们就简单介绍其中的几个典型网站。

一、B2C 领域

1. 天猫商城

天猫商城是阿里巴巴在原淘宝商城基础上全新打造的 B2C 网店，2012 年 1 月正式更名。天猫商城整合了数千家品牌商、生产商，为商家和消费者之间提供一站式解决方案。2014 年 12 月天猫官网显示天猫已经拥有 4 亿多买家，5 万多家商户，7 万多个品牌。天猫号称提供 100%品质保证的商品、7 天无理由退货的售后服务以及购物积分返现等服务，从市场份额来说已经是中国 B2C 网络零售业的霸主。由天猫引领的“双十一”已经成为了全民购物节，2013 年 11 月 11 日，天猫“双十一”购物狂欢节，支付宝成交额第 1 分钟过 1 亿元，第 6 分钟破 10 亿元，5 时 49 分破百亿元，至

8 时 42 分，天猫“双十一”购物狂欢节支付宝成交额突破 121 亿元，再次超过 2012 年美国最大的网上购物节“网络星期一”成交额（120.8 亿元人民币）。13 时 04 分，天猫“双十一”购物狂欢节成交额突破 191 亿，最终交易额以 362 亿元收官，而 2014 年“双十一”则突破 571 亿元。

2. 京东商城

京东（JD.com）是中国最大的自营式电商企业，2014 第二季度在中国自营式电商市场的占有率为 54.3%。

京东商城的最大优势在于其拥有中国电商行业最大的仓储设施。截至 2014 年 6 月 30 日，京东建立了 7 大物流中心，在全国 39 座城市建立了 97 个仓库，总面积约为 180 万平方米。同时，还在全国 1 780 个行政区县拥有 1808 个配送站和 715 个自提点、自提柜。京东专业的配送队伍能够为消费者提供一系列专业服务，如 211 限时达、次日达、夜间配和三小时极速达，GIS 包裹实时追踪、售后 100 分、快速退换货以及家电上门安装等服务，保障用户享受到卓越、全面的物流配送和完整的“端对端”购物体验。

> 天猫商城和京东商城的介绍多来自官网或新闻报道，读者可通过其官网查阅最新情况。

二、C2C 领域

2013 年 12 月淘宝网以 96.5%的绝对优势占据着 C2C 市场的龙头老大位置，其独创的“个体商家+消费者”的模式也为许多亚洲 C2C 网站所借鉴，例如，韩国最大的 C2C 购物网站 Gmarket。排名第二的拍拍网占 3.4%，易趣网占 0.1%。

1. 淘宝网

淘宝网是亚太地区最大的网络零售商圈，由阿里巴巴集团在 2003 年 5 月 10 日投资创立。2013 年，淘宝网成交额达到 1.1 万亿元。截至 2013 年年底淘宝网拥有近 5 亿的注册用户，每天有超过 6000 万的固定访客，同时每天的在线商品数已经超过了 8 亿件，平均每分钟售出 4.8 万件商品。随着淘宝网规模的扩大和用户数量的增加，淘宝也从单一的 C2C 网络集市变成了包括 C2C、团购、分销、拍卖等多种电子商务模式在内的综合性零售商圈。目前已经成为世界范围的电子商务交易平台之一。

淘宝网不仅是中国深受欢迎的网络零售平台，也是中国的消费者交流社区和全球创意商品的集中地。淘宝网在很大程度上改变了传统的生产方式，也改变了人们的生活消费方式。不做冤大头、崇尚时尚和个性、开放善于交流的心态以及理性的思维，成为淘宝网上崛起的“淘一代”的重要特征。

2. 拍拍网

拍拍网于 2005 年 9 月 12 日上线发布，2006 年 3 月 13 日宣布正式运营。拍拍网依托的是腾讯 QQ 超过 5.9 亿的庞大用户群以及 2.5 亿活跃用户（编辑注：此数据为 2007 年数据）的优势资源。拍拍网运营满百天即已进入“全球网站流量排名”前 500 强，并且创下电子商务网站进入全球网站 500 强的最短时间纪录。

2013 年，交易额达到 100 多亿元。凭借丰富多样的商品类别和高人气的互动社区，拍拍网已成为国内较受网民欢迎的 C2C 电子商务交易平台。

拍拍网基于腾讯 QQ 以及腾讯其他业务的整体优势，拍拍网在经营理念、产品技术等方面有很多创新，例如在业界首次研发的"边聊边买""买家与卖家信用分离制度"等创新专利均获得了业界的广泛认可和采纳。

> 对淘宝网的介绍多来自淘宝官网和相关新闻报道，对拍拍网的介绍多来自百度百科，读者可通过淘宝网官网和百度百科"拍拍网"词条查阅最新情况。

2014 年京东集团通过收购将拍拍网归入其旗下。

三、传统企业如何开展网络零售

（一）传统零售企业开展网络零售的分析

1. 传统零售企业开展网络零售的优势

传统零售企业开展网络零售，有着纯网络零售企业没有的优势。

（1）商品品类优势。传统零售企业在商品品类及货源供应方面拥有相当的优势，尤其是大型连锁卖场，由于覆盖面广，规模大，其商品品类数量和品质方面都更有保障，而且其中大部分都是与老百姓日常生活息息相关的商品。对于中小型零售企业来说，他们的区域优势则更为突出，通过区域采购，能以较优的价格，区域性的供货渠道获得独特产品的经营权。传统零售企业的商品品类优势是纯网络型 B2C 企业无可比拟的。更丰富的商品品类和更有保障的商品品质，能为网络购物人群提供丰富的商品选择，加快促进 B2C 电子商务的发展。

（2）成本优势。规模采购和高效的商品流通周转是零售商获得供应商较高折扣的最重要因素。传统企业通过这两点能在与上游供应商的谈判过程中获得更大的议价权力，甚至直接获得商品销售的定价权。而在这方面纯网络零售企业无法与传统企业相比。

（3）供应链整合能力的优势。以大型连锁零售企业来说，由于其网点布局面广，供应链管理较成熟，仓储及配送体系也相对完善，而且这些资源都是既有的，可以在较好的基础上整合供应链，提高对零单的配送能力。

（4）品牌及顾客群体优势。传统零售企业从事实业运营，从资金规模、品牌诚信、社会知名度方面拥有先天的优势。而且通过较长时间的运营和会员管理运作，积累了大量的会员数据，这些数据对拓展网上商城核心用户帮助巨大，而当这些区域性的或者是全国性的零售企业品牌进入网络零售领域，他们的推广和渗透都拥有强大的线下品牌支持。相对而言，更容易突破诚信障碍，获得高速发展。

（5）提供购物体验的优势。网上购物一项重要的内容就是购物体验，传统零售商有众多的门店覆盖，每个门店均为消费体验者提供服务，增加用户忠诚度和黏性。而纯网络零售企业想建立体验店，需要较高成本，从选址到运营等都是他们陌生的领域，这无疑又会让成本上升加剧亏损。长期来看，这块将是纯网络零售企业的短板。

（6）政策风险优势。经过监管层面对零售企业数十年的监管，法律规范相对健全，企业管理也比较符合规范要求，因此，政策性风险低。而针对网络零售企业，相关监管尚不成熟，政策风险相对较大。

2. 传统零售企业开展网络零售的劣势

（1）定位模糊。传统零售企业在线下市场有诸多优势和成熟经验，可以为其进军网络零售业务时借鉴；然而网络零售完全是一个全新的领域，传统零售商进入该领域时往往认识不够，容易导致定位模糊。

（2）专业技术水平不足。传统零售企业布局网络零售需要非常强的专业知识和技术水平。搭建一个 B2C 平台，除了需要构筑一个 B2C 网站外，还要打通支付、物流、供应链等几个环节，并且背后的整个信息系统、客户服务系统及市场营销系统，都是庞大的工程。这些工程都要强大而复杂的技术，这是传统零售商所望而却步的。

（3）专业团队欠缺。传统零售商近年虽在人才培养和管理水平上有了很大的提升，大多数企业具有较为专业的管理团队和较高的管理水平。但对于网络零售业务，绝大多数是生手。

（4）营销经验不足。营销方式的不同是传统零售与网络零售业务最主要的差异点之一，在网站推广、商品展示和促销、顾客服务细节等方面均有明显的不同。传统零售商在实体店的营销方面已经有了丰富的经验，但对于网络营销的认识大多数还没有起步。网络零售的思考方式早已脱离了传统零售有限的货架空间，这是传统零售短期内难以调整过来的。

（5）用户需求把握不足。网络零售讲求快速反应，面对不同的现象、不同的消费群体，企业应该利用互联网提供用户数据，精准的把握用户需求，再根据用户需求反过来组织生产。而传统零售企业长期处于产品导向的思维模式，对于用户需求的快速把握能力是其短板。

（二）传统企业开展网络零售的意义

1. 品牌互动窗口

发挥电子商务的互动优势，将企业电子商务建设成为与现实和潜在顾客开展线上品牌沟通的交流窗口和互动平台，这对于增加品牌知名度、强化品牌美誉度和提升品牌忠诚度，甚至进行新品推介都将发挥关键作用。

2. 库存消化通道

由于终端零售、批发代理、制造、采购等供应链环节永远存在信息不对称问题，库存也成了企业经营的常态。过去企业的做法要么是降价出售，要么是通过炒货商来甩尾。这两种做法都会冲击既有的渠道体系。今天，可以依托网店销售，将各个区域代理商积压库存货品集中设置为网上特卖场，恰恰满足了网店销售价格优惠、地域覆盖不受限制的消费特点，同时过季货品和应季货品有效区隔、网络消费群体与实体专卖店消费群体有效区隔，不会直接损害当地品牌专卖店的美誉度。

3. 销售增量平台

作为现有线下实体专卖店覆盖面不足的有效弥补，开设网络销售的网店，承载现实而直接的销售增量渠道功能。

（三）传统企业开展网络销售的方法

1. 在淘宝等平台上开店

从长远来看，B2C 将是未来的主流。但是对于大多数传统企业而言，B2C 的进入门槛过高，主要在于人才的缺乏，很难组建成熟的运营团队，而 C2C 进入门槛相对更低；另外，从目前整个网络零售的市场份额来看，C2C 占据了近 65%的市场份额，仍然是目前网络零售的主流。所以对于传统企业而言，涉足网络零售，首要考虑的是应该如何利用好淘宝、易贝等 C2C 平台，分享其成熟的运营平台、足够多的网购用户群。

2. 自建独立商城

传统企业搭建自有的第三方独立商城，不少资金雄厚的大型企业均已尝试，因为自主性强，这样做成功率可能会更高，如国美在线、苏宁易购。对于中小企业，如果前期通过在淘宝网等平台开店而有了成熟的团队、运营流程，形成了线下线上两条渠道的平衡管理方法、机制，同时借由淘宝分销商积累起自己的用户数据库，这时候企业所需要做的就是如何把用户购买路径顺利地平移到自己的独立商城。自建商城有很多独特的优势，如方便线上、线下营销活动的配合，为独立商城设计个性化的促销活动等。

事实上，B2C 所占市场份额越来越大。艾瑞咨询数据显示，2013 年中国网络购物市场中 B2C 交易规模达 6500 亿元，在整体网络购物市场交易规模的比重达到 35.1%，较 2012 年的 29.6%增长了 5.5 个百分点。从增速来看，B2C 市场增长迅猛，2013 年中国网络购物 B2C 市场增长 68.4%，远高于 C2C 市场 30.9%的增速，B2C 市场将继续成为网络购物行业的主要推动力。预计到 2017 年，B2C 在整体网络购物市场交易规模中的比重将超过 C2C，达到 52.4%。

自建独立商城可以很好地与线下实体店配合，O2O（online To offline，在线到离线，线上到线下））前景广阔。O2O 具有连接线上线下的天然特征，能很好地解决传统行业电子商务化的问题，将成为互联网渗透实体经济的下一个重点。当前线下传统行业都在积极推进线上线下的融合，其中，传统行业中本地生活服务 O2O 市场起步较早，发展相对成熟，未来本地生活服务会朝向移动端、垂直化发展。零售业也开始逐渐寻求线下线上资源的优化整合，进行 O2O 的转型。未来，线下线上的融合将会向更多的行业扩散。

案例分析

苏宁云商

1990 年 12 月 26 日，全国第一家苏宁创办于江苏省南京市宁海路，是苏宁第一家空调专营店，之后围绕市场需求，按照专业化、标准化的原则，苏宁电器形成了旗舰店、社区店、专业店、专门店 4 大类，18 种形态，旗舰店已发展到第六代。开发方式上，苏宁电器采取“租、建、购、并”四位一体、同步开发的模式，保持稳健、快速的发展态势，每年新开 200 家连锁店，同时不断加大自建旗舰店的开发，以店面标准化为基础，通过自建开发、订单委托开发等方式，在全国数十个一、二级市场推进自建旗舰店开发。预计到 2020 年，网络规模将突破 3000 家，销售规模突破 3500 亿元。

在大力发展传统销售渠道的同时，从 1999 年，苏宁电器就开始了长达 10 年的电子商务研究，先后对 8848、新浪网等网站进行过拜访，并承办新浪网首个电器商城，尝试门户网购嫁接，并于 2005 年组建 B2C 部门，开始自己的电子商务尝试。

2005 年苏宁网上商城一期面世，但销售区域仅限南京。

2006 年 12 月苏宁网上商城二期在南京、上海、北京等大中城市上线销售。

2007 年，苏宁网上商城三期上线，销售覆盖全国并且拥有了单独的线上服务流程。

2009 年苏宁电器网上商城全新改版升级并更名为苏宁易购，并于 2010 年 2 月 1 日正式对外发布上线。

2011 年以来，苏宁持续推进新十年“科技转型、智慧服务”的发展战略，云服务模式进一步深化，逐步探索出线上线下多渠道融合、全品类经营、开放平台服务的业务形态，并提出“店商+电商+零售服务商”的综合零售模式，称为“云商”模式，其核心是以云技术为基础，整合苏宁前台后台、融合苏宁线上线下，服务全产业、服务全客群。自此苏宁开始全面进军 O2O 领域。

为更好地完善其“云商”模式，2012 年，苏宁先后推出了 2 大全新实体零售业态——苏宁 Expo 超级店和地区旗舰店，开始对一二三级市场的线下门店进行全面改造升级，升级之后的苏宁超级店和旗舰店的服务职能大大增强。

与之前传统卖场模式不同，苏宁超级店更类似于购物广场，偏向于消费者商品体验和购物环境的营造，在商品体验方面，消费者可随意体验苏宁超级店内的体感游戏、3D 电视、按摩椅等各类商品。而对于带孩子的消费者来讲，超级店内还提供儿童游戏区，消费者可以将孩子送到儿童娱乐专区之后安心选购。

苏宁地区旗舰店作为面向二三级市场的全新店面形态，无论是产品丰富度还是店面环境上，均是当地家电连锁业态的标杆，3 米宽的购物主通道，多层次的系统标识，整体视觉通透，符合消费者最佳的购物体验。店内设立客户服务中心、3C 服务中心等功能区，为消费者提供一站式服务体验。

点评：我们可以看到，在许多传统零售业跟网上零售企业为争夺客户拼得你死我活时，苏宁却将自己曾经的传统销售渠道与网上销售渠道进行了完美结合，为传统零售企业未来的电子商务发展提供了可以借鉴的宝贵经验。

3. 收购网络零售企业

传统零售商进入网络零售，还有一个比较直接的方式就是通过资本运作，收购市场上已有一定规模的网络零售平台。这种方式可以帮助企业迅速切入网络零售业务，但有较高门槛，后期整合也有不小难度。国美收购库巴，沃尔玛收购 1 号店，均通过此种方式快速进入网络零售。

案例分析

沃尔玛吃掉 1 号店

2012 年 2 月 20 日，全球零售巨头沃尔玛宣布，通过增资扩股方式将其对中国 B2C 电子商务网站 1 号店的持股比例从 20%提升至 51%，从而实现了对 1 号店的控股。

综合考量双方的优势与需求，此次合作的潜在协同效应主要体现在如下三个方面。

首先，双方业务范围高度重叠，有利于未来开展交叉销售。传统电商的商业模式往往是从垂直型逐步向综合型过渡，例如京东最初是电子产品类垂直型网站、当当是图书类垂直型网站。

而 1 号店则直接采取了以家庭日常消费需求为核心、其他需求为辅助的综合类“网上超市”模式。其切入点是当时的市场空窗——满足人们一切生活所需的一站式购物网站，因为其专注于家庭日用消费品领域，所以又被称为“网上沃尔玛”。除了销售日用百货以及食品之外，2010 年 1 号店还收购了广东的一家连锁药店，从而拥有了一张网上售药的牌照。

而沃尔玛是美国最主要的非处方药销售渠道之一，对于“日用百货+食品+药品”这种模式，沃尔玛再熟悉不过。

高度重叠的业务范围有利于双方在未来拓展交叉销售。例如，沃尔玛已计划将自己的采购体系开放给1号店，从而使1号店在未来成为沃尔玛自有品牌以及一些进口商品的销售平台。

其次，双方在供应链管理的软件资源和物流仓储的硬件投资上存在高度互补。

沃尔玛作为传统零售大鳄拥有出色的采购、物流等供应链管理能力与经验，1号店则曾独立研发过多套具有国际领先水平的电子商务管理系统，在国内申请了多项专利技术、并获得了124个软件著作权。物流仓储上，沃尔玛在美国的成功经验是先建配送中心，再围绕配送中心开店，保证物流配送半径最短、效率最快；但在中国，外资企业要想拿大片土地建设仓库难度非常大。而1号店正拥有沃尔玛最看重的物流仓储系统。当时1号店拥有北京、上海、广州、武汉、成都5个仓储中心，在全国34个城市建有130多个自配送中心；2012年计划在内地二线城市再扩建5个仓储中心，加速全国布局。

最后，双方拥有企业文化高度相似的管理团队。与大多数中国电子商务企业不同，1号店拥有美国式的开放企业文化。其创始人兼董事长于刚是毕业于宾夕法尼亚大学沃顿商学院的决策科学博士，不仅曾经在戴尔（Dell）主管亚太地区每年180亿美元的采购和物流，还曾是沃尔玛全球电子商务的最大对手——亚马逊（Amazon）全球供应链的副总裁。相似的企业文化有利于双方加强沟通，促进协同效应的发挥。

点评：沃尔玛作为传统零售商，通过收购专业的第三方B2C电商平台1号店，得以一举跻身Top 10之列，堪称捷径。选择控制或与第三方电商平台合作，还可以帮助传统零售商规避自建电子商务网站所无法避免的价格体系冲突、进货渠道冲突、考核体系冲突等矛盾。因此，沃尔玛这种通过收购重量级的第三方平台来快速发展B2C电子商务的模式，或将为更多的传统零售企业所采纳。

但传统零售企业在选择第三方电商平台作为潜在的收购或合作伙伴时，有必要借鉴沃尔玛的经验，深度考量双方在各方面的匹配程度和协同潜力。像沃尔玛与1号店这样在业务范围、供应链管理的软硬件资源以及企业文化等各方面都拥有协同潜力的合作，更有可能在交易后取得成功。

第五节　跨境电子商务

2013年传统外贸年均增长不足10%，跨境电子商务却保持30%以上的增速。我国20多万家小企业在各类网络平台上做买卖，年交易额超过2500亿美元。中国正在和美国一起成为全球跨境电子商务的中心。在由互联网重塑的国际贸易格局当中，中国不仅抢得了先机，而且为贸易增长增加了新的支点。

当前，我国的跨境电子商务分为进口和出口两个方面。进口以前主要依靠海淘代购，可是海淘代购假货多、到货慢、无售后服务等问题一直困扰着国内买家；出口主要是我国的一些中小企业，这些企业的出口货物件多量少，许多出口企业为了方便总是采用邮件小包的方式，虽然方便但也使得这些企业失去了出口退税的权力。2012年9月19日由国家发改委、海关总署共同发展的国家跨境贸易电子商务服务试点工作在郑州、上海、重庆、杭州和宁波 5 个城市启动，这标志着我国跨境贸易电子商务进入新阶段。之后广州也加入到试点城市的行列。目前已形成了三个具有代表性的模式：郑州模式、上海模式和广州模式。

一、郑州模式

河南省跨境贸易电子商务主要以河南保税物流中心牵头运作，主推 E 贸易平台。为此河南省保税物流中心成立了全资子公司——河南省中大门网络科技有限公司，其定位是基于 E 贸易的逆向 O2O 式跨境电子商务平台。“中大门”以“买全球，卖全球”为企业宗旨，为消费者提供原装进口海外商品，为供应商提供线下进口商品体验馆、线上电商平台等销售渠道。而逆向 O2O 也是郑州跨境电子商务最突出的特色，具体做法是消费者可以先到线下商品体验馆里亲身体验这些商品，然后通过中大门进行网上订购。这一模式实现的关键环节就是线下商品体验馆。2014 年 7 月下旬，河南保税物流中心新建一座 4000 平方米的展馆，馆内展示的是通过 E 贸易平台进入中国的境外商品，包括部分出口商品。2014 年 10 月，河南保税物流中心的展馆已增加到 8 个，总面积 4 万平方米，30 多万件境外商品集中陈列在这里方便消费者观摩下单。未来，河南保税物流中心将在全国建立进口商品体验馆，让线下消费者实物体验后，再到线上进行商品交易，给消费者提供全新的跨境消费体验。

“中大门”规范的 E 贸易运作模式和监管流程建立起一个为网商、用户、监管部门提供高效、便捷、安全、严密的服务的平台，充分发挥电子商务在拓展国内外市场中的作用。

“中大门”线上电商平台为海外商家提供完善的在线销售渠道，帮助海外商家迅速进入中国市场。中大门电商平台与 E 贸易综合服务系统、线下零售管理系统无缝对接，为海外商家提供包含报关报检、物流、仓储、零售、结算在内的一站式服务，便捷开店，提高运营效率，降低经营成本。

此外，一些河南本土电子商务公司也在积极与河南保税物流中心合作，推出自己的跨境电子商务项目，如“保税国际”和“万国优品”。

保税国际是河南恒度信息科技有限公司与河南保税物流中心合作出资组建的网站，其直接通过政府贸易通商机构与海外生产商、大型网站联系合作的商品海选模式，在中间不经过任何海淘、代购环节，保证了商品原汁原味的进口质量和低价。

2014 年 1 月 18 日，我国新型跨境贸易电商平台万国优品在郑州正式上线。万国优品是在海关监管下运营的合法跨境电商平台，致力于打造中国第一跨境零售电商平台。万国优品平台上的商家和商品均在海关进行备案，消费者可以放心地在万国优品购买原装进口商品。万国优品在美国、英国、荷兰等地设立境外仓，在境内设立保税仓，通过国际物流进行仓对仓的国际运输将境外商品运至境内，每个订单商品经海关查验放行后派送至消费者手中，从而保障消费者保真、低价、快捷、合法的购买境外原装进口商品。

二、上海模式

上海跨境贸易电子商务试点自 2013 年 12 月 28 日正式启动，作为全国跨境贸易电子商务试点城市之一，上海共选择了三方面的试点内容，分别是网上直购进口模式、网购保税进口模式、一般出口模式。这也是第一批试点城市中试点范围最广的。

先期运作的是“直购进口”“网购保税进口”两项模式，“跨境通”成为面向消费者、电商以及物流企业的主要平台。

其中直购进口模式最具上海代表性，主要基于上海口岸，面向国内消费者，提供全球网络直购通道和行邮税网上支付手段。

网购保税模式主要利用保税监管区域，针对特定的热销日常消费品如奶粉、平板电脑、保健品等向国内消费者开展零售业务，将自贸区内商品，以整批商品入区，根据个人订单，分批以个人物品出区，征缴行邮税。

与之相对应，“跨境通”形成了直邮中国模式和自贸专区模式。采用直邮模式的境外商户必须在国内设立分支机构或委托第三方机构处理售后服务事宜。采用自贸模式，企业就必须入驻自贸区开设账册企业，或在自贸区寻找有资质的代理企业。

按照操作流程，消费者通过“跨境通”网站订购商品可跨境外汇支付，经电子报关报检，再经海关征收个人行邮税后，商品快速入境并由物流公司送到消费者手中。这里的行邮税是海关对入境旅客行李物品和个人邮递物品征收的进口税，它也恰恰是“跨境通”得以推进并形成价格优势的重要原因。比如，实体店的商品是企业以一般货物的形式进口。此前媒体援引东方支付的说法称，皮包的进口综合税率可以达到100%，“跨境通”则按个人物品方式申报，行邮税税率仅10%（按照不同的产品，行邮税税率分10%、20%、30%和50%四档）。但是，行邮税是根据商品的销售价格来计算的，而一般贸易的进口税是按照进境价格确定的。比如奢侈品的进境价和销售价差异较大，缴纳行邮税就不见得划算。因此，化妆品、酒类以及奢侈品等并不适合采用缴纳行邮税的方式购买。

在进口模式之外，上海还开通了“一般出口模式”的跨境电子商务平台，为中小型电商或贸易商出口商品给境外消费者提供更大便利。“一般出口模式”重点解决以快件或邮件方式通关的跨境贸易电子商务中存在的难于结汇及出口退税等问题，对出境货物按照“清单核放+汇总申报”方式实施监管服务。具体做法是清单汇总报关，电商以月度为单位形成《出口货物报关单》向海关H2010系统进行集中申报，海关按照一般出口货物有关规定监管。

三、广州模式

广州试点业务模式主要采用清单核放和汇总通关的模式，并叠加了特殊监管区的优惠政策，主要有以下几个特点：一是业务类型多，基本涵盖了一般出口、保税进口、保税出口等多种业务类型；二是通过清单核放，加快对跨境电子商务物品的通关验放，解决其分散、快速配送的要求；三是通过汇总申报，为电商企业提供报关单证，协助解决电商企业在结汇、退税、统计等方面的问题；四是针对收货人是境内个人，参照邮递物品管理，以商品实际成交价格计征税，在确保国家税款征收的同时，有效解决跨境电子商务实效性和灵活性的问题；五是紧密结合海关特殊监管区的政策优势，创新跨境贸易电子商务监管模式，满足电商企业更加多元化的需要。

广州模式具体流程如下：首先电商企业及其销售商品必须向海关做一个备案，在企业备案和商品备案的前提下，电商企业可参与跨境电子商务的试点业务，其中B2C一般出口是指邮件和快件，电商企业将订单信息、支付信息、物流信息向海关报送，在其申报电子清单之后，海关经过风险分析对电子清单进行审核、查验、放行，电商企业定期汇总填写出口货物报关单，向海关申报，凭汇总的出口报关单办理退税、结汇等手续。B2B2C 保税进口电商企业填写进口货物报关单，向海关申报，整批进口货物进入园区，电商企业销售商品给个人后，向海关申报电子清单，海关凭电子清单进行快速验放。

目前，广州海关与广州市外经贸局密切配合，会同广东省邮政公司已经开发了广州跨境电子商务通关服务系统。与此同时，广州海关正紧锣密鼓加紧推进 B2B2C 保税进口业务，目前正与相关的电商企业确定试点方案。下一步广州海关将积极配合市政府，依托电子口岸，进一步完善广州跨境贸易电子商务公共服务平台技术实施方案，进一步扩大跨境电子商务试点业务范围及试点企业。

四、国内知名电商的跨境电子商务项目

1. 天猫国际

2014 年 2 月 19 日，阿里宣布天猫国际正式上线，为国内消费者直供海外原装进口商品。之后郑州综合保税区、杭州跨境电商产业园及宁波保税区已先后与天猫国际签约合作。6 个试点城市已有 3 个签约天猫国际，剩余几家试点也在与天猫国际洽谈。这也表明，跨境电商贸易试点看好天猫国际模式，天猫国际的这些合作今后也将方便大家跨境网购。入驻天猫国际的商家均为中国大陆以外的公司实体，具有海外零售资质；销售的商品均原产于或销售于海外，通过国际物流经中国海关正规入关。所有天猫国际入驻商家将为其店铺配备旺旺中文咨询，并提供国内的售后服务，消费者可以像在淘宝购物一样使用支付宝买到海外进口商品。而在物流方面，天猫国际要求商家 72 小时内完成发货，14 个工作日内到达，并保证物流信息全程可跟踪。

2. 京东“海外购”

京东的国际化模式形象化为“海陆空”三驾马车。陆军，落地 B2C，京东国际化平台通过自建或合作当地电商站点，来获取当地品牌、流量、支付、仓配售后，形成与京东在国内采销仓配等一体化优势的高效结合；海军，落地 B2B，京东对接当地大型销售渠道，建立当地核心销售渠道的商业合作基础，从而逐步筹建覆盖全球的 B2B 分销体系；空军，跨境 B2C，国内中小企业可以依托京东国际落地 B2C、B2B 等平台多种模式组合形成的流量、规模采购、通关交付等方面的巨大优势，快速发展壮大。

五、跨境电子商务的物流模式

试点城市内的跨境电商都可以开展正常报关、结汇、出口退税的相关工作，国家也可以对跨境电商的交易进行正常监管。但这对于跨境电商来说只打开了半扇门，跨境电商业务所服务的目标国家还存在非常坚实的贸易壁垒，目前的跨境电商主要都是通过邮政小包，各种传统跨国快递来进行跨境发货，针对各种不同的国家的专线，有小部分商家选用海外仓的模式进行发货。四种方式各有优缺点，下面对它们一一分析。

1. 邮政小包

邮政小包主要通过邮政渠道，运用个人邮件形式进行递送。市面上主要使用的有中国邮政小包、新加坡邮政小包，还有其他一些邮政的小包在特殊的情况下使用。邮政小包的优点是价格便宜、清关方便，但是这两个优点随政策的变化变得不再突出，同时含电、粉沫、液体等特

殊物品的小包不可通关。

邮政小包递送时效慢、丢包率高、如果不是挂号件无法进行跟踪。小包的递送周期通常给出的是 15～30 天，但很多包裹递送周期都超过 30 天。

总的来说，邮政小包的优势是邮政网络基本覆盖全球，比其他任何物流渠道都要广。而且，由于邮政一般为国营，有国家税收补贴，因此价格相对便宜。其劣势是一般以私人包裹方式出境，不便于海关统计，也无法享受正常的出口退税。同时，速度较慢，丢包率高。

2．国际快递

比较知名的跨国快递公司，如中国邮政速递物流（EMS）、敦豪航空货运公司（DHL）、联合包裹速递服务公司、联邦国际快递（FedEx）等，均是传统老牌跨国物流。针对不同的客户群体，如国家地域、货物重量、体积大小可以选用不同的渠道进行货物递送。

总的来说，国际快递的优势是速度快、服务好、丢包率低，尤其是发往欧美发达国家非常方便。其劣势是价格昂贵，且价格资费变化较大。一般跨境电商卖家只有在客户强烈要求时效性的情况下才会使用，且会向客户收取运费。快递的渠道对于产品要求高，仿牌、含电、特殊类产品基本上都不能递送。以上因素导致快递渠道在跨境电子商务物流中所占市场份额很小。

3．专线物流

专线物流是市面上一种针对对方国家的一种专线递送方式。它的特点是货物送达时间基本固定，运输费用较快递物流便宜，同时保证双清。专线物流对于针对某一国家或者地区的跨境电商来说是比较好的物流解决方案。专线物流由于国内线路可以控制在物流公司手中能够保证时效，但货物到国外以后如果使用的还是邮政小包，同时货物头程到达城市离客户地址较远的话，也会出现递送延迟。并且专线物流的服务不如快递物流的服务，比如说客户退货，普通专线物流基本上是没有这样的服务，做的较大的有这样的服务，但整个服务的线条还不是很健全。

整体来说，专线物流比快递物流有优势，但局限于地域，同时时效也算不错，清关方面专线物流基本上都是这方面的专家，如果电商只做某地市场，同时清关方面也有一定要求的话，专线物流是不错的选择。

总的来说，专线物流的优势是集中大批量货物发往目的地，通过规模效应降低成本，因此，价格比商业快递低，速度快于邮政小包，丢包率也比较低。劣势是相比邮政小包来说，运费成本还是高了不少，而且在国内的揽收范围相对有限，覆盖地区有待扩大。

4．海外仓

海外仓是结合电子商务特点，在专线物流方式上的延伸，同时还能提供海外的快速递送专业渠道，精准的海外库存管理，灵活的销售策略以及决策支持。海外仓的头程运费加上海外递送运费单件产品的成本在 1～3 千克时低于邮政小包的成本；同时海外仓由于是从海外库房发货，而海外本地的递送渠道一般情况下只需要 1～3 天，同时物流成本也相对较低，电商用户既可以使用很低的物流渠道价格，还能享受到高速的物流。

随着国外对于中国出口产品的监管加强，同时由于本身跨境电商最难解决的最后一千米可以通过海外仓这种渠道得以解决。海外仓将会是未来跨境电商的物流渠道首选。但截至本书出版，现有做海外仓的公司整体实力上来说还较弱，并且收费较高。预计随着海外仓市场竞争的日益激烈和跨境电商刚性需求不断增长，海外仓将会得到长足的发展。部分国内大型跨境电商企业，如速卖通、大龙网等早已意识到海外仓发货优势，提前运筹布局。据媒体报道，2014 年大龙网全球平台在俄罗斯地区已建立起海外仓和云仓储管理系统，蓄势冲击俄罗斯电商市场。

总的来说，海外仓的优势是用传统外贸方式走货到仓，可以降低物流成本；相当于销售发生在本土，可提供灵活可靠的退换货方案，提高了海外客户的购买信心；发货周期缩短，发货速度加快，可降低跨境物流缺陷交易率。此外，海外仓可以帮助卖家拓展销售品类，突破“大而重”的发展瓶颈。其劣势为不是任何产品都适合使用海外仓，最好是库存周转快的热销单品，否则容易压货。同时，对卖家在供应链管理、库存管控、动销管理等方面提出了更高的要求。

第六节　网络零售存在的问题

一、二次中介

在互联网零售的交易过程中，可能会遇到各种各样的问题，因此交易双方需要第三方来提供服务保证交易的顺利开展。这就产生了新的中介服务需求。这种中介服务就是所谓的二次中介（reintermediation）。例如消费者需要利用购物搜索来寻找合适的商品，一淘搜索就为消费者提供价格比较搜索、评级信息等增值服务。在互联网零售发展的过程中，有些中介逐步消失，而另一些新形式的中介又发展起来。

二、渠道冲突

渠道冲突是指同一厂商的客户通过在线市场与离线市场的不同渠道以不同的价格获得同质量的商品，而导致制造商与中介、合作伙伴与客户之间的冲突。

在线市场的竞争程度及竞争方向的变化会迅速影响到离线市场的竞争。相反，离线市场的竞争水平对在线市场的影响程度却远不及在线市场对离线市场的影响水平。传统理论认为，引入类似在线市场这样新的交易系统有利于离线市场的竞争。但有研究认为，引入在线市场也有可能削弱离线市场特别是离线市场的行业中介的竞争水平。

阅读案例

李宁解决渠道冲突的方式

截至 2011 年年末，李宁公司在中国境内实体专卖店多达 8255 家，网店的覆盖面没有地域化的限制，渠道之间势必产生利益冲突。为了解决这种冲突，李宁公司对网络渠道采取货品专供，并对不同的网店进行货品差异化的定位，保障两种渠道的利益。李宁公司在处理网络渠道和传统渠道时，首先网上网下进行了价格上的统一，这是为了防止因为单纯的价格战而使得实体店完全失去优势。

三、价格竞争

当互联网零售逐步普及之时，为了更好更快地抢占网络销售市场和客户群体，价格战成为最重要的竞争方式。价格竞争是一面“双刃剑”，在对经济发展带来积极影响的同时，也不能忽视价格竞争的负面影响。毋庸置疑的是，现在和未来的网络零售的竞争，归根结底就是一场价格竞赛。

阅读案例

电商价格战

综合媒体报道，2012年6月18日，京东商城的店庆日和苏宁易购的E18（每月在18日举行一次特价日活动）正面相撞。京东商城打出“让10亿元”的口号，苏宁易购为在特价日吸引流量，发动“年中决战”，首次推出“全网比价月”，消费者只要发现苏宁易购商品价格比同类网站高，就立即下调商品价格，并予以差额补返。国美库巴网不甘示弱直接抛出：“狙击618”的口号。6月18日到23日期间，亚马逊中国、天猫、腾讯、当当、易讯和新蛋中国等几大平台商纷纷加入激战。一个多月后的2012年8月14日，京东CEO刘强东在微博上发出价格战挑战，多家电子商务网站立刻做出回应，共同在2012年8月15日将电商价格战推向了白热化。

四、欺诈

伴随着大量网上购物行为的发生，网上欺诈活动也日益猖獗，犯罪分子往往利用消费者“贪便宜、图省事”的消费心理，通过虚假的网站、华丽的页面、超低的价格、伪造的证件，大肆骗取钱财。网络经济的虚拟性，使得鱼目混珠、泥沙俱下的情况很难避免。在电子商务法律法规还不健全的情况下，如何识别网络骗局，保护自身权益，成为广大网络消费者的关注焦点。

本章小结

本章主要介绍了全球网络零售业发展概况、适合网络零售的商品、网络零售力、对传统零售业的影响、典型的网络零售企业、传统企业开展网络零售的方法、成功的跨境电子商务模式及网络零售存在的问题。

由于篇幅所限，网络招聘、网络证券、网络理财、网络游戏、网络数字产品等网络零售模式不再一一阐述。

课后练习与实践训练

一、名词解释

1. 网络零售 2. 数字产品 3. 3C产品 4. C2C 5. 渠道冲突

二、单项选择题

1. 消费者在网络商店选购了商品后又想对订单进行修改，那么以下说法中正确的是（　　）。

A. 不可以对订单作任何修改

B. 得联系网络商店的相关部门或工作人员进行协调

C. 可以修改，但要交纳额外的服务费用作为补偿

D. 只要还没有确认订单，就可以进入“我的购物车”中作任何修改

2. 电子商务作为信息时代的一种新的商贸形式，不仅仅对商务的运作起了巨大的影响，还给（　　）带来了巨大的影响。

A. 商业营销和企业内部管理

B. 消费者和金融机构

C. 政府、社会经济以及人类的工作和生活等

D. 以上三种说法都正确

3. 实现在线交易，最重要的是解决交易中的（　　）问题。

A. 信誉　　B. 安全　　C. 法律　　D. 同步

4. 淘宝商城属于（　　）B2C 电子商务。

A. 自有式销售模式　　B. 自主式销售模式

C. 他有式销售模式　　D. 平台式销售模式

5. B2C 商品能够卖（　　）。

A. 服装　　B. 首饰　　C. 化妆品　　D. 以上均可以

三、简答题

1. 网络零售业今后的发展模式有哪些？
2. 网络零售业如何与现实相结合？
3. 渠道冲突的解决方法有哪些？
4. 网络热销商品的特征。
5. 如何规避电子欺诈。

四、实践训练

1. 进入所在学校的网络图书馆，了解电子期刊数据库；登录中国知网，检索最近两年的题名中含有“网络购物”及“网络零售”的论文；选择几个期刊的论文下载，打开并阅读下载的论文。

2. 登录易车网，分别按照品牌、排量、价格、车型进行查询，对搜索出来的车型进行对比，查看买车用户对各车型的评价。

3. 网络零售业对我国物流配送行业带来了很好的发展契机，同时对我国物流配送行业发展水平、与网络购物需求匹配度也提出了很高的要求，试探讨网络零售业对我国物流配送行业的影响。

4. 讨论网上开店作为大学生创业选择途径的可行性。

拓展学习指南

本章由于篇幅所限，没有展开讨论电子商务细分市场。读者可登录艾瑞咨询网站“数据报告—数据发布”栏目页面，查阅各种电子商务细分市场的最近统计数据和研究报告。

第四章　网络营销的理论与应用

【学习要点及目标】

1. 了解网络营销的定义、内容、功能、理论基础。

2. 掌握网络调查的方法与内容。

3. 学会使用网络广告营销、许可电子邮件营销、搜索引擎营销、病毒式营销以及其他基于Web2.0技术的营销方式，并且能够进行深层次应用。

【核心概念】

网络营销　网络市场调查　网络广告　许可电子邮件营销　搜索引擎营销　病毒式营销

引导案例

微博营销，让彬彬农场年销售轻松过百万

现今，无论是看新闻报道，还是朋友聊天，都会听到关于“微营销”“网络营销”的话题。什么是微营销呢？微营销所包括的微博、微信、二维码等，以移动互联网为主要沟通平台，配合传统网络媒体和大众媒体，通过有策略、可管理、持续性的线上线下沟通，建立和转化、强化顾客关系，实现客户价值的一系列过程。

彬彬农场的杨学彬在2000年和一班同学朋友开始搞农场。他用自己在日本积累的食品知识与经验，为农场提供技术支持。2011年之后，杨学彬决定通过微博来销售农产品。

从2011年至今，2年多时间，杨学彬发了16 000多条微博，没有加“V”，没有任何外力的推广，靠自然增长，粉丝达到了10 000余名。这10 000余名粉丝，有4000余人次买过东西，在这4000余人次当中，有200多人成为了彬彬农场的会员，每个会员的预交费是3000元。“但实际销售中非会员比会员的消费金额还要高。”杨学彬说。比如168至280元一箱的“丑苹果”网络销售，广深地区每个月的销量就达到500箱，这显然不是完全靠那200多个会员能完成的。这个数据同时也说明，彬彬农场目前面对的都是消费能力很强的高端客户。

彬彬农场从最初的一两个人，到目前的五个人的小团队（人员构成分为：产品开发一人，采购一人，客服兼内勤一人，司机两人），销售额也从最初的零到如今的年销售过100万，这一切居然是仅靠一个不加“V”的微博实现的。

案例导学：彬彬农场案例向我们展示了网络营销的惊人效果。利用社交媒体彬彬农场以很小的投入成本成功地完成了产品的推广和品牌的建立。微博营销是互联网营销中一个新兴的领域，

也是本章重点研究内容之一。

第一节　网络营销概述

一、网络营销的概念

网络营销是开展电子商务的重要支撑系统。广义上，凡是以互联网为主要手段进行的营销活动，都可称为网络营销。本书从以下三个主要方面对网络营销的概念进行讨论。

1. 网络营销是传统营销的延伸，是企业整体营销战略的一部分。网络营销就其实质而言，是指利用互联网技术最大程度地满足客户的需求，来开拓市场、增加赢利的一个经营过程。无论是网络营销还是传统营销，其基本的营销目的和原理是相同的。

2. 网络营销依赖各类互联网技术。新兴技术的变革会对网络营销的方式产生重要影响，因此，网络营销要特别注意和研究网络技术和特性对营销活动的影响。

3. 网站推广并不等于网络营销，只是网络营销的内容之一。在开展网络营销时，不仅要制订网站推广策略，还需要其他周密的网络营销计划，才能切实看到效果。

二、网络营销的特点

相较传统营销手段，网络营销具有以下几个特点。

（1）跨时空。营销的最终目的是占有市场份额，互联网具有的超越时间约束和空间限制进行信息交换的特点，使得脱离时空限制达成交易成为可能，企业能有更多的时间和更大的空间进行营销，可每周 7 天，每天 24 小时随时随地提供全球性营销服务。

（2）多媒体。互联网被设计成可以传输文字、声音、图像等信息，使得为达成交易进行的信息交换可以多种形式进行，可以充分发挥营销人员的创造性和能动性。

（3）交互式。互联网可以展示商品目录，链接资料库，提供有关商品信息的查询，可以和顾客进行互动双向沟通，可以搜集市场情报，可以进行产品测试与消费者满意调查等，是产品设计、商品信息提供及服务的最佳工具。

（4）个性化。互联网上的促销是一对一的、理性的、消费者主导的、非强迫性的、循序渐进式的，且是一种低成本与人性化的促销，避免推销员强势推销的干扰，并通过信息提供和交互式交谈，与消费者建立长期良好的关系。

（5）成长性。互联网使用者数量快速成长并遍及全球，使用者多半年轻，属于中产阶级水准，由于这部分群体购买力强且具有很强的市场影响力，因此是一个极具开发潜力的市场。

（6）整合性。互联网上的营销可由发布商品信息到收款、售后服务等一系列工作组成，因此也是一种全程的营销渠道。另一方面，企业可以借助互联网将不同的营销活动进行统一规划和协调实施，以统一的资讯向消费者传达信息。避免不同传播渠道的不一致性产生的消极影响。

（7）超前性。互联网是一种功能最强大的营销工具，它同时兼具渠道、促销、电子交易、互动顾客服务，以及市场信息分析与提供等多种功能。它所具备的一对一营销能力，恰好符合定制营销与直复营销的未来趋势。

（8）高效性。计算机可存储大量的信息供消费者查询，可传送的信息数量与精确度远远超过其他媒体，并能顺应市场需求，及时更新产品或调整价格，因此能及时有效地了解并满足顾客的需求。

（9）经济性。通过互联网进行信息交换，代替以前的实物交换，一方面可以减少印刷与邮递成本，可以无店面销售，免交租金，节约水电与人工成本；另一方面可以减少由于迂回多次交换带来的损耗。

（10）技术性。网络营销是建立在高技术支撑的互联网的基础上的，企业实施网络营销，必须有一定的技术投入和技术支持，改变传统的组织形态，提升信息管理部门的功能，引进熟悉营销、计算机信息处理技术的复合型人才，在未来才能具备市场竞争优势。

三、网络营销的职能

网络营销的基本职能表现在网络品牌、网站推广、信息发布、销售促进、网上销售、顾客服务、顾客关系、网上调研八个方面，下面对这八项职能进行详细解释。

1. 网络品牌

网络营销的重要任务之一就是在互联网上建立并推广企业的品牌，以及让企业的网下品牌在网上得以延伸和拓展。网络营销为企业利用互联网建立品牌形象提供了有利的条件，无论是大型企业还是中小企业都可以用适合自己企业的方式展现品牌形象。网络品牌建设是以企业网站建设为基础，通过一系列的推广措施，达到顾客和公众对企业的认知和认可。网络品牌价值是网络营销效果的表现形式之一，通过网络品牌的价值转化实现持久的顾客关系和更多的直接收益。

2. 网站推广

获得必要的访问量是网络营销取得成效的基础，尤其对于中小企业，由于经营资源的限制，发布新闻、投放广告、开展大规模促销活动等宣传机会比较少，因此通过互联网手段进行网站推广的意义显得更为重要，这也是中小企业对于网络营销更为热衷的主要原因。即使对于大型企业，网站推广也是非常必要的，事实上许多大型企业虽然有较高的知名度，但网站访问量却不高。因此，网站推广是网络营销最基本的职能之一，是网络营销的基础工作。

3. 信息发布

网络营销的基本思想就是通过各种互联网手段，将企业营销信息以高效的手段向目标用户、合作伙伴、公众等群体传递，因此信息发布就成为网络营销的基本职能之一。互联网为企业发布信息创造了优越的条件，不仅可以将信息发布在企业网站上，还可以利用各种网络营销工具和网络服务商的信息发布渠道向更大的范围传播信息。

4. 销售促进

市场营销的基本目的是为最终增加销售提供支持，网络营销也不例外，各种网络营销方法大都直接或间接具有促进销售的效果，同时还有许多针对性的网上促销手段，这些促销方法并不限于对网上销售的支持，事实上，网络营销对于促进网下销售同样很有价值，这也就是为什么一些没有开展网上销售业务的企业一样有必要开展网络营销的原因。

5. 网上销售

网上销售是企业销售渠道在网上的延伸，一个具备网上交易功能的企业网站本身就是一个网上交易场所，网上销售渠道建设并不限于企业网站本身，还包括建立在专业电子商务平台上的网上商店，以及与其他电子商务网站不同形式的合作等，因此网上销售并不仅仅是大型企业才能开展，不同规模的企业都有可能拥有适合自己需要的在线销售渠道。

6. 顾客服务

互联网提供了更加方便的在线顾客服务手段，从形式最简单的常见问题解答（FAQ），到电子邮件、邮件列表，以及在线论坛和各种即时信息服务等，在线顾客服务具有成本低、效率高的优点，在提高顾客服务水平方面具有重要作用，同时也直接影响到网络营销的效果，因此在线顾客服务成为网络营销的基本组成内容。

7. 顾客关系

顾客关系对于开发顾客的长期价值具有至关重要的作用，以顾客关系为核心的营销方式成为企业创造和保持竞争优势的重要策略，网络营销为建立顾客关系、提高顾客满意度和顾客忠诚度提供了更为有效的手段，通过网络营销的交互性和良好的顾客服务手段，增进顾客关系成为网络营销取得长期效果的必要条件。

8. 网上调研

网上市场调研具有调查周期短、成本低的特点，网上调研不仅为制订网络营销策略提供支持，也是整个市场研究活动的辅助手段之一，合理利用网上市场调研手段对于市场营销策略具有重要价值。网上市场调研与网络营销的其他职能具有同等地位，既可以依靠其他职能的支持而开展，同时也可以相对独立进行，网上调研的结果反过来又可以为其他职能更好的发挥提供支持。

网络营销的各个职能之间并非相互独立的，而是相互联系、相互促进的，网络营销的最终效果是各项职能共同作用的结果。网络营销的职能是通过各种网络营销方法来实现的，同一个职能可能需要多种网络营销方法的共同作用，而同一种网络营销方法也可能适用于多个网络营销职能。网络营销的八项职能也说明，开展网络营销需要用全面的观点，充分协调和发挥各种职能的作用，让网络营销的整体效益最大化。

第二节　网络市场调查

网络市场调查就是利用互联网发掘和了解顾客需要、市场机会、竞争对手、行业潮流、分销渠道以及战略合作伙伴等方面的情况，加以整理、分析和研究的营销活动。企业通过详细的网络市场调研，对提出的问题找到解决的方法，为企业制订产品计划、营销目标、决定分销渠道、制订营销价格、采取促进销售的策略和检查经营成果提供科学依据；在营销决策的贯彻执行中，为调整计划提供依据，起到检验和矫正的作用。

一、网络市场调查的特点

网络市场调查是传统市场调查利用互联网进行的延伸，相较传统市场调查手段有很多不同之处。

1. 网络调查信息的及时性和共享性

由于网络的传输速度非常快，网络信息能够快速地传送到连接上网的任何网络用户，而且网上投票信息经过统计分析软件初步处理后，可以看到阶段性结果，而传统的市场调研得出结论需经过很长的一段时间。同时，网上调研是开放的，任何网民都可以参加投票和查看结果，这又保证了网络调查的共享性。

由于企业网络站点的访问者一般都对企业产品有一定的兴趣，对企业市场调研的内容作了认真的思考之后进行回复，而不像传统的调研方式下为了抽号中奖而被动地回答，所以网络市场调研的结果是比较客观和真实的，能够反映消费者的真实要求和市场发展的趋势。

2. 网络调查方式的便捷性和经济性

在网络上进行市场调查，无论是调查者还是被调查者，只需拥有一台能上网的计算机就可以进行网络沟通交流。调查者在企业站点上发出电子调查问卷，提供相关的信息，或者及时修改、充实相关信息，被调查者只需在电脑前按照自己的意愿轻点鼠标或填写问卷，之后调查者利用计算机对访问者反馈回来的信息进行整理和分析即可，这种调查方式十分便捷。

同时，网络调查非常经济，它可以节约传统调查中大量的人力、物力、财力和时间的耗费。省去了印刷调研问卷、派遣访问员进行访问、电话访问、留置问卷等工作；调查也不会受到天气、交通、工作时间等的影响；调查过程中最繁重、最关键的信息收集和录入工作也将分布到众多网上用户的终端上完成；信息检验和信息处理工作均由计算机自动完成。所以网络调查能够以最经济、最便捷的手段完成。

3. 网络调查过程的交互性和充分性

网络的最大优势是交互性，这种交互性也充分体现在网络市场调查中。

网络市场调查某种程度上具有人员面访的优点，在网上调查时，被访问者可以及时就问卷相关的问题提出自己的看法和建议，可减少因问卷设计不合理而导致的调查结论出现偏差等问题。消费者一般只能针对现有产品提出建议甚至是不满，而对尚处于概念阶段的产品则难以涉足，而在网络调查中消费者则有机会对从产品设计到定价和服务等一系列问题发表意见。这种双向互动的信息沟通方式提高了消费者的参与性和积极性，更重要的是能使企业的营销决策有的放矢，从根本上提高消费者满意度。

同时，网络调查又具有留置问卷或邮寄问卷的优点，被访问者有充分的时间进行思考，可以自由地在网上发表自己的看法。把这些优点集于一身，形成了网络调查的交互性和充分性的特点。

4. 网络调查结果的可靠性和客观性

相比传统的市场调查，网络调查的结果比较可靠和客观，主要是基于以下原因：首先，企业站点的访问者一般都对企业产品有一定的兴趣，被调查者在完全自愿的原则下参与调查，调查的针对性强，而传统的市场调查中的拦截询问法，实质上是带有一定的“强制性”的；其次，被调查者主动填写调查问卷，证明填写者一般对调查内容有一定的兴趣，回答问题相对认真，所以问卷填写可靠性高；最后，网络市场调查可以避免传统市场调研中人为因素干扰所导致的调查结论的偏差，因为被访问者是在完全独立思考的环境中接受调查的，能最大限度地保证调研结果的客观性。

5. 网络调研无时空和地域的限制性

传统的市场调研往往会受到区域与时间的限制，而网络市场调研可以 24 小时全天候进行，同时也不会受到区域的限制。

6. 调查信息的可检验性和可控制性

利用互联网进行网上调查收集信息，可以有效地对采集信息的质量实施系统的检验和控制。首先，网上市场调查问卷可以附加全面规范的指标解释，有利于消除被访者因对指标理解不清或调查员解释口径不一而造成的调查偏差。其次，问卷的复核检验由计算机依据设定的检验条件和控制措施自动实施，可以有效地保证对调查问卷100%的复核检验，保证检验与控制的客观公正性。最后，通过对被调查者的身份验证技术可以有效地防止信息采集过程中的舞弊行为。

二、网络市场调查的主要内容

一般而言，网络市场调查的主要内容有以下几方面。

（1）市场需求研究。研究和分析市场需求情况，主要目的在于掌握市场需求量、市场规模、市场占有率，以及如何运用有效的经营策略和手段。

（2）用户及消费者购买行为的研究。用户及消费者购买行为研究的方向和内容主要包括：不同地区和不同民族的用户，他们的生活习惯和生活方式有何不同，有哪些不同需要；了解消费者的购买动机，包括理智动机、感情动机和偏爱动机，特别是研究理智动机时产品设计、广告宣传及市场销售活动的影响及产生这些动机的原因；研究用户对特定的商标或特定的商店产生偏爱的原因；具体分析谁是购买商品的决定者、使用者和具体执行者，以及他们之间的相互关系；了解消费者喜欢在何时、何地购买，他们购买的习惯和方式，以及他们的反应和要求等。

（3）营销因素研究。营销因素研究包括：产品的研究、价格的研究、分销渠道的研究、促销策略的研究、广告投放的研究等。

（4）宏观环境研究。宏观环境包括人口、经济、自然地理、科学技术、政治法律和社会文化等因素。一切营销组织都处于这些宏观环境之中，不可避免地受其影响和制约。

（5）竞争对手研究。商品经济社会，是一个竞争激烈的社会，企业要在竞争中取胜，必须“知己知彼”，每个企业都应充分地掌握并分析同行业竞争者各种情况，认真地分析我方优点和缺点。做到知己知彼，学会扬长避短，发挥优势的竞争诀窍。其主要内容有：市场上的主要竞争对手及其市场占有率情况，竞争对手在经营、产品技术等方面的特点，竞争对手的产品、新产品水平及其发展情况，竞争者的分销渠道、产品价格策略、广告策略、销售推广策略等情况，竞争者的服务水平等。

三、网络市场调查的方式

网络市场调研方式随着网络技术发展而发展，呈现出多元结构。在网络上设置在线调查问卷是最基本的调研方式，常用的还有电子邮件调查、对访问者的随机抽样调查、固定样本调查等。根据调查目的和预算，可以采用几种网络调查手段相结合的方式进行。最常见的是按照资料来源不同划分的网络直接和网络间接两种市场调查方式。

（一）网络直接市场调查的方式

根据调查的途径不同，网络直接市场调查分为以下五种方式。

（1）利用自己的网站。网站本身就是宣传媒体，如果企业网站已经拥有固定的访问者，完全可以利用自己的网站开展网络调查。这种方式要求企业的网站必须有调查分析功能，对企业的技术要求比较高，但可以充分发挥网站的综合效益。

（2）借用别人的网站。如果企业自己的网站还没有建好，可以利用别人的网站进行调查。

这里包括访问者众多的网络服务提供商（ICP）或直接查询需要的信息。这种方式比较简单，企业不需要建设网站和进行技术准备，但必须支付一定费用。

（3）混合型。如果企业网站已经建设好但还没有固定的访问者，可以在自己的网站调查，但与其他一些著名的 ISP/ICP 网站建立广告链接，以吸引访问者参与调查，这种方式是目前常用的方式。根据调查研究表明，传统的优势品牌一定是网络的优势品牌，它需要在网络重新发布广告吸引顾客访问网站。

（4）电子邮件型。直接向你的潜在客户发送调查问卷，这种方式比较简单、直接，而且费用非常低廉。但要求企业必须积累有效的客户电子邮件地址，而且顾客的反馈率一般不会非常高。采取该方式时要注意是否会引起被调查对象的反感，最好能提供一些奖品作为对被调查对象的补偿。

（5）网络论坛型。在相应的网络论坛（网络社群）中发布问卷信息，或者发布调查题目，这种方式与电子邮件型一样，成本费用比较低廉而且是主动型的。但在网络论坛上发布信息时，要注意网络行为规范，调查的内容应与讨论组主题相关，否则可能会导致被调查对象的反感甚至抗议。

（二）网络直接调查的具体方法

网络直接调查是企业主动利用互联网获取信息的重要手段。与传统调查类似，网络直接调查必须遵循一定的方法和步骤进行。

（1）确定网络直接调查目标。互联网作为企业与顾客有效的沟通渠道，可以使企业充分利用该渠道直接与顾客进行沟通，了解企业的产品和服务是否满足顾客的需求，同时了解顾客对企业潜在的期望和改进的建议。在确定网络直接调查目标时，需要考虑的是被调查对象是否上网，网民中是否存在着被调查群体，规模有多大。只有网民中的有效调查对象足够多时，网络调查才可能得出有效结论。

（2）确定调查方法和设计问卷。网络直接调查的方法主要是问卷调查法，设计网络调查问卷是网络直接调查的关键。由于互联网交互性的特点，网络调查可以采用调查问卷分层设计。这种方式适合过滤性的调查活动，因为有些特定问题只限于一部分调查者，所以可以借助层次的过滤寻找适合的回答者。此外，设计问卷界面要清晰，可调用问卷模板库，可以插入公司标志（logo），支持图片、音频、视频。

（3）选择调查方式。网络直接调查时采用较多的方法是被动调查法，将调查问卷放到我要调查网等专业网站、企业网站、QQ、博客及其他门户网站等待被调查对象自行访问和接受调查。吸引访问者参与调查是关键，为提高受众参与的积极性可提供免费礼品、调查报告等。另外，必须向被调查者承诺并且做到有关个人隐私的任何信息不会被泄露和传播。

（4）分析调查结果。分析调查结果是市场调查能否发挥作用的关键，可以说与传统调查的结果分析类似，也要尽量排除不合格的问卷，这就需要对大量回收的问卷进行综合分析和论证。

（5）撰写调查报告。撰写调查报告是网络调查成果的体现。撰写调查报告主要是在分析调查结果的基础上对调查的数据和结论进行系统的说明，并对有关结论进行探讨性的说明。

（6）答谢被调查者。给予被调查者适当的奖励和答谢对于网上调查来说是十分必要的，这既有利于调动网上用户参与网上调查的积极性，又可以弥补因接受调查而附加到被调查者身上的费用（如网络使用费、市内电话费等）。企业可以采取抽奖的方法，对填写问卷的用户随机抽奖来答谢被调查者，不过应注意中奖面和奖品价值高低要与调查内容和企业规模相适应。另外，企业也可以在调查报告后面致谢，或以向被调查者免费发送完整调查报告的形式来鼓励用户填写调查问卷。

（三）网络间接市场调查的方式

二手资料的来源有很多，如政府出版物、公共图书馆、大学图书馆、贸易协会、市场调查公司、广告代理公司和媒体、专业团体、企业情报室等。其中许多单位和机构都已在互联网上建立了自己的网站，各种各样的信息都可通过访问其网站获得。再加上众多综合型互联网内容提供商（ICP）、专业型互联网内容提供商，以及搜索引擎网站，使得互联网上的二手资料的收集非常方便。

互联网上虽有海量的二手资料，但要找到自己需要的信息，首先，必须熟悉搜索引擎（search engine）的使用；其次，要掌握专题型网络信息资源的分布。网上查找资料主要通过三种方法：利用搜索引擎；访问相关的网站，如各种专题性或综合性网站；利用相关的网上数据库。

（1）利用搜索引擎查找资料。搜索引擎使用自动索引软件来发现、收集并标识网页，建立数据库，以网页形式提供给用户一个检索界面，供用户以关键词、词组或短语等检索项查询与提问匹配的记录，成为互联网上最突出的应用。

（2）访问相关的网站收集资料。如果知道某一专题的信息主要集中在哪些网站，可直接访问这些网站，获得所需的资料。

（3）利用相关的网上数据库查找资料。网上数据库有付费和免费两种。在国外，市场调查用的数据库一般都是付费的。我国的数据库业近十年有较大的发展，近几年也出现了几个网络版的数据库，但它们都是文献信息型的数据库。

（四）网络间接市场调查的具体方法

网络间接市场调查的具体方法有以下几种。

1. 收集竞争者信息

收集互联网上竞争者信息的途径，主要有访问竞争者的网站，收集竞争者网上发布的信息，从其他网上媒体获取竞争者信息，从有关网络论坛中获取竞争者信息等。

市场领导者可选择网络的各种信息传播途径，如参与网络论坛讨论，以发现潜在威胁者和最新竞争动态，然后有针对性地访问其挑战者的网站，了解其发展状况，以做好应战准备；挑战追随者主要是选择访问领导者的网站和扮作领导者的顾客来收集其信息，同时以一些公众性网上媒体为辅助；补充者可能限于资金等因素，主要通过访问竞争者网站了解竞争动态。

2. 收集市场行情信息

企业收集市场行情资料，主要是收集产品价格变动、供求变化方面的。目前互联网上建有许多信息网。

（1）实时行情信息网，如东方财富网提供的是中国股市的实时行情信息。

（2）专业产品商情信息网，如太平洋电脑网提供的就有电脑相关硬件设备及部分信息产品的报价信息。

（3）综合类信息网，如登录淘宝网就可以查询到各种商品的零售价格信息。

3. 收集消费者信息

了解消费者偏好也就是收集消费者的个性特征，如地址、年龄、电子邮件、职业等，为企业细分市场和寻求市场机会提供基础。企业可以登录提供消费者信息统计的网站，收集二手资料。相对于一手资料的收集更加快捷，也更加便宜。如艾瑞咨询集团（http://www.iresearch.com.cn）提供很多消费者信息的统计数据。

此外，企业可以对已经统计过的访问者在其计算机上放置Cookie，记录访问者的编号和个性特征，这样既可以让消费者下次接受调查时无须填写重复信息，也可以减少对同一访问者的重复调查；企业也可以采用奖励或赠送的办法，吸引访问者登记和填写个人情况表，以获取消费者个性特征。必须注意的是，企业在收集消费者敏感信息时，应注意适度原则，避免收到虚假信息。

4. 收集市场环境信息

企业仅仅了解一些与其紧密关联的信息是不够的，特别是在做重大决策时，还必须了解一些政治、法律、文化、地理环境等宏观和微观环境的信息，这有助于企业从全局高度综合考虑市场变化因素，寻求市场商机。对于政治信息、经济信息，企业可以从一些政府、国际组织的网站中查找。如国家统计局的网站提供很多宏观环境的数据。

第三节 网络广告

1998年4月，联合国新闻委员会年会正式宣布互联网为继报刊、广播和电视三大媒体之外的第四传播媒体。与报刊、广播、电视这三大传统媒体相比，互联网使得信息在传播技术、传播效率及传播功能等方面产生了前所未有的变化。互联网正在成为重要的广告媒体市场。2012年中国网络广告市场规模达到753.1亿，逼近电视广告规模，2013年中国互联网广告的市场规模突破千亿大关，达到1100亿元，同比增长46.1%。由此可见，网络广告市场保持高速增长的状态，在互联网上做广告意味着难以估量的商业机会。

一、网络广告概述

网络广告是指在因特网站点上发布和传播的以数字代码为载体的各种经营性广告。这些广告可以通过超级链接的形式连接到广告主的网站上，从而可以让受众了解广告的更多信息，更好地达到网络广告的目的。通俗地讲，网络广告是指广告主利用一些受众密集或有特征的网站以图片、文字、动画、视频或者与网站内容相结合的方式传播自身的商业信息，并设置链接到某目的网页的过程。

网络广告是新生代的广告媒介，它是随着国际互联网的发展而逐步兴起的，既具有传统媒介广告所有的优点，又具有传统媒介所无法比拟的优势。网络广告的主要特点表现在以下六个方面。

（1）交互性强。交互性是网络本身的最大特点，网络不同于传统媒体信息的单向传播，而是信息的双向互动传播。用户可以获取他们认为有用的信息，厂商也可以随时得到消费者的反馈信息。从行销传播的角度观察，网络上的互动式广告有两个基本特质：一是适应个人需求而发布信息，二是广告受众自由选择信息。它不同于在传统媒介上出现的广告，互动式广告允许不同的受众选择不同的广告信息，以此满足个人对信息的需求。

（2）传播范围广泛。网络广告的传递不受时空的限制，它通过国际互联网把广告信息全天不间断地传播到世界各地，在人类生活的地球上空虚拟一个全新的网上交流互动平台。只要具备浏览互联网的条件，任何人在任何时间、任何地点都可以随时随地阅读网络广告信息。这是传统媒介无法比拟的。

（3）针对性强。网络广告的受众是最年轻、最具活力、受教育程度最高、购买力最强的群体，网络广告可以是广告主直接面对目标消费群体中最具有可能产生购买行为的潜在消费者。

（4）精确性强。传统媒介发布广告，很难精确统计广告信息目标受众的数量，而在互联网上，可以通过权威公正的访问统计系统，精确统计出每条广告信息的接触量，更可以了解目标受众接触广告信息的时间和地区分布，从而为广告主科学地评估广告效果奠定坚实的基础。

（5）广告发布灵活，成本低。网络广告是一种实时、灵活、低成本的广告形式。广告在传统媒介上刊播后很难更改，即使可以更改也将支付极大的费用。在互联网上，广告刊播后，可以方便地根据市场的变化、营销策略的调整及时变更广告内容，使广告活动及时有效地服务于营销策略。

（6）表现形式多，实效性强。网络广告的载体基本上是多媒体，超文本格式文件，受众对感兴趣的商品可以了解更为详细的资料，使消费者能够亲身体验商品与服务，这种以图、文、声、像的形式传递多感官信息，使目标受众如亲临其境感受商品与服务，并通过互联网进行订购、交易、结算，极大地增强了网络广告的实效。网络广告的局限性在于传播的效果比电视差，网络广告的发展依赖于当地科技的发展等。

二、网络广告的主要形式

最常见的网络广告多为旗帜广告和多媒体广告，另外还有一些其他类型的网络广告。

（一）旗帜广告

旗帜广告（banner）又称为横幅广告，是最早的网络广告形式。是以 GIF、JPG 等格式建立的图像文件，定位在网页中，大多用来表现广告内容，同时还可使用 Java 等语言使其产生交互性，用 Shockwave 等插件工具增强表现力。根据尺寸的大小，可将旗帜广告分为如表 4.1 所示的几种形式。

表 4.1　旗帜广告的标准尺寸

旗帜型号	尺　寸
全幅旗帜	468×60 像素
半幅旗帜	234×60 像素
立式旗帜	120×240 像素
1 型按钮	120×90 像素
2 型按钮	120×60 像素
四方按钮	125×125 像素
微型按钮	88×31 像素

在所有旗帜广告分类中，全幅旗帜是应用最广的类型，而四方按钮和微型按钮两种广告形式的应用呈上升趋势。

作为网络显示广告的主要形式，旗帜广告本身也有多种形式，例如播放式旗帜、擎天柱广告、互动式旗帜、浮动旗帜、全屏广告、微站点广告、巨型广告、通栏广告、按钮广告以及画中画广告等。

（1）擎天柱广告（skyscrapers　tower），是利用网站页面左右两侧的竖式广告位置而设计的广告形式，该广告的规格为 120×600 像素或 160×240 像素。这种广告形式可以直接对客户的产品和产品特点进行详细的说明，也可以进行特定的市场调查或举办有奖活动。这种广告位于页面左右两侧的狭长地带，不会产生换页盲区；同时，这种广告具有的位置独享和排他性，可以降低其他广告的干扰，更好地传达广告信息。

（2）互动式旗帜广告（interactive banner），是新一代的旗帜广告，该广告表面上与普通的旗帜广告毫无二致，但它能够感知用户鼠标在网页上的位置。当鼠标移近时，该旗帜广告会发生变化，在吸引访问者注意力的同时，展示更多的广告信息。例如，网上有一种互动式旗帜广告，乍看起来，旗帜广告像是铺满了树叶的一块石碑，浏览者鼠标移近时，树叶就会被鼠标清扫掉，显露出写在石碑上的图案和广告文字。

（3）浮动旗帜广告（floating banners ads），大小一般为 120×60 像素。当访问者使用滚动条滚屏时，浮动旗帜会随之滚动，停留在显示屏右上方固定的位置上。通过浮动，广告可以停留在访问者的视野中，吸引更多的注意，但是会影响访问者的正常浏览。现在有一些浮动旗帜广告被设计成独立的窗口，访问者可以随时关闭或者最小化该窗口，这一设计目的是减少对访问者的侵犯感。

（4）全屏广告（full-screen ads），是根据广告创意的要求，充分利用整个页面能够容许的最大空间来传递信息的广告方式。它在尺寸上突破了传统旗帜广告的限制，用户打开一个页面后，首先出现一个全屏广告，它可以是静态画面，也可以是动态的 flash 效果。几秒钟后，广告自上而下逐渐缩小，最后停留在页面上方，成为一个大的旗帜广告。此广告能给网民造成很强的视觉冲击力，从而更完整地传达广告信息，给页面访问者留下深刻的印象。全屏广告最大的问题是下载时间较慢。

（5）巨幅网络广告，又叫巨型广告，该广告的尺寸是 360×300 像素，几乎是一般的旗帜广告的 4 倍，约占全屏幕 14%的面积。它色彩鲜明，图案生动，一般位于网页偏中间的位置。巨幅网络广告一般都采用 flash 技术，具有更强的表现力且具备交互性。此外，多数巨型广告以绕排的形式出现在网页上的文字区域内，使得广告可以在用户视线中的停留时间更长。

（6）通栏广告，是一种尺寸超过两条标准旗帜广告的宽屏广告，它通常置于页面的中部，广告规格为 600×100 像素，可以在媒体网站的首页或频道页面刊登。这种广告由于被放置在网页的中间版位上，占据了上端页面与下端页面间的过渡地带，访客在浏览整个页面时无法错过广告，因而大大提高了广告的有效曝光率。

（7）按钮广告（button），又称标识广告。定位在网页中，尺寸偏小，表现手法较简单。

各类条幅广告的例子如图 4.1 所示。

图 4.1　各类条幅广告截图

（二）多媒体广告

多媒体广告（multi-media advertisement）指不仅可以传递文本、图片、动画等内容，同时还可以传递声音、视频等多媒体信息的广告，下面介绍几种常见的类型。

（1）动画类广告。此种广告媒体的投放形式以动画表现为主，其格式主要为 flash 格式。其最大的特点是形象、趣味俱佳，具有交互性和自主性，可吸引受众的注意力。动画类广告的应用有插页式广告、通栏广告和“浮层”广告等。插页式广告又名“弹跳广告”，即当浏览网站或栏目时，在该网站或栏目打开之前插入一个新窗口显示广告。“浮层”广告具有极强的表现力，并且可以加入音效，其丰富的效果更能满足不同广告主的需求。

（2）视频类广告。视频广告是一种新兴的网络广告形式，其格式主要有 flv 格式、wmv 格式、流媒体格式等，具有感官冲击力强、内容丰富、互动性强、实时信息更新等优点，比如在网络视频流媒体上投放的视频广告。这种广告媒体能以唯美的画面、鲜明的色彩、流畅的动作和悦耳的音效，使品牌价值得到出色的创意表现。

（3）虚拟现实类广告。这类广告以三维技术建立一个虚拟现实的环境，让受众在逼真的广告场景中感受品牌魅力和商家的服务。如房地产营销网站制作出楼盘地图指示动画、装修效果图翻页动画、样板间三维展示模拟动画，全方位、立体、动态地展现出楼盘的特点。顾客可以通过鼠标的移动浏览虚拟现实场景，犹如身临其境，增强商品的说服力，提高楼盘的销售量。

（4）移动媒体类广告。这类广告从广义上来说也属于网络营销沟通的多媒体广告范畴。移动媒体广告形态是依靠移动媒体的发展而产生的一种广告形态，主要以手机为载体，具体形式为短信广告、彩信广告、彩铃广告、手机网站类广告。

（5）置入式多媒体广告。这类广告是随电影、电视等现代媒体发展起来的一种新的广告形式，指在影视节目、游戏、体育赛事中将产品或品牌的信息刻意插入，以达到潜移默化的宣传效果，被称为“秘密广告”。随着网络的普及和发展壮大，置入式广告又找到了一片新的土壤——互联网。如游戏《Crazy Taxi》中的乘客会要求玩家把他们带往必胜客或是肯德基。

（三）其他类型网络广告

除了以上两种主流网络广告之外，还有一些其他形式的网络广告。

（1）文字链接广告（text link），是一种对浏览者干扰最少，但却最有效果的网络广告形式。整个网络广告界都在寻找新的宽带广告形式，而有时候，需要最小带宽、最简单的广告形式效果却最好，如图 4.2 所示。

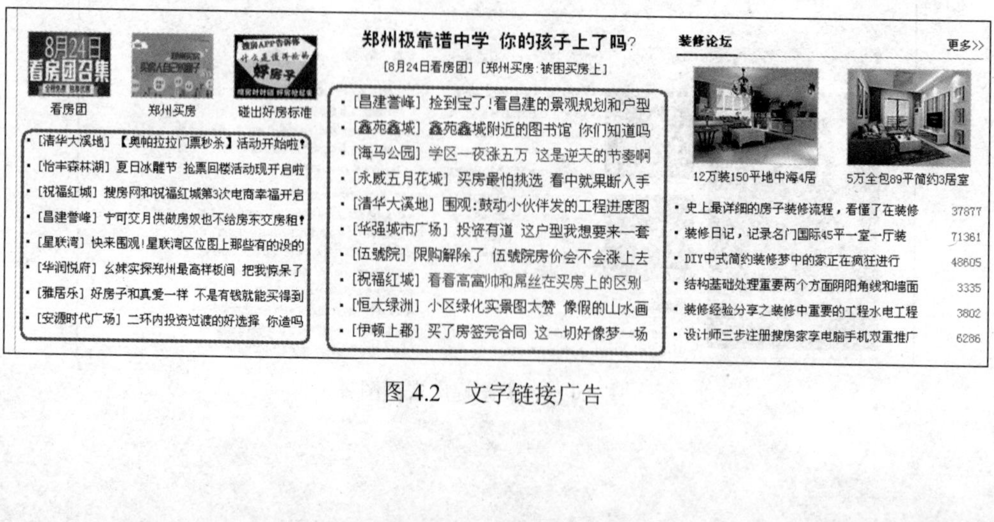

图 4.2 文字链接广告

（2）电子邮件广告，又称许可邮件营销，是商业信函的网络延伸版，指通过电子邮件的方式，将企业产品、活动信息等各种推广信息向目标用户群发布，如图 4.3 所示。

图 4.3　电子邮件广告

（3）赞助式广告，目前还没有明确的定义，一般而言，赞助式广告可分为内容赞助、节目赞助、节日赞助三种赞助形式。内容赞助可以说是赞助式广告最基本的形式，表面上看起来这种赞助式广告更像网页上的内容而非广告，这种广告以网页内容的形式出现，所以它们的点击率往往会比普通的广告高。节目赞助是指广告主通过对自己感兴趣的网站内容或网站节目的赞助来达到做广告的目的。这些网站节目主要指一些特定的时效性网站，图 4.4 为嘉士伯-中超联赛广告。节日赞助则是广告商通过参与网站在特别节日所推出的网站推广活动的方式而推行和发布自己的广告。

图 4.4　赞助式广告

（4）插播式广告，顾名思义就是穿插播放广告。它是指在网站中两个网页互换空隙插入的网页广告，类似于电视剧播放过程中夹杂于两集之间的广告一样，但是其延续时间相对较短。插播式广告的形式多种多样，主要有弹出式广告、过渡插入式广告等。

（5）关键词搜索广告，简称关键词广告，是著名搜索引擎百度、谷歌等常常采用的广告方式。它是显示在搜索结果页面右侧的网站链接广告，此类广告按点击次数收费。关键词广告由于排除了其他形式广告的干扰，使其视觉吸引力更为突出，营销效率也大大提高。关键词广告一般会时时显示，即每次在搜索引擎搜索关键词，广告都会出现在搜索引擎首页显著位置；可投放多种语言、多个国家；关键词一般也不受数量和热门程度的限制；可在线查看详细统计报告，如广告点击数、显示数、花费、平均点击费用、平均排名等。

> **学练结合**
>
> 查看表 4.2 中各网站首页（搜索页面）有哪几种网络广告，将结果填入表中。

表 4.2　网络广告形式记录表

	新浪网	新华网	在百度搜索“智能手机”	人邮教育社区
网络广告的形式				

三、网络广告的投放

随着网络广告功能的增强，形式的丰富，越来越多的企业在网上投放广告。从目前来看，一般有以下几种方式，企业可以根据自身的需求，从中选择一种或几种方式。

1. 建立企业网站

建立自己的网站，对于企业来说，是一种必然的趋势。这不但是一种企业形象的树立，也是宣传产品的良好工具。实际上，在互联网上做广告，归根到底要设立公司自己的主页。其他的网络广告形式，无论是黄页、工业名录、免费的互联网服务广告，还是网上报纸、新闻组，都提供了一种快速链接至企业主页的形式。在互联网上做广告，建立企业的主页是最根本的。主页形式是企业在互联网上进行广告宣传的主要形式，而且企业的主页地址也会像企业的地址、名称、电话、传真一样，是独有的，是企业的标识和无形资产。

2. 利用免费的互联网服务

由于网上的免费服务能吸引大量用户，因此企业可以在提供服务的同时，向用户发送网络广告。企业可提供的免费服务很多，比如免费电子邮箱、免费网络论坛等，这些服务一般都要求用户注册，企业可以利用这些资料有针对性地发送网络广告。

具体来说，此种方式有诸多特点：一是主动性强，所有的使用者都可以按照自己的喜好和兴趣选择订阅一些免费信息。一旦你选择订阅了有关的信息，就可以定期收到所订阅的信息，当然，其中包含着广告的内容。不过用户既可以随时增加订阅，也可以随时修改或停止订阅信息内容。二是可统计性，用户在第一次使用免费服务时，必须详细填写用户资料，这就使得提供免费服务的企业网站能详细地知道使用者的具体情况，企业可以根据消费者的特征（年龄、性别、职业、教育水平、兴趣爱好、婚姻状况等），有针对性地发布自己的广告。

3. 通过大型门户网站

企业自己的网站访问量可能有限，而大型门户网站的访问量大、用户多，企业可以利用这些网站来发布网络广告，如国内的新浪、搜狐、网易就提供网络广告服务，甚至这些网站的主营收入大部分来自网络广告。这些门户网站提供的网络广告类型多样，效果各不相同，收费也不一样。

4. 通过专业网站

专业网站为用户提供某类专门服务，登录这些网站的访问者多数是相关领域专业人士或爱好者，具备较强的专业知识水平和忠诚度。企业通过这类网站发布网络广告，具有相当强的针对性和良好的广告效果，但广告价格也比较高。比如太平洋汽车网作为专业的汽车网络媒体，以资讯、导购、导用、社区为出发点，坚持原创风格，为网友提供汽车报价、导购、评测、用车、玩车等多方面的第一手资讯，并营造一个互动的车友交流空间。汽车类企业在这类网站发布专业产品的广告效果是比较好的。

5. 利用网络黄页

在互联网上有一些专门提供企业网址、联系方式等内容查询服务的网站，这些站点如同电话黄页一样，按类别划分，便于用户进行站点的查找。在其页面上，会留出一定的位置给企业做广告。在这些页面上做广告的好处：一是针对性好，在查询的过程中都是以关键字来区分的；二是醒目，处于页面的明显处，较易为正在查询相关问题的用户所注意，容易成为用户浏览的首选。

6. 列入企业名录

一些网络服务提供者（ISP）或政府机构会将一些企业信息加入他们的主页中，企业可以利用这样的机会列入相关企业名录。如河南省商务厅网站的外贸企业名录、经济信息文章中收录了很多相关成功企业的介绍。

7. 网上报纸或杂志

在互联网日益发展的今天，国内一些著名的报纸和杂志，如《大河报》、《南方都市报》都在互联网上建立了自己的网站。而更有一些新兴的报纸与杂志，干脆脱离了传统的“纸”的媒体，完完全全地成为了一种“网上报纸或杂志”，反响非常好，每天访问的人数不断上升。可以预计，随着计算机的普及与网络的发展，网上报纸与杂志将如同今天的报纸与杂志一样，成为人们必不可少的生活“伴侣”。在这些网上杂志或报纸上做广告，也是一个较好的传播渠道。

8. 借助网络论坛

网络论坛是网上流行的沟通方式，任何用户只要注册 ID（身份）都可以在网络论坛上浏览、发布信息。利用网络论坛做广告也有两种方式：一是企业可以选择与产品有关的网络论坛发布相应网络广告，会起到良好的宣传作用；二是企业可以建立自己的网络论坛系统，吸引用户来畅所欲言，以求起到宣传作用。如广西汉声音响公司就建立了自己的网络论坛来进行企业宣传。

四、网络广告投放过程中的注意事项

1. 预留一定的测试时间

由于网络广告技术含量高，相关环节较多，为避免广告投放中发生不应有的错误，应在广告投放前测试广告播放是否正常、广告链接是否正确、数据库是否正常运作、广告监测系统能否正常计数，保证正常投放。

2. 广告创意的更换

同一广告创意投放久了，会造成网民疲劳，点击下降，建议两周更换一次创意。但如果是新品牌的推广，希望增强品牌记忆度，可以采取同一创意、固定广告位、长期投放，培养用户的浏览习惯。

3. 必要的投放管理与优化

（1）投放前对创意进行测试，尤其是大型投放更应重视。

（2）在广告投放之初建立必要的备份方案，以保证在投放效果出现波动时进行替换与弥补。

（3）对活动网站进行详细的流量检测，客观评估不同媒介组合所贡献的曝光与受众行动的质量。

五、网络广告效果测定的标准

网络广告投放后，投放效果可以由以下四个方面来进行测定。

（1）被动浏览，主要是以浏览者进入广告页面的次数为标准。

（2）主动点击，效果评估标准是指网络广告效果的好坏关键要看浏览者是否点击了该广告，点击的次数有多少。

（3）交互，是网络媒体与传统媒体的又一重要区别，网络广告很好地体现了交互这一特点，浏览者在浏览广告的同时还要与广告赞助商形成信息的交流，这样的网络广告才是有效的。该指标评价广告效果的好坏主要看目标受众主动与广告赞助商联系的次数的多少。

（4）销售收入。广告能引起销售收入，那么广告当然是有效的。问题在于销售收入在多大程度上要依赖于网络广告。因为引起销售的因素是很多的，包括促销、公关、产品、价格、销售渠道、消费者的消费行为特性等。所以，用销售效果为标准来衡量网络广告效果是困难的。

一般来说，达到四种衡量的标准的难易程度与广告衡量的准确程度是正相关的。即衡量广告效果的标准越易达到，这种衡量的准确程度就越低。所谓衡量效果的准确与否都是相对的概念，对于不同类型、不同目的的广告要选择不同的测量方法，如衡量企业形象广告效果，就应该用浏览率或点击率作为标准，采用销售效果为标准就不太适合。每种效果测定的标准都要通过具体的试验以及实践的经验来最终确定。试验是尤其重要的手段。比如，对于旗帜广告来说，研究点击率和广告的面积、文件类型、广告与页面内容的相关性的关系是非常有意义的。

第四节　常用的网络营销方法

一、电子邮件营销

电子邮件营销是指在用户事先许可的前提下，通过电子邮件的方式向目标用户传递有价值信息的一种网络营销手段。其营销过程中有三个基本因素：用户许可、电子邮件传递信息、信息对用户有价值。三个因素缺一不可，否则都不能被称之为有效的电子邮件营销。下面通过电子邮件营销提升企业知名度的案例来加深对电子邮件营销的理解。

阅读案例

电商借阿里上市东风，邮件群发提升品牌

阿里巴巴赴美上市，发行价定在68美元，预计将募集资金超2000亿美金。这不仅是中国互联网企业也是世界IT界的大事，国内电商行业因此大受鼓舞，一些电商借阿里上市之东风，巧妙地开展邮件群发推广活动，在整体改善电商“高大上”形象的同时，也提升了自己的口碑，打响了品牌知名度，最近与U-Mail邮件群发平台合作的一客户便是如此。

该客户在基于对消费者购买过程中的心理活动及系列行为分析的基础上，将邮件群发优势发挥得淋漓尽致。

一、购买前

该客户通过QQ、微信、微博等社交工具和网站结合线下的海报、传单等渠道，广为宣传推广产品，不忘在醒目位置提醒消费者注意公司的邮箱地址，甚至开发了适用于移动端的APP应用，能利用的平台和资源都争取抢占。吸引消费者来网站，对首次注册的消费者赠予积分或优惠券、折扣券等；群发邮件提醒已注册的消费者注意激活链接完成注册流程，同时鼓励消费者转发链接，这样能最大限度地获得有效地址；定期制作精美的商品海报，季末或节假日举行打折优惠等活动，图文并茂，甚至借助GIF动画，使群发邮件极富视觉冲击力，带给顾客审美享受，其中不乏一些时新的元素；而在每个购物季结束之际，公司会将当季热卖的各类商品、消费者口碑最佳的商品、与同行对比性价比最优的商品等一一总结出来，群发邮件给消费者。

二、购买中

该客户在消费者将商品放入购物车后，群发邮件提醒对方记得及时付款；在消费者付款达成交易后，马上群发邮件将商品信息包括购买时间、数量、价款以及收货人地址、联系电话等告诉消费者；商品出货后，会将出货时间、物流情况等告诉消费者，并且告诉消费者可以去网站输入单号查询商品去向。这一系列群发邮件，环环紧扣，服务到位，令消费者大呼受用。

三、购买后

该客户注重发掘“二次成交”商机，购买后不是对消费者不闻不问，而是一方面利用U-Mail 邮件群发平台清晰的跟踪统计功能结合网站的后台统计数据，将很少打开邮件或一段时间内在网站成交量为零的消费者数据排除；另一方面是根据消费者的购买信息，判断出他的喜好及需求，如有消费者已购买奶粉，那判断其肯定需要纸尿片等婴幼儿产品，甚至能清晰把握小孩到哪个成长阶段了，又需要些什么？然后分类，如分为“家居类、电子产品类、零食类”等，在群发邮件时，对各类消费者发送内容不同。其次，定期群发邮件开展调查问卷活动，详细了解消费者需要什么，希望网站做哪些改变？获知一些顾客退订的原因是什么？

最近，该客户就阿里上市事件给其公司消费者群发一封邮件，邮件介绍了电商行业的蓬勃发展态势、现状以及未来规划，将各项服务流程再强调一遍，消除了一些消费者关于“网购有大量假货”的陈见；同时公司做出郑重承诺：坚决不卖假货！这封群发邮件的效果是很明显的，让消费者感觉电商也是“高大上”行业，是蒸蒸日上大有可为的朝阳产业！阿里的效应和财富远景，一定程度上提升了该客户的公司品牌！

1. 邮件列表

开展电子邮件营销的基础之一是拥有潜在用户的电子邮件地址资源。这些资源可以是企业内部所有（内部列表），也可以是合作伙伴或者专业服务商所拥有（外部列表），因此电子邮件营销的重要内容之一就是用户邮件地址资源的获取和有效管理及应用。

常见的邮件列表形式有电子刊物、新闻邮件、注册会员通信、新产品通知、顾客服务/顾客关系邮件、顾客定制信息。

一般情况下，在采用内部列表开展电子邮件营销时，以电子刊物、新闻邮件等形式为主，是在为用户提供有价值信息的同时附加一定的营销信息。但在采用外部列表时，作为广告客户的企业是利用第三方的邮件列表来发送产品/服务信息，开展电子邮件营销，并且邮件内容通常是纯粹的商业邮件广告。

2. 电子邮件营销的基本形式

按照电子邮件地址资源的所有权，电子邮件营销常用的方式有内部列表和外部列表两种基本形式，两者各有自己的优势，对网络营销比较重视的企业通常都拥有自己的内部列表，但内部列表与采用外部列表也并不矛盾。如有必要，两种方式可以同时采用。表4.3对两种电子邮件营销形式的功能和特点进行了比较。

表4.3 内部列表和外部列表电子邮件营销的比较

主要功能和特点	内部列表电子邮件营销	外部列表电子邮件营销
主要功能	顾客关系、顾客服务、品牌形象、产品推广、在线调查、资源合作	品牌形象、产品推广、在线调查
投入费用	相对固定，取决于日常经营和维护费用，与邮件发送数量无关，用户数量越多，平均费用越低	没有日常维护费用，营销费用由邮件发送数量、定位程度等决定，发送数量越多费用越高
用户信任程度	用户主动加入，对邮件内容信任程度高	邮件为第三方发送，用户对邮件的信任程度取决于服务商的信用、企业自身的品牌、邮件内容等因素
用户定位程度	高	取决于服务商邮件列表的质量
获得新用户的能力	用户相对固定，对获得新用户效果不显著	可针对新领域的用户进行推广，吸引新用户能力强
用户资源规模	需要逐步积累，一般内部列表用户数量比较少，无法在很短时间内向大量用户发送信息	在预算许可的情况下，可同时向大量用户发送邮件，信息传播覆盖面广
邮件列表维护和内容设计	需要专业人员操作，无法获得专业人士的建议	服务商专业人员负责，可对邮件发送、内容设计等提供相应的建议
电子邮件营销效果分析	由于是长期活动，较难准确评价每次邮件发送的效果，需要长期跟踪分析	由服务商提供专业分析报告，可快速了解每次活动的效果

内部列表和外部列表由于在是否拥有用户资源方面有根本的区别，因此开展电子邮件营销的内容和方法也有很大差别。这两种电子邮件营销方式属于资源的不同应用和转化方式，内部列表以少量、连续的资源投入获得长期、稳定的营销资源，外部列表则是用资金换取临时性的营销资源。内部列表在顾客关系和顾客服务方面的功能比较显著，外部列表由于比较灵活，可以根据需要选择投放不同类型的潜在用户，因而在短期内即可获得明显的效果。

3. 开展电子邮件营销的一般过程

开展电子邮件营销的过程，也就是将有关营销信息通过电子邮件的方式传递给用户的过程。

为了将信息发送到目标用户电子邮箱，首先应该明确，向哪些用户发送这些信息，发送什么信息，以及如何发送信息。开展电子邮件营销一般要经历下列几个主要步骤。

在电子邮件营销活动中，内部列表和外部列表电子邮件营销过程也存在一定的差异。为了进一步辨析两者的区别，表 4.4 对两种列表电子邮件营销的过程进行了简单的比较。

表 4.4　内部列表和外部列表电子邮件营销过程比较

电子邮件营销的阶段	内部列表电子邮件营销	外部列表电子邮件营销
确定电子邮件营销目的	需要在网站规划阶段制订，主要包括邮件列表的类型、目标用户、功能等内容。一旦确定具有相对稳定性	在营销策略需要时确定营销活动目的、期望目标。每次电子邮件营销活动的目的、内容、形式、规模等可能各不相同
建设或者选择邮件列表技术平台	邮件列表的主要功能需要在网站建设阶段完成，或者在必要的时候为网站增加邮件列表功能，也可以选择第三方的邮件列表发行平台	不需要自己的邮件发行系统
获取用户电子邮件地址资源	通过各种推广手段，吸引尽可能多的用户加入列表。邮件列表用户 E-mail 地址属于自己的营销资源，发送邮件不需要支付费用	不需要自己建立用户资源，而是通过选择合适的电子邮件营销服务商，在服务商的用户资源中按照一定条件选择潜在用户列表。一般来说，每次发送邮件均需要向服务商支付费用
电子邮件营销的内容设计	在总体方针的指导下来设计每期邮件的内容一般为营销人员的长期工作	根据每次电子邮件营销活动需要制作邮件内容，或者委托专业服务商制作
邮件发送	利用自己的邮件发送系统（或者选定的第三方发行系统）根据设定的邮件列表发行周期按时发送	由服务商根据服务协议发送邮件
电子邮件营销效果跟踪评价	自行跟踪分析电子邮件营销的效果，可定期进行	由服务商提供专门的分析报告，可以是从邮件发送后实时在线查询，也可能是一次活动结束后统一提供检测报告

由表 4.2 可以看出，由于外部列表电子邮件营销相当于投放广告，其过程相对简单一些，并且是与专业服务商合作，可以得到一些专业的建议，在营销活动中并不会觉得十分困难。而内部列表电子邮件营销的每一个步骤都比较复杂，并且依靠企业内部的营销人员自己来进行。由于企业资源状况、企业各部门之间的配合、营销人员知识和经验等因素的影响，在执行过程中会遇到大量新问题，其实施过程也比外部列表电子邮件营销复杂得多。但由于内部列表拥有巨大的长期价值，因此建立和维护内部列表成为电子邮件营销中最重要的内容。

二、搜索引擎营销

搜索引擎（search engine，SE）是指根据一定的策略、运用特定的计算机程序搜集互联网上的信息，对信息进行组织和处理，并将处理后的信息显示给用户，是为用户提供检索服务的系统。

（一）搜索引擎的分类

1. 全文搜索引擎

全文搜索引擎是名副其实的搜索引擎，国外代表有谷歌（Google），国内则有著名的百度搜索。它们从互联网提取各个网站的信息（以网页文字为主），建立起数据库，并能检索与用户查询条件相匹配的记录，按一定的排列顺序返回结果。

根据搜索结果来源的不同，全文搜索引擎可分为两类：一类拥有自己的检索程序（indexer），俗称“蜘蛛”（spider）程序或“机器人”（robot）程序，能自建网页数据库，搜索结果直接从自身的数据库中调用，上面提到的谷歌和百度就属于此类；另一类则是租用其他搜索引擎的数据库，并按自定义的格式排列搜索结果，如 Lycos 搜索引擎。

2. 目录式搜索引擎

目录索引虽然有搜索功能，但严格意义上不能称为真正的搜索引擎，只是按目录分类的网站链接列表而已。用户完全可以按照分类目录找到所需要的信息，不依靠关键词（keywords）进行查询。目录索引中最具代表性的莫过于雅虎与新浪分类目录搜索。

3. 元搜索引擎

元搜索引擎（META search engine）接受用户查询请求后，同时在多个搜索引擎上搜索，并将结果返回给用户。著名的元搜索引擎有 InfoSpace、Dogpile 等，中文元搜索引擎中具有代表性的是 360 综合搜索引擎。

（二）搜索引擎营销简介

搜索引擎营销（search engine marketing，SEM）是一整套的技术和策略系统，用于引导更多的访问者从搜索引擎寻找商业网站，包括下面定义的各种实现方式。

（1）付费链接/竞价排名（paid placement）。通过诸如谷歌 AdWords 和百度竞价排名这类广告服务将内容广告在搜索引擎上通过关键词搜索显示出来，有时多指“付费搜索”“点击付费”广告和“竞价排名”广告。

（2）内容定向广告（contextually targeted text ads）。显示在搜索联盟成员的内容站点而不是搜索站点的广告。例如通过诸如 Google Adsense 这类程序搜索到的新闻文章、博客等。

（3）付费收录（paid inclusion）。通过向搜索引擎和类似黄页站点付费的行为，使得某个网站和网页能够被收录到服务器的索引信息中，但是不需要被显示在搜索结果列表上的某个特殊位置，例如最早有雅虎搜索的“Site Match”。

（4）自然排名搜索引擎优化（organic search engine optimization，OSEO）。通过使用一些技术，包括网页代码放大、网页复制编辑、站点导航、竞价链接等来提高一个网站或网页在特定搜索主题中的自然搜索结果（非付费搜索，例如谷歌结果列表左侧）排名。

如图 4.5 所示，当用户通过百度搜索洗衣机信息时，检索页面的上方及右侧显示的“推广链接”即为百度的付费搜索服务。

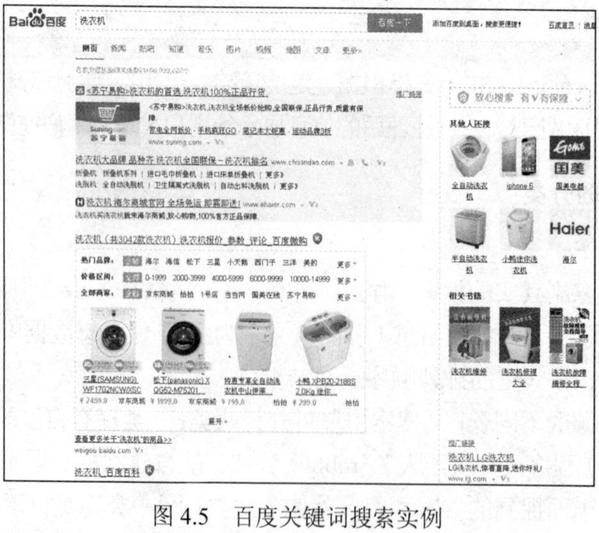

图 4.5　百度关键词搜索实例

三、病毒性营销

病毒性营销是一种形象的说法，就是以病毒的深入肌体、繁殖快速、传播广泛和迅速为特征来比喻网上一种全新的营销活动。它是指用户通过网络媒体工具，如免费邮空间、免费域名、QQ 等即时交流软件、免费游戏或电子书籍等，使企业的产品信息在互联网上像病毒一样快速复制、传播和扩散到巨大的受众（消费者）群体，是一种与传统营销截然不同的营销理念和营销方式。

病毒性营销不是以传播病毒的方式开展营销，而是充分利用网络信息快速双向传播的特点，以类似于网络病毒快速蔓延的效应而得名。由于其快速而廉价的特性，自 Hotmail.com 率先使用该模式以来，病毒性营销为越来越多的企业网站所采用。当时，Hotmail 为了给自己的免费邮件做推广，在邮件的结尾处附上："PS.Get your free E-mail at Hotmail"，由于接收者看到该信息后，可能会去申请自己的免费邮箱，然后使用该邮箱给其他人发邮件，其他人又会重复同样的过程。这样 Hotmail.com 每一个用户不知不觉地都成了 Hotmail 的推广者，使 Hotmail 的产品和服务信息迅速在网络用户中复制和扩散。这种滚雪球般的效果可以在几小时之内，使第一封邮件产生的营销效果传播到成千上万的受众那里。正是由于病毒性营销快速而廉价的传播方式，使 Hotmail 获得了爆炸式的增长。

阅读案例

穿纸尿裤宝宝滑旱冰成网络明星

一段视频广告曾经在网络上引起轰动，一群穿着纸尿裤的可爱宝宝竟然滑旱冰，还摆出各种酷酷的姿势，甚至大跳 Hip-Hop（见图 4.6）。不少网友看过后觉得有意思并通过网络传阅，7 月 3 日—7 月 10 日，短短几天时间里这段视频已经被点击 400 多万次，甚至还出现在北京卫视的新闻中。这个现象称为"病毒式营销"。

图 4.6　依云宝宝滑旱冰广告截图

这段视频时长 1 分钟，主角们是清一色外国婴儿。尽管这些婴儿身上还裹着纸尿片，但片中的他们向观众展示出超群的滑旱冰技艺。旱冰鞋在他们脚下如飞火轮一般自如。他们忽而跳跃，忽而跳上栅栏，忽而翻跟头，忽而又大跳 Hip-Hop，这些镜头通常都只会出现在专业的溜冰手身上，而片中的婴儿却轻而易举地完成了一个个高难度动作。

短片发布后受到网友热捧。有网友表示："这是我所见过的最可爱的视频！"网友纷纷通过网络传阅短片，使得这群旱冰宝宝人气飙升。

短片其实是法国依云（Evian）矿泉水公司广告，体现依云矿泉水“保持年轻”系列的宗旨。这些高难度动作是制作人经过后期合成增加的特技效果。有网友表示知道是运用 3D 手法制作完成，但依然觉得“确实很可爱”。该广告充分利用了病毒式营销与社交网络的力量，使得客户仅用很少的预算就达到了超高的收视率和曝光率。

新浪网有依云（Evian）矿泉水公司广告的图文报道，通过下方二维码可观看该广告视频。

（一）病毒性营销的优点

病毒性营销具有以下优点。

1. 有吸引力的病源体

天下没有免费的午餐，任何信息的传播都要为渠道的使用付费。之所以说病毒营销是无成本的，主要指它利用了目标消费者的参与热情，但渠道使用的推广成本是依然存在的，只不过目标消费者受商家的信息刺激自愿参与到后续的传播过程中，原本应由商家承担的广告成本转嫁到了目标消费者身上，因此对于商家而言，病毒营销是无成本的。

目标消费者并不能从“为商家打工”中获利，他们为什么自愿提供传播渠道？原因在于第一传播者传递给目标群的信息不是赤裸裸的广告信息，而是经过加工的、具有很大吸引力的产品和品牌信息，而正是这一披在广告信息外面的漂亮外衣，突破了消费者戒备心理的“防火墙”，促使其完成从纯粹受众到积极传播者的变化。

网络上盛极一时的“流氓兔”证明了“信息伪装”在病毒营销中的重要性。韩国动画新秀金在仁为儿童教育节目设计了一个新的卡通兔，这只兔子相貌猥琐、行为龌龊、思想简单、诡计多端、爱耍流氓、只占便宜不吃亏，然而正是这个充满缺点、活该被欺负的弱者成了反偶像明星，它挑战已有的价值观念，反映了大众渴望摆脱现实、逃脱制度限制所付出的努力与遭受的挫折。流氓兔的 flash 出现在各网络论坛、flash 站点和门户网站，私下里网民们还通过聊天工具、电子邮件进行传播。如今这个网络虚拟明星衍生出的商品已经达到 1000 多种，成了病毒营销的经典案例。

2. 几何倍数的传播速度

大众媒体发布广告的营销方式是“一点对多点”的辐射状传播，实际上无法确定广告信息是否真正到达了目标受众。病毒营销是自发的、扩张性的信息推广，它并非均衡地、同时地、无分别地传给社会上每一个人，而是通过类似于人际传播和群体传播的渠道，产品和品牌信息被消费者传递给那些与他们有着某种联系的个体。例如，目标受众读到一则有趣的 flash，他的第一反应或许就是将这则 flash 转发给好友、同事，无数参与的“转发大军”就构成了成几何倍数传播的主力。

3. 高效率的接收

大众媒体投放广告有一些难以克服的缺陷，如信息干扰强烈、接收环境复杂、受众戒备抵触心理严重。以电视广告为例，同一时段的电视有各种各样的广告同时投放，其中不乏同类产品“撞车”现象，大大减少了受众的接受效率。而对于那些可爱的“病毒”，是受众从熟悉的人那里获得或是主动搜索而来的，在接受过程中自然会有积极的心态；接收渠道也比较私人化，如手机短信、电子邮件、封闭论坛等（存在几个人同时阅读的情况，这样反而扩大了传播效果）。以上优势，使得病毒营销尽可能地克服了信息传播中的噪声影响，增强了传播的效果。

4. 更新速度快

网络产品有自己独特的生命周期，一般都是来得快去得也快，病毒营销的传播过程通常是呈S形曲线的，即开始时很慢，当其扩大至受众的一半时速度加快，而接近最大饱和点时又慢下来。针对病毒营销传播力的衰减，一定要在受众对信息产生免疫力之前，将传播力转化为购买力，方可达到最佳销售效果。

（二）病毒性营销的一般规律

1. 病毒性营销的“病毒”有一定的界限

超出界限的病毒性营销方案就成了真正的病毒，因为病毒性营销的本质是为用户提供免费的信息和服务。

2. 成功的病毒性营销离不开六个基本要素

有效的病毒性营销战略的基本要素有六个方面：①提供有价值的产品或服务；②提供无须努力的向他人传递信息的方式；③信息传递范围很容易从小向大规模扩散；④利用公众的积极性和行为；⑤利用现有的通信网络；⑥利用别人的资源进行信息传播。

因此，在制订和实施病毒性营销计划时，应该进行必要的前期调研和针对性的检验，以确认自己的病毒性营销方案是否满足这六个基本要素。

3. 成功实施病毒性营销需要五个步骤

（1）病毒性营销方案的整体规划和设计；

（2）病毒性营销需要独特的创意，病毒性营销的吸引人之处就在于其创新性；

（3）对网络营销信息源和信息传播渠道进行合理的设计，以便利用有效的通信网络进行信息传播；

（4）对病毒性营销的原始信息在易于传播的小范围内进行发布和推广；

（5）对病毒性营销的效果进行跟踪和管理。

4. 病毒性营销的费用问题

病毒性营销的实施过程通常是无需费用的，但病毒性营销方案设计是需要成本的。

5. 网络营销信息不会自动传播，需要进行一定的推广

实践中发现，一些营销人员为采用病毒性营销而费尽心机，甚至以此作为目标，这无异于舍本逐末，任何一种营销手段都是为了一定的目标。同时，也出现了一些肤浅的认识，以为只要在邮件的底部写上“请访问我们的网站”或者“请将此邮件转发给你的同事和朋友”之类的语言就是病毒性营销。

其实，病毒性营销的实质是利用他人的传播渠道或行为，自愿将有价值的信息向更大范围传播。如果提供的信息或其他服务没有价值，无论如何哀求或者恐吓都不会产生真正的病毒性的效果。

（三）病毒性营销的传播途径

病毒性营销的传播途径很多，主要的有以下几类。

（1）即时通信工具。这个应是最易于传播的途径，通过 QQ 等即时通信工具可以实现快速传播，王老吉地震的网络推广式中特别强调了这一传播方式。

（2）社区论坛。社区论坛已成为众多话题的源头，找相对应的论坛进行推广是比较常见的途径。

（3）个人博客。个人博客的用户数量已经非常庞大，通过博客也可以进行相关的传播。

（4）短信。有的网站推出免费的短信，但是在后面带有自己的网址，像谷歌在春节推出的免费短信、淘宝的"淘资讯"就是这种推广方式。

（5）电子邮件。电子邮件也是大家比较常用的网络工具了，通过邮件的附加信息和签名，也可以进行有效的传播。

（6）视频网站。现在有许多新兴的视频类网站，通过上传视频也是效果不错的传播途径。

（7）微博与微信。如今的微博与微信用户数量众多，通过微博与微信可以迅速转发信息，如曾经在微博上盛行的"海底捞体"，就是经典的病毒性营销案例。

四、博客营销

博客这种网络日记的内容通常是公开的，自己可以发表自己的网络日记，也可以阅读别人的网络日记，因此博客可以理解为一种个人思想、观点、知识等在互联网上的共享。由此可见，博客具有知识性、自主性、共享性等基本特征，正是博客这种性质决定了博客营销是一种基于个人知识资源（包括思想、体验等表现形式）的网络信息传递形式。

因此，开展博客营销的基础问题是对某个领域知识的掌握、学习和有效利用，并通过对知识的传播达到营销信息传递的目的。

根据《第 34 次中国互联网络发展状况统计报告》显示，截至 2014 年 6 月，我国博客和个人空间用户规模为 4.44 亿，较 2013 年年底增加 772 万，增长率为 1.8%。网民中的使用率为 70.3%，比 2013 年年底略低。其中，博客的使用率为 19.3%，用户规模为 1.22 亿；个人空间的使用率为 65.1%，用户规模为 4.11 亿。

从最初单纯的文字博客，到图片、视频、圈子等功能的推出，博客的功能在不断地丰富和完善，逐渐向互联网个人门户靠拢。博客的好友、圈子等功能也使其成为朋友之间沟通交流的重要渠道，相当于一个私人化的社交网络。博客的草根性质，又使博客的内容包罗万象且更新及时，庞大的博客数量也对信息的传播扩散起了重要作用，博客成为很多网民获取信息资讯的重要途径。博客强大的功能和它的便捷实用使网民愿意在博客上花更多的时间。

博客良好的发展势头也得到了运营商的重视，不管是门户网站、搜索引擎，还是博客专业网站、垂直类网站，都希望能在博客这个大市场上分得一杯羹，纷纷把博客与自己的优势资源进行捆绑营销，不断开发新功能提高用户体验，期望吸引并留住更多的用户。但是如何把具有高黏性和高活跃度的博客用户转化为网站的赢利是运营商们普遍面对的难题。

博客营销是利用博客这种网络应用形式开展网络营销的工具。公司、企业或者个人利用博客这种网络交互性平台，发布并更新企业、公司或个人的相关概况及信息，密切关注并及时回复平台上客户对于企业或个人的相关疑问以及咨询，并通过较强的博客平台帮助企业或公司零成本获得搜索引擎的较前排位，以达到宣传目的的营销手段。

（一）博客营销的常见形式

不同行业、不同规模的企业采用的博客营销模式也不尽相同，事实上博客营销可以有多种不同的模式，从目前企业博客的应用状况来看，企业博客营销有下列六种常见形式：①企业网站博客频道模式；②第三方博客托管服务商（BSP）公开平台模式；③建立在第三方企业博客平台的博客营销模式；④个人独立博客网站模式；⑤博客营销外包模式；⑥博客广告模式。

（二）博客营销的策略

1. 选择博客托管网站、注册博客账号

选择功能完善、稳定，适合企业自身发展的博客系统、博客营销平台，并获得发布博客文章的资格。选择博客托管网站时应选择访问量比较大而且知名度较高的博客托管网站，可以根据全球网站排名系统等信息进行分析判断。对于某一领域的专业博客网站，不仅要考虑其访问量而且还要考虑其在该领域的影响力，影响力较高的博客托管网站，其博客内容的可信度也相应较高。

2. 选择优秀的博客

在营销的初始阶段，用博客来传播企业信息的首要条件是拥有具有良好写作能力的博客，博客在发布自己的生活经历、工作经历和某些热门话题的评论等信息的同时，还可附带宣传企业，如企业文化、产品品牌等，特别是当发布文章的博客是在某领域有一定影响力的人物时，所发布的文章更容易引起关注，吸引大量潜在用户浏览，通过个人博客文章内容为读者提供了解企业信息的机会。

3. 坚持更新内容

企业应坚持长期利用博客，不断地更换其内容，这样才能发挥其长久的价值和应有的作用，吸引更多的读者。因此，进行博客营销的企业有必要创造良好的博客环境，采用合理的激励机制，激发博客的写作热情，促使企业博客们有持续的创造力和写作热情。同时应鼓励他们在正常工作之外的个人活动中坚持发布有益于公司的博客文章，这样经过长期的积累，企业在网络上的信息会越积越多，被潜在用户发现的机会也就大大增加了。

4. 协调个人观点与企业营销策略之间的分歧

从事博客写作的是个人，但网络营销活动是企业营销活动。因此博客营销必须正确处理两者之间的关系，如果博客所写的文章都代表公司的官方观点，那么博客文章就失去了其个性特色，也很难获得读者的关注，从而失去了信息传播的意义。但是，如果博客文章只代表个人观点，而与企业立场不一致，就会受到企业的制约。因此，企业应该培养一些有良好写作能力的员工进行写作，他们所写的东西即要反映企业，又要保持自己的观点性和信息传播性。这样才会获得潜在用户的关注。

5. 建立自己的博客系统

当企业在博客营销方面开展的比较成功时，则可以考虑使用自己的服务器，建立自己的博客系统，向员工、客户以及其他外来者开放，因为服务方是不承担任何责任的，所以服务是没有保障的，如果中断服务，企业通过博客积累的大量资源将可能毁于一旦。如果使用自己的博客系统，则可以由专人管理，定时备份，从而保障博客网站的稳定性和安全性。而且开放博客系统将引来更多同行、客户来申请和建立自己的博客，使更多的人加入到企业的博客宣传队伍中来，在更大的层面上扩大企业影响力。

以上有关博客营销的内容仅仅是初步的研究，还有很多方面需要深入系统的探讨，如企业博客营销的规范和管理、博客营销中的用户行为、博客营销的效果分析等，这些领域的研究还有待在实践中进一步总结，毕竟博客和博客营销产生和发展的时间都非常短暂，其内容和方式也会不断变化更新。

五、微信营销

微信营销是网络经济时代企业营销模式的一种创新，是伴随着微信的火热而兴起的一种网络营销方式。微信不存在距离的限制，用户注册微信后，可与周围同样注册的“朋友”形成一种联系，用户订阅自己所需的信息，商家通过提供用户需要的信息，推广自己的产品，从而实现点对点的营销。

微信营销主要体现在以安卓系统、苹果系统的手机或者平板电脑中的移动客户端进行的区域定位营销，商家通过微信公众平台，结合转介率微信会员卡管理系统展示商家微官网、微会员、微推送、微支付、微活动，已经形成了一种主流的线上线下微信互动营销方式。（浙江经视在2013年10月资本相亲会栏目中，一位选手凭借微信营销获得300万意向合作合同。）

（一）微信营销的优势

1. 高到达率

营销效果很大程度上取决于信息的到达率，这也是所有营销工具最关注的地方。与手机短信群发和邮件群发被大量过滤不同，微信公众账号所群发的每一条信息都能完整无误的发送到终端手机，到达率高达100%。

2. 高曝光率

曝光率是衡量信息发布效果的另外一个指标，信息曝光率和到达率完全是两码事，与微博相比，微信信息拥有更高的曝光率。在微博营销过程中，除了少数一些技巧性非常强的文案和关注度比较高的事件被大量转发后获得较高曝光率之外，直接发布的广告微博很快就淹没在了微博滚动的动态中了，除非你是刷屏发广告或者用户刷屏看微博。

而微信由移动即时通信工具衍生而来，天生具有很强的提醒力度，如铃声、通知中心消息停驻、角标等，随时提醒用户收到未阅读的信息，曝光率高达100%。

3. 高接受率

数亿微信用户的庞大群体使微信已经成为或者超过类似手机短信和电子邮件的主流信息接收工具，其广泛和普及性成为营销的基础，微信大号动辄数万甚至十数万粉丝。除此之外，由于公众账号的粉丝都是主动订阅而来，信息也是主动获取，完全不存在垃圾信息遭致抵触的情况。

4. 高精准度

事实上，那些拥有粉丝数量庞大且用户群体高度集中的垂直行业微信账号，才是真正炙手可热的营销资源和推广渠道。如酒类行业知名媒体佳酿网旗下的酒水招商公众账号，拥有近万名由酒厂、酒类营销机构和酒类经销商构成的粉丝，这些精准用户粉丝相当于一个盛大的在线糖酒会，每一个粉丝都是潜在客户。

5. 高便利性

移动终端的便利性再次增加了微信营销的高效性。相对于个人电脑而言，未来的智能手机不仅能够拥有个人电脑的所有功能，而且携带方便，用户可以随时随地获取信息，而这会给商家的营销带来极大的方便。

（二）微信营销的类型

1. 草根广告式——查看附近的人

产品描述：微信中基于位置的服务（LBS）的功能插件“查看附近的人”便可以使更多陌生人看到这种强制性广告。

功能模式：用户点击“查看附近的人”后，可以根据自己的地理位置查找到周围的微信用户。在这些附近的微信用户中，除了显示用户姓名等基本信息外，还会显示用户签名档的内容。所以，用户可以利用这个免费的广告位为自己的产品打广告。

营销方式：营销人员在人流最旺盛的地方后台24小时运行微信，如果“查看附近的人”使用者足够多，这个广告效果也会随着微信用户数量的上升而上升，这个简单的签名栏也许会变成移动的“黄金广告位”。

2. 品牌活动式——漂流瓶

产品描述：移植到微信上后，漂流瓶的功能基本保留了原始简单易上手的风格。

功能模式：漂流瓶有两个简单功能：①“扔一个”，用户可以选择发布语音或者文字然后投入大海中；②“捡一个”，“捞”大海中无数个用户投放的漂流瓶，“捞”到后也可以和对方展开对话但每个用户每天只有20次机会。

营销方式：微信官方可以对漂流瓶的参数进行更改，使得合作商家推广的活动在某一时间段内抛出的“漂流瓶”数量大增，普通用户“捞”到的频率也会增加。加上“漂流瓶”模式本身可以发送不同的文字内容甚至语音小游戏等，如果营销得当，也能产生不错的营销效果。而这种语音的模式，也让用户觉得更加真实。但是如果只是纯粹的广告语，是会引起用户反感的。

3. O2O折扣式——扫一扫

产品描述：二维码发展至今其商业用途越来越多，所以微信也顺应潮流结合O2O展开商业活动。

功能模式：将二维码图案置于取景框内，就可以获得成员折扣、商家优惠、新闻资讯等。

营销方式：移动应用中加入二维码扫描这种O2O方式早已普及开来，坐拥上亿用户且活跃度足够高的微信，价值不言而喻。

4. 互动营销式——微信公众平台

产品描述：对于大众化媒体、明星以及企业而言，如果微信开放平台+朋友圈的社交分享功能的开放，已经使得微信成为一种移动互联网上不可忽视的营销渠道，那么微信公众平台的上线，则使这种营销渠道更加细化和直接。

5. 微信开店

这里的微信开店（微信商城）并非微信“精选商品”频道升级后的腾讯自营平台，而是由商户申请获得微信支付权限并开设微信店铺的平台，截至2013年年底，公众号申请微信支付权限需要具备两个条件：第一必须是服务号；第二还需要申请微信认证，以获得微信高级接口权限。商户申请了微信支付后，才能进一步利用微信的开放资源搭建微信店铺。

（四）微信营销步骤

微信营销一般可参照以下几个步骤展开。

（1）注册微信公众号，尽快获得微信官方认证。

（2）根据自己的定位，建立知识库。可以把某个定向领域的信息通过专业的知识管理手段整合起来，建成一个大家方便的知识检索库，同时将知识与最新的社会热点相结合，提供给目标客户，变成对目标客户的增值服务内容，提高目标客户的满意度。

（3）加强互动，每周感悟，竞猜送小礼物等。

（4）吸收会员，定制特权，开展优惠活动。

（5）微网站，更省流量，更快捷地打开网站。

（6）微商城，在微信上直接展示商家，并且支付。

（五）微信营销技巧

1. 主打官方大号，小号助推加粉

很多商家在尝试做微信营销的时候都是采用小号，修改签名为广告语，然后再寻找附近的人进行推广的方式。作为一种新兴的营销方式，商家完全可以借用微信打造自己的品牌和客户关系管理。因此，建议注册公众账号，在粉丝达到500之后通过申请认证的方式进行营销更有利于商家品牌的建设，也方便商家推送信息和解答消费者的疑问；小号则可以通过主动寻找附近的消费者来推送大号的引粉信息，以此将粉丝导入到大号中统一管理。

2. 打造品牌公众账号

注册公众账号时首先得有一个QQ号码，然后登录公众平台网站注册即可。申请了公众账号之后，在设置页面对公众账号的头像进行更换，建议更换为店铺的招牌或者标志（LOGO），大小以不变形可正常辨认为准。此外，微信用户信息填写店铺的相关介绍。回复设置的添加分为被添加自动回复、用户消息回复、自定义回复三种，商家可以根据自身的需要进行添加。同时建议商家对每天群发的信息做一个安排表，准备好文字素材和图片素材。如餐饮类商家一般推送的信息可以是最新的菜式推荐、饮食文化、优惠打折方面的内容。粉丝的分类管理可以针对新老顾客推送不同的信息，同时也方便回复新老顾客的提问。一旦这种人性化的贴心服务受到顾客的欢迎，触发顾客使用微信分享自己的消费体验进而形成口碑效应，对提升商家品牌的知名度和美誉度效果极佳。

3. 实体店面同步营销

店面也是充分发挥微信营销优势的重要场地。在菜单的设计中添加二维码并采用会员制或者优惠的方式，鼓励到店消费的顾客使用手机扫描。一来可以为公众账号增加精准的粉丝，二来也积累了一大批实际消费群体，对后期微信营销的顺利开展至关重要。店面能够使用到的宣传推广材料都可以附上二维码，当然也可以独立制作展架、海报、直接邮寄广告等材料进行宣传。

4. 签到打折吸引目标消费者

微信营销比较常用的就是以活动的方式吸引目标消费者参与，从而达到预期的推广目的。如何根据自身情况策划一场成功的活动，前提在于商家愿不愿意为此投入一定的经费。当然，商家借助线下店面的平台优势开展活动，所需的广告耗材成本和人力成本相对来说并不是达到不可接受的地步，相反有了缜密的计划和预算之后完全可以以小成本打造一场效果显著的活动。以签到打折活动为例，商家只需制作附有二维码和微信号的宣传海报和展架，配置专门的营销人员现场指导到店消费者使用手机扫描二维码。消费者扫描二维码并关注商家公众账号即可收到一条确认信息，在此之前商家需要提前设置好被添加自动回复。凭借信息在埋单的时候享受优惠。为以防顾客消费之后就取消关注的情况出现，商家还可以在第一条确认信息中说明后续的优惠活动，使得顾客能够持续关注并且经常光顾。

本章小结

本章介绍了网络营销的定义、内容、职能，网络市场调查的方法，以及网络广告、电子邮件营销、搜索引擎营销、病毒性营销、博客营销、微信营销，还有其他如交换链接、事件营销、电子书推广、论坛营销等方式。

网络营销的方法及应用也是本章的重点和难点。任何商务的核心都是营销，电子商务的核心就是网络营销。网络营销就是研究怎样在网上卖得出去东西；电子商务是网上卖东西的整个过程；网站是卖东西的主要场所。

企业通过网络可以进行网络市场调研、有效的产品展示等，但如果要真正地树立网络品牌，做好网络推广，就要合理制订网络营销策略，选择合适的网络营销方法。做好网络推广、网络营销并非易事。

课后练习与实践训练

一、名词解释

1. 软营销 2. 病毒性营销 3. 搜索引擎营销 4. 旗帜广告

二、不定项选择题

1. 以下属于网络营销特点的是（　　）。

①跨时空②单媒体③交互式④拟人化⑤成长性⑥经济性⑦技术性

A. ①②③④⑤⑥⑦ B. ①③④⑤⑥⑦ C. ①②③④⑥⑦ D. ②③④⑤⑥⑦

2. 下列关于网络营销与传统营销表述正确的是（　　）。

A. 传统营销利用多种媒体，而网络营销使用单一媒体

B. 网络营销消费者主动性强，有更大的自主性

C. 传统营销购物耗费的时间和精力大

D. 应实现网络营销与传统营销的整合

3. 下列产品形态中，属于实体产品的是（　　）。

A. 化妆品 B. 电子游戏软件 C. 网上订票 D. 金融咨询

4. 以下属于企业实施免费价格策略目的的是（　　）。

A. 让用户使用形成习惯再开始收费 B. 先占领市场再在市场上获取收益

C. 一直不收费，优惠消费者 D. 不收取直接收益，而是收取间接收益

5. 以下属于全文搜索引擎的是（　　）。

A. 谷歌 B. 雅虎 C. 百度 D. 新浪

三、判断题

1. 网络营销建立在传统营销理论基础之上，它以计算机网络技术为手段，因此仅局限于网上。（　　）

2. 从理论上看，任何普通的实体产品都可以在网上销售，但事实并非如此。(　　)

3. 网络广告具有强制性和用户主导性的双重属性。(　　)

4. 开展博客营销的前提是拥有对用户有价值的、用户感兴趣的知识，而不仅仅是广告宣传。(　　)

5. 外部列表的主要职能在于增进顾客关系、提供顾客服务、提升企业品牌形象等。(　　)

四、简答题

1. 什么是网络营销，网络营销的理论主要有哪些？

2. 简述网络直接市场调查的步骤。

3. 登录艾瑞调研社区网站或爱调研网，注册并参与一次调研活动，体验网络调研的过程，并尝试自己设置一份相关主题的网络调研问卷。

4. 什么是网络广告，网络广告具有哪些特点？网络广告有哪些分类？

五、实践训练

1. 了解互联网广告的投放。登陆搜狐广告业务主页，完成下列任务：

（1）了解搜狐网站各版本的广告形式；

（2）了解搜狐网站各版本的广告收费价格。

根据上述任务，完成实训报告。

2. 了解百度推广。登录百度推广首页，完成下列任务：

（1）了解什么是百度推广；

（2）了解百度推广是如何展现的；

（3）了解百度推广如何计费；

（4）了解如何加入百度推广。

根据上述任务，完成实训报告。

3. 选择一个自己喜欢的平台，开通博客，保持经常更新，并尝试对博客进行网络推广，查看博客的流量以及文章被转载的次数。

拓展学习指南

社会化媒体营销是网络营销领域的新生物，也是未来营销发展的重要领域，传统营销教材几乎没有相关论述，读者可通过如下书籍加以了解：

查伦·李. 2011. 开放：社会化媒体如何影响领导方式. 李金樯，忻璐　译. 北京：机械工业出版社.

李开复. 2011. 微博改变一切. 上海：上海财经大学出版社.

杜子建. 2011. 微力无边. 沈阳：万卷出版公司.

王易. 2013. 微信营销与运营：策略、方法、技巧与实践. 北京：机械工业出版社.

胡卫夕，宋逸. 2011. 微博营销　把企业搬到微博上. 北京：机械工业出版社.

第五章　订单履行与物流配送

【学习要点及目标】

1. 理解订单履行的含义及过程，掌握电子订单的特征。
2. 掌握B2C、B2B电子订单的履行及其面临的挑战。
3. 认识订单履行与物流的关系，了解履行订单中必须具备的供应链管理思想。
4. 了解物流、第三方物流的内涵，掌握物流配送的基本方法。

【核心概念】

订单履行　电子订单　协同商务　供应链管理　物流配送　退货处理

引导案例

亚马逊如何履行订单？

亚马逊网站于1995年7月正式开通，1997年5月在美国纳斯达克市场挂牌上市，注册客户从1997年年底的100多万，到2013年的2.822亿。亚马逊2013年净销售额年增长22%，达744.5亿美元，2012年为610.9亿美元。不计入汇率变动产生的12.8亿美元不利影响，净销售额年增幅将达24%。亚马逊很早就认识到订单履行对提高客户服务质量的重要性，一方面，推出"一键式（one-click）"订单服务，简化下单程序，保障支付安全，并可跟踪或修改订单；另一方面，投入了上亿美元的资金建设适合小包装配送的物理仓库。数量众多的客户在亚马逊网站消费购物，亚马逊是怎样有效地履行成千上万份订单的呢？

第一步，当客户在线提交订单的时候，计算机程序便检查物品的位置，以确定公司的配送中心或者是供应商是否能够完成该订单，然后电子订单传输到最合适的配送中心（如内华达州费尔雷配送中心）或者供应商处。

第二步，由货运流控制员在配送中心接收所有订单，并且通过电子方式分配到具体员工。

第三步，物品（书、游戏光盘、CD等）一般存放在货柜中，每个货柜都有一盏红色的灯和一个按钮。当订单中的物品被分配的时候，存放该物品的货柜灯就自动亮起来，采货员就按行依次将亮红灯的货柜中的物品拿出来，并且按下按钮使灯复位，直到所有亮灯的货柜的东西都被拿出来而且复位。

第四步，选中的货物放入传送带上流动的板条箱里，箱里的货物则由分布在复杂传送带系统中15个不同点的自动或手动条形码阅读器来识别。

第五步，所有的板条箱到达一个显示条码与订单号相符的中央位置。箱中的货品被卸下，移到斜道，并最终滑入纸板箱里。成熟的技术可以允许多个员工在仓库不同位置来分拣货品，并到达相同的斜道。

第六步，如果是礼品并需要包装，则由人工来完成。

第七步，箱子被包装、封带、称重、加标签并发送到仓库40个卡车站点中的一个。从那里它们将被运往联合包裹速递服务公司（UPS）或美国邮政署（USPS），期间货品被连续不断地扫描。

亚马逊有缺陷的商品的退货不是由发货仓库来处理的，而是由华盛顿的Altrec.com的仓库来处理。

案例导学： 通过互联网来获取订单可能是B2C中最容易的一部分，而订单履行和送货上门是棘手的事情。可以说大多数电子商务应用的实现需要利用支持服务，订单履行是电子商务最主要的支持服务之一（安全服务、支付、物流等）。亚马逊案例生动地刻画了大型电子零售商订单履行的复杂性。亚马逊过去采用的是无仓库、无库存、无货运业务模型，整个流程包括接受订单、电子收款，然后再让其他企业履行订单。不久，就发现这种模式虽然有一定的优越性，但明显不适合大型零售商。亚马逊订单处理系统使得亚马逊可以提供更低的价格并保持竞争力，尤其是当公司成长为一个销售成千上万件货物的巨型在线市场时。实际上客户不只是在网上购买产品，更重要的是购买送达的产品，物流配送是订单处理后的重要支持服务。

第一节　订单履行概述

由于电子商务发展迅猛，客户很容易在网上下单购买各种喜欢的商品，但是这只是网络购物的第一步，订单履行已成为电子商务竞争的有力武器。客户不只是在网上购买产品，更重要的是购买送达的产品。

一、订单履行的概念及其过程

1. 订单履行的内涵及过程

大部分电子商务的实施需要支持服务，包括支付、安全、基础设施和技术以及订单履行。网上下订单只是技术问题，是比较容易解决的，但如何组织产品并将产品送到客户手中则是个棘手的问题。

订单履行（order fulfillment）是指在客户订单下达以后组织产品，并能够按时将客户所订产品配送到其手里，同时还要提供诸如产品安装说明、必要的培训、退换等全部相关的客户服务。订单履行过程如图5.1所示。在客户下单并进行支付确认后，企业就开始履行订单。

（1）检查当前库存是否有现货，并根据是否有现货估计交付周期，通知客户，若客户不满意交付周期，可取消订单。

（2）如果有库存，通知客户实施支付、结算，并安排配送。

（3）如果没有库存，对于生产企业则进入生产系统组织生产，而对于零售企业则进入采购系统组织采购。

（4）生产或采购完成并入库，转至（2）。

（5）客户收到货物后如果不满意，则可调换或退货、退款。

互联网及其他通信网络环境结合电子商务应用系统保障了交易各方之间的信息流；电子支

付系统解决了电子商务中的资金流问题；而订单履行则是要解决电子商务交易中的物流问题。

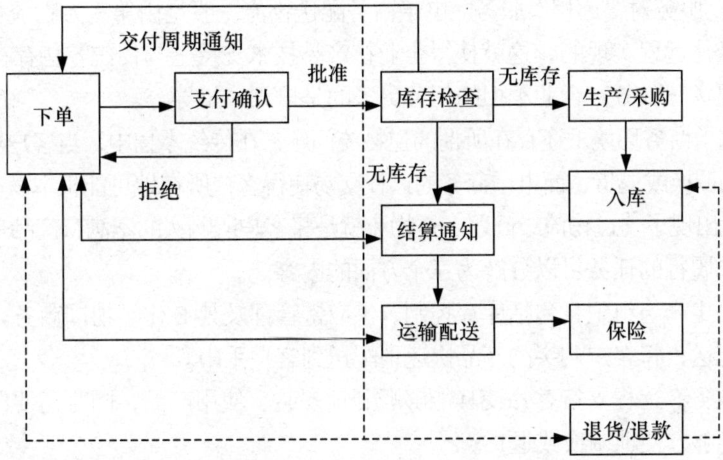

图 5.1 订单履行过程

2. 传统订单履行与电子订单履行特征比较

电子商务创造了与传统的批量生产和规模经济完全不同的以客户为中心的商业模式，要求电子订单履行更加快捷、更具灵活性以及对客户更具响应性。电子订单履行与传统订单履行的主要差别如表 5.1 所示。

表 5.1 传统订单与电子订单特征对比表

传统订单履行特征	电子订单履行特征
所有的客户都以同一种方式履行订单	订单履行以每个客户为基础进行
订单通常是大型和托盘化的，形成零担和整车运输	订单较小，需要拆包拣货，以及频繁的包裹投递
客户对产品的需求是稳定和一致的，很少要求临时改变	客户对产品的需求是断断续续和零星的，经常要求临时改变
单向产品运动，很少有退货	双向产品运动，退货频繁
客户需求以根据预测的供应（推动）方式来满足	客户需求以根据客户实际订单的拉动方式来满足
客户订单送货的目的地是集中和标准的	客户送货的起点和终点分散，因订单而不同

3. 订单履行面临的困难

由于电子商务改变了传统的经营方式，使得订单履行变得既重要但又很困难。订单履行的重要性体现在它是企业与客户完成交易的最后一个环节，订单履行的好坏直接关系到企业的声誉，影响消费者的满意度和忠诚度；而困难性则是因为经营方式的改变和人们在电子商务环境下交易观念的变化所引起的。

（1）“拉式”生产方式对“推式”生产方式。传统的零售是先生产商品，再在零售店卖给客户，也就是先有货，后销售。而电子商务经常采用按订单生产的方式，且许多是个性化的定制生产。这使得企业在产品供应上面临着挑战。它不仅要求企业及其所在的供应链能准确预测客户的需求，控制库存，还要有一条敏捷的供应链能够快速响应客户需求的变化，E-供应链与协同商务成为提高供应链性能的关键。

（2）“送”货对“取”货。传统的零售实际上是客户到零售店购买并带走，是客户自己上门取货，而电子商务销售是远距离完成的，企业必须送货上门。这使得企业在产品配送上面临着挑战，既要保证配送的即时性，又要降低配送成本，因为 B2C 电子商务所面对的常常是小订单、低价值的交易，高昂的配送成本是无法接受的。

（3）“现场”服务对“远程”服务。电子商务配送物流一般是由第三方物流公司承担的，而电子商务交易又是远程实现的，这就使得企业在产品技术支持上与传统零售存在差异。“远程”服务将代替“现场”服务，企业承担的任务更多的是培训、指导等。

另外，在电子商务环境下还存在所谓的逆物流问题。在传统零售中，当客户对所购商品不满意时，可去现场调换或退货，而电子商务的远程交易使得客户所在地可能根本没有可调换或退货的场所，因此就出现了“逆物流”问题。逆物流就是将客户所购买的不满意产品退回给企业。

因此，订单履行的任务可以分解为三个方面的内容。

（1）商品的生产与组织，包括库存控制、供应链管理及其E化、协同商务。

（2）运输配送，将客户购买的产品快速地配送到客户手中。

（3）客户服务，远程支持客户使其能够顺利地安装、使用产品，同时还要保障客户在遇到产品不满意时能够方便地调换或退货。

二、B2C电子商务的订单履行

1. 电子订单履行的挑战

电子商务成功的关键是订单履行能满足客户的要求，否则会有失去客户信任的风险。但电子订单履行确实给参与者带来挑战（见表5.2），特别是在以下三个方面。

表5.2 B2C电子订单履行给参与者的挑战

电子订单履行参与者	电子订单履行特征
目录零售商	电子订单履行成为区别对手的关键
传统零售商的电子商务	在传统的物流中心为单个订单取货、包装，客户服务支持，更紧张的库存需求
单纯的网上零售商	难以适应业务量的迅猛增长，后端系统不成熟，基础设施自建或外包的决策
供应商	新的客户和渠道，更紧张的需求预测和补充安排
仓储商	更紧张的业务人员、设备和信息系统，扩展各地的仓储中心
包裹投递商	高增长，与客户的电子一体化，对大宗货物和配送任务的新需求

（1）需求量大。仅以2013年“双十一”为例，其超大交易量，使快递业务量成倍增长，2013年11月11日，仅天猫一家电商产生的包裹就超过1.5亿个，而全国范围内的快件量则达到3.23亿个；到了2014年11月11日，天猫的包裹上升到2.78亿个，全国范围内则超过5亿个。

（2）送货方式多样化。网上零售商和传统零售商的电子商务都创造出多种方式来满足消费者的日常需求，使消费者对电子订单履行的选择增加，以尽可能为消费者带来便利。

（3）绩效标准提高。电子订单履行的绩效标准越来越高，“完美订单”已成为追求的目标，而且客户的期望值还在不断提高，如越来越需要客户定制和个性化服务。电子商务的客户总是问三个问题：我的订单在哪里？我可以更改订单吗？我订的货什么时候送到？通过互联网随时回答这些问题是成功的必要条件，因而必须实现整个供应链的可视性，物流系统在移动产品与服务的同时要移动信息，以每天24小时实时提供给客户货物状态。

2. 外包和自营

许多单纯网上零售商将订单履行业务和管理外包给第三方企业运营。与此相反，有的网上零售商则选择利用自己建立的物流系统处理复杂的物流问题。他们认为第三方物流提供商不能满足自己的要求，因为外包会产生一些不协调，所以需要自己的仓储设施来增加灵活性，以便更好地服务客户。京东商城就是一个典型的案例。截至 2014 年 6 月 30 日，京东商城建立了 7 大物流中心，在全国 39 座城市建立了 97 个仓库，总面积约为 180 万平方米。同时，还在全国 1780 个行政区县拥有 1808 个配送站和 715 个自提点、自提柜。京东商城专业的配送队伍能够为消费者提供一系列专业服务，如 211 限时达、次日达、夜间配和三小时极速达，GIS 包裹实时追踪、售后 100 分、快速退换货以及家电上门安装等服务，保障用户享受到卓越、全面的物流配送和完整的"端对端"购物体验。

3. 退货问题

退货是一个瓶颈性难题，不仅增加企业的成本而且会影响消费者体验和增加运营难度。实际上，改进订单准确性和送货的准确性是预防消费者退货的有效手段。

退货处理需要专门的业务经验，销售商们大都外包给专门的物流公司。

4. 仓储技术

电子订单履行需要现代化技术的支持，如先进的仓库管理系统（WMS）可以使仓库更具灵活性，以满足电子商务客户多样的需求。仓库管理系统可以方便、迅速地配置分拨系统，以适应不同的客户和快速变化的商业环境。

三、B2B 电子商务的订单履行

1. 电子订单履行的复杂性

与 B2B 电子商务相比，B2C 电子商务只是沧海一粟。2013 年中国电子商务市场交易规模达 9.9 万亿元，同比增长 21.3%，预计 2014 年后几年增速放缓，2017 年电子商务市场规模将达 21.6 万亿元，而且 B2B 在 2013 年交易额已突破 8 万亿元，相比工农业电子商务总额的 60 多万亿元，比例也超过 10%。电子商务的发展，也带动了电子物流（E-logistics）的兴起，运输、仓储与物流服务的网上市场不断涌现。

B2B 电子订单履行要比 B2C 复杂得多，迄今还没有全面的成功模式。仅以运输为例，B2B 就至少在六个方面比 B2C 复杂：货物的大小，发货频率的不确定性，多个分拨渠道，承运人服务范围的参差不齐，缺少能提供电子商务服务的成熟的承运人，多个电子商务交易途径。

如图 5.2 所示，由于参与方较多，使得 B2B 电子商务的物流方案选择变得更加复杂。发货人可能混合使用多个电子渠道，也可能以某一个渠道为主。这种不确定性使许多承运人担心到底谁在控制电子商务的发货？谁得到了其中的价值？不仅是承运人，其他 B2B 电子订单履行的参与者也都面临挑战（见表 5.3）。

表 5.3　电子订单履行对 B2B 参与者的挑战

电子订单履行参与者	电子订单履行的挑战
发货人（销售商）	渠道的混合，物流合作伙伴的选择，战略/战术/业务决策的一体化
收货人（采购商）	独自或联合采购网站，供应链协同，总体送货成本
承运人	自我服务网站，与垂直网站或运输交易网站链接，传统制度障碍
第三方物流提供商	与承运人的合作，模式/服务的范围，信息资源
仓储商	位置，业务密度，资本投入，与优胜者的联盟
垂直网上市场	发货按钮在什么地方，谁在后端，提供什么服务
运输网上市场	由交易场所变成增值服务，联盟或中立
物流软件应用提供商	综合解决方案，介入网上市场，战略合作伙伴

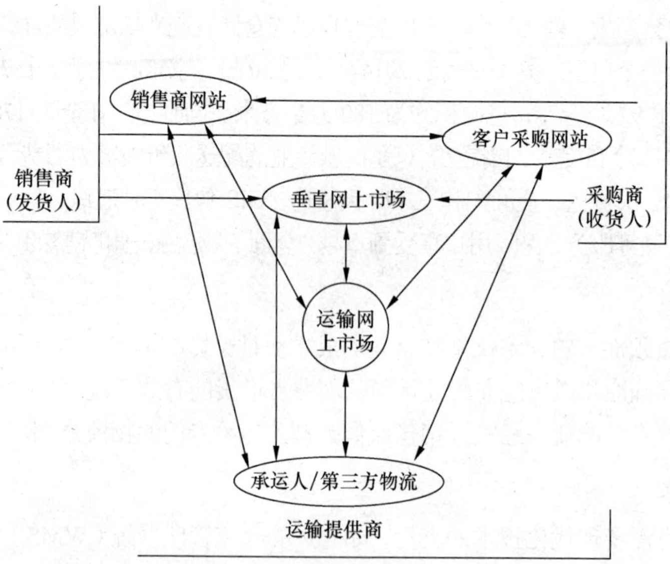

图 5.2　虚拟市场的交易流程图

2. 库存分布的可视性至关重要

提供对货物整个运送过程的订单可视性是 B2B 电子订单履行的所有参与者共同的目标，也是对电子物流的主要需求。实际上，从 20 世纪 90 年代后期物流管理向供应链管理转变以来，可视性一直是供应链管理的重要目标，但是还存在一些传统制度障碍。如承运人开发出专有的货物跟踪系统，却因其没有兼容性而无法与发货人的信息系统一体化。

网络技术给可视性问题提供了更加一体化、简单化的解决方案，许多新型的物流服务提供商应运而生，他们提供的服务包括以下几项。

（1）基于互联网的可视性工具：相当于可以收集供应商、客户、承运人、货运代理、海关代理、仓库等所有供应链参与者信息的物流信息枢纽，不仅能统一跟踪每个订单的状态，而且还提供例外管理系统，迅速找到瓶颈和延迟的货物，以采取补救行动。

（2）综合解决方案：一些物流软件企业和供应链优化企业正迅速扩大服务范围，成为综合的电子订单履行提供商。

（3）虚拟第三方物流：一些第三方物流、货运代理及新创的网络公司正成立“虚拟第三方物流”，结合基于互联网的信息能力和决策工具，为发货人提供下订单、跟踪和管理运输工作流程的“自助式”网上解决方案。

3. 垂直网上市场正在建立“发货”按钮

电子商务的新趋势是 B2B 垂直市场的迅猛发展，这些垂直市场通常专注于某一专门的服务、商品或行业，为众多的供应商和采购商服务。随着化工、金属、食品、纸张和农产品等垂直类电子商务网站的不断增加，订单的货物数量也不断增大，对物流的需求也越来越复杂。大多数垂直类 B2B 电子商务网站都提供一种或多种商品交易的方式。这些交易方式包括发布供求信息、发布统一分类的商品目录、拍卖和反向拍卖等。垂直类 B2B 电子商务网站利用互联网将供应商和采购商聚合在一起，利用电子订单完成交易可以帮助交易双方大幅度降低供应链成本。

4. B2B 的网络效应

在网上设定订单发送路线就像孩子的游戏，但现实的订单履行和物流却难得多，特别是还需要努力降低物流成本。网上市场创建者大都专注于交易量的提高，很少想到利用成功的电子物流来创造附加价值。其实通过合并订单和优化供应链两端的供应商与采购商以提高供应链的效率存在巨大的机会，如将沃尔玛等大公司的供应链最佳实践，通过互联网工具应用到“多到多”网上市场的小公司上。随着交易量的增加，这些解决方案可以帮助网上市场创建者将托盘货物订单在供应商的发货点合并成整车订单，以及在运输过程中通过不入库转运进行在途合并，将多个供应商的托盘货物合并成整车送达采购商，从而实现以整车的价格运送托盘货物。

四、电子订单履行与物流的关系

电子商务在国内外的实践，使越来越多的人认识到：电子订单履行是制约电子商务发展的瓶颈，是决定电子商务企业成败的关键。承担电子订单履行职能的物流行业从来没有像现在这样引人注目，特别是第三方物流得到了空前的发展机遇。2013 年中国社会物流总费用 10.2 万亿元，同比增长 9.3%，增幅比上年回落 2.1 个百分点。其中，运输费用 5.4 万亿元，同比增长 9.2%，其中保管费用 3.6 万亿元，增长 8.9%；管理费用 1.3 万亿元，增长 10.8%。经济运行中的物流成本依然较高。

作为物流业的新兴领域，第三方物流在国外的物流市场上已占据了相当可观的份量，欧洲目前使用第三方物流服务的比例约为 76%，美国约为 58%，日本约为 80%；同时，欧洲有 24%、美国有 33%的非第三方物流服务用户已积极考虑使用第三方物流；欧洲 62%、美国 72%的第三方物流服务用户认为他们有可能在未来几年内再增加对第三方物流服务的需求。全球物流业务外包将平均每年增长 17%。实践证明，第三方物流服务的营运成本和效率，远远优于企业自营物流。

电子商务的物流服务提供商在获得机遇的同时，也感受到电子订单履行正在改变着传统的物流运行模式，使其逐渐显现出电子物流的特点。

（1）更好的库存分布可视性；

（2）需求协同导致更准确的预测与资源计划；

（3）自动在途合并以减少延迟和产生 TL（整车货件）运输；

（4）更快的送货时间要求以保障按订单生产/装配；

（5）承运人、第三方物流等提供新的物流管理；

（6）最大地利用互联网技术来管理动态物流网络，利用所有合作伙伴的物流设施。

为适应电子订单履行的要求，许多物流公司积极提供一体化物流解决方案，同时积极构建电子商务的物流服务平台，希望在激烈的市场竞争中赢得先机。

总之，电子订单履行深刻地影响着物流业的发展，使物流成为商务有机的和关键的组成部分。一些专家甚至断言：未来的成功企业实际上都是物流企业。下面我们就重点讨论一下电子商务与物流协同发展的问题。

第二节　电子商务与物流的协同发展

由中国国家发展和改革委员会、国家统计局和中国物流与采购联合会 2013 年 3 月 7 日联合发布的《2013 年全国物流运行情况通报》显示，2013 年中国社会物流总额 197.8 万亿元，物流业增加值占国内生产总值的比重为 6.8%，占服务业增加值的比重为 14.8%。

一、物流基本知识

（一）物流与物流管理

物流（logistics）就是物品（包括实物商品、服务或信息）从供应地向接受地的实体流动过程。它包括进、出、内部流动、外部流动、退货等不同内容，涉及的基本功能有运输、储存、装卸、搬运、包装、流通加工、配送、信息处理等。而物流管理就是对这一流动过程的计划、执行、协调和控制，保障所交易的物品以最低的成本在供应起点到消费终端之间快速、高效地流动、存储以满足客户需要。可从以下几方面来理解物流和物流管理的概念。

（1）物流是物品的流动。物品具有自然属性和社会属性。自然属性是指它具有实体内容或明确的功能；社会属性包括所有权、使用权、价值等。因此物流是实体内容的流动，与之相伴的是社会属性的转移，这种社会属性的转移常称为“商流”。

（2）物流包括运输、储存、装卸、搬运、包装、流通加工、配送和信息处理等基本功能活动。

（3）物流包括空间和时间的移动以及形状性质的变动，因而通过物流活动创造物品的空间效用、时间效用和形质效用。

（4）物流是物品按照预先的计划并在此计划控制下从提供者向接受者流动。在此过程中涉及的要素有人、财、物和相关运输设备、途径、信息。

（二）物流的分类

根据物流在供应链中的作用，物流的活动主体、活动覆盖范围，物流系统性质的不同，可以将物流分成不同的类型，主要分类方法有以下几种。

1. 按物流在供应链中的作用分类

物流在供应链中的作用有五种，即原料供应、生产运作、产品销售、客户退换、废品回收等，对应的物流类型有五种。图 5.3 描述了一个以生产企业为核心的供应链上的物流过程。

（1）供应物流。生产企业、流通企业或消费者购入原材料、零部件或商品的物流过程称为供应物流。这是从买方角度出发的交易行为中所发生的物流。

（2）生产物流。从工厂的原材料购进入库起，直到工厂产品库的产品发送为止，这一全过程的物流活动称为生产物流。原材料及半成品等按照工艺流程在各个加工点之间不停地移动、流转形成了生产物流。

（3）销售物流。生产企业、流通企业出售原材料、零部件或商品的物流过程称为销售物流。这是从卖方角度出发的交易行为中所发生的物流。需要说明的是，供应物流和销售物流是一个相对概念，从买方角度是供应物流，而从卖方角度就变成销售物流了。

（4）回收物流。将经济活动中失去原有使用价值的物品，如报废品、生产过程所产生的各种边角余料和废料以及周转使用的包装容器等，根据实际需要进行收集、分类、加工、包装、搬运、储存，并分送到专门处理场所时所形成的物流过程，称为回收物流。

（5）逆向物流。不合格物品的返修、退货等从需方返回到供方所形成的物流过程称为逆向物流。供应、生产或销售过程均存在逆向物流问题，图 5.3 中与供应物流、生产物流和销售物流反方向的物品流动都是逆向物流。

本节所描述的物流是针对电子商务企业在销售过程中所发生的物流与逆向物流问题。

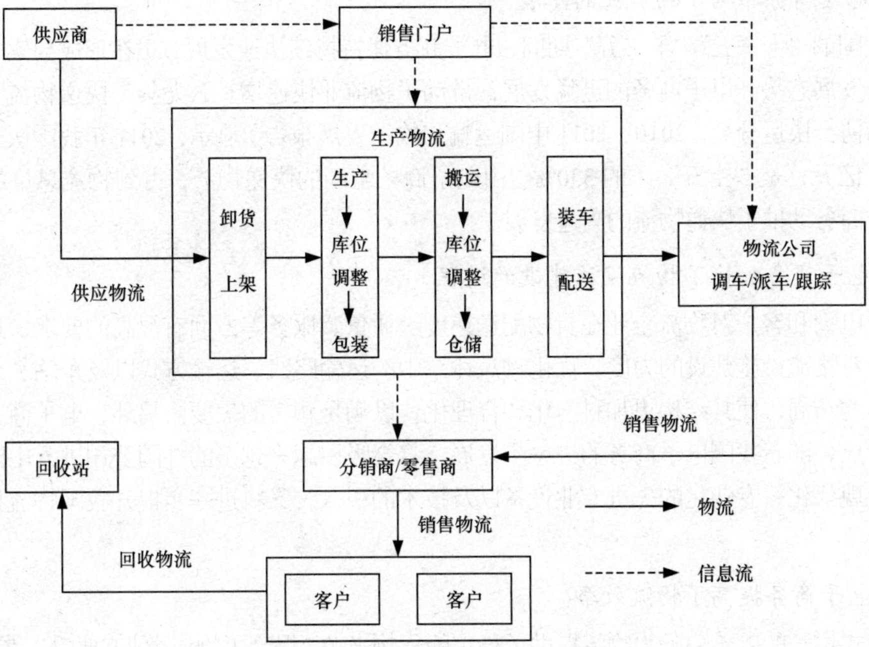

图 5.3 供应链物流过程

2. 按照物流活动的主体分类

承担物流任务的主体有企业自营、专业子公司和第三方物流公司。对应的物流类型有三种。

（1）企业自营物流。企业自营物流是指由原料、零部件或成品提供者或购买者自主经营物流运输服务。企业自营物流要求企业自备车队、仓库、场地、人员等。该物流模式投入和运营成本很高，因此适合于批量生产或大规模定制生产的企业，或区域性服务企业如城市百货公司等。

（2）专业子公司物流。专业子公司物流是将企业自营物流从企业运作中剥离出来，成为一个独立运作的专业化实体。它与母公司或集团之间的关系是服务与被服务的关系。它以专业化的工具、人员、管理流程和服务手段为母公司提供物流服务，同时还可以以剩余资源承担其他物流服务。从作业流程上它与第三方物流很相似，但它一般要首先满足其母公司或集团公司的物流需求。与企业自营物流相比，专业子公司更加注重对物流过程一体化的管理和物流资源的合理化配置，能使物流效率最大化，并能有效地控制总成本达到最低水平。

（3）第三方物流。第三方物流是指由买卖双方之外的第三方企业承担交易过程中形成的物流运输任务，即买卖双方将物流业务外包给第三方承担。它有利于买卖双方降低交易成本，而第三方物流公司可通过优化资源配置提高物流运作效率，降低物流成本，并可以满足电子商务交易中的小批量、多品种、高速度和准时供货等物流要求。

二、电子商务与现代物流协同发展的关系

（一）电子商务是现代物流发展的重要推手

电子商务是在供应商、消费者、政府机构和其他业务伙伴之间，通过电子方式实现结构化或非结构化的商务信息的共享，以管理和执行商业、行政和消费活动中的交易。电子商务是物流发展的重要推手，主要表现在以下几方面。

1. 电子商务推动了物流业的发展

在我国的"十 五""十二五"期间，电子商务保持持续快速发展，正在形成与实体经济深度融合的发展态势。电子商务的迅猛发展，带动了物流业快速增长，尤其是快递物流业。中国交通运输协会快运分会《2010—2011 中国运输与物流发展报告》显示，2011 年我国快递业实现收入 758 亿元，是"十五"末的 330%。由电子商务驱动的快递物流，占到物流总量的 60%以上，电子商务助推了快递物流的高速发展。

2. 电子商务加快了物流设施建设的进程

由于电商和客户对物流企业在货物配送速度、质量、服务等方面有很高的要求，迫使物流企业加大对物流设施建设的力度，优化物流体系中的运输路线、运输方式以及车站、仓库、配送中心等的布局，使其结构更加科学化和合理化，以满足顾客的需要。另外，电子商务具有跨区域的特点，随着我国电子商务的进一步发展，将会吸引越来越多的外国公司进入中国市场，国外大量现代化、专业化的先进专业设备以及技术的引入，又将进一步提升我国物流技术装备的水平。

3. 电子商务提高了物流效率

爆发式增长的电子商务为物流提供了稳定的货物来源，提高了物流企业的收入。与此同时，电子商务物流虽然供给充分，需求量巨大，但电子商务物流市场十分零散，每个单一的电子商务业务都类似于"鸡肋"，承接的企业没有规模效益，所以物流企业要想获得效益，物流配送中心必须合理分配货物，减少重复运输和逆向运输，缩短运输路线，减少运输时间，提高物流各环节的效率。

（二）电子商务离不开现代物流的支撑

电子商务实质上是商品的交易，一个完整的电子商务过程涉及四个环节，包含着四种基本的"流"，即信息流、商流、资金流、物流。信息流主要包括商品信息、商业贸易单证、交易方的支付能力及信誉等内容；商流是商品在由供应者向需求者转移时商品社会实体的流动；资金流主要是指资金的结算过程。在现有条件下，这三个方面都可以通过技术手段在网上完成。但是对于实体商品来讲，必须通过运输、配送等物流环节才能完成商品从卖方到买方之间的空间转移，从而最终实现电子商务交易。

离开物流配送这一手段，电子商务交易是无法完成的。同时，物流影响电子商务的运作质量。物流配送直接面对客户，其服务的好坏影响客户的消费体验，在很大程度上决定着电商与客户是否具有交易黏性，影响着企业的客户忠诚度。良好的物流服务有助于电商留住客户，吸引潜在的消费者，从而提高企业销售额，增强企业的竞争力。

三、电子商务环境下物流的特点

1. 物流运作的特点

（1）物流信息化。无论谁是承担物流运输的主体，信息化是其提高效率、适应电子商务环境和供应链集成管理思想所必须采取的措施。它包括物品信息管理、运输信息管理、客户信息管理、物流成本管理等内容。常用的物流信息化技术有条形码技术、数据库技术、电子订货系统、电子数据交换、快速反应及有效的客户反映、企业资源计划等。

（2）物流自动化。物流信息化是物流自动化的基础。物流自动化的核心是实现物流过程的机电一体化。物流自动化使物流作业能力不断扩大，劳动生产力大幅度提高，物流作业的差错减少，物流运作时间缩短。实现物流自动化的方法很多，常用的方法有条码、语音、射频自动识别系统，自动分捡系统，自动存取系统，自动导向搬运车，货物自动跟踪系统等。物流自动化新技术近年来发展很快，国内外成套设备供应商已经装备了许多大型企业的物流自动化生产线，使企业的物流自动化水平跃上一个新台阶，如海尔集团、春兰集团、中国邮政、新华书店等。

（3）物流网络化。物流信息化也是物流网络化的基础。对于一个物流系统来说，网络化实际包含着两层含义：信息管理的网络化。一是物流配送中心与供应商或与制造商之间的通信联系实现计算机网络化管理；二是物流配送中心与下游客户之间的联系也通过计算机网络系统完成。组织结构的网络化，也就是在组织内部构建内联网，并将其与外联网、互联网等通信网络互联互通，实现组织与各伙伴间的信息资源共享。例如，采取外包的形式将一台计算机的所有零部件、元器件和芯片发往同一个物流配送中心进行组装，由该中心将组装好的计算机迅速发给客户，这一过程就需要依赖高效的物流信息网络支持。

（4）物流智能化。物流智能化是在物流自动化与信息化发展后的更高层次应用。在物流作业过程中，涉及大量的运筹和决策问题，包括合理库存量的确定、装箱策略、最佳运输路径的选择、自动导向车的运行轨迹和作业控制、自动分拣机的运行、物流配送中心经营管理的决策支持等，都需要用到人工智能的理论与方法加以解决。物流智能化就是利用人工智能的理论和方法与计算机系统结合，通过智能计算机系统，如专家系统、机器人及其智能控制系统等解决物流过程中遇到的各种运筹与决策难题。

（5）物流柔性化。柔性化本来是为配合“以顾客为中心”的服务理念，在生产领域中提出的一种快速适应市场的应对方法，如柔性自动化、柔性制造系统等。但要真正做到柔性化，即真正能按照消费者的需求，灵活地调节生产工艺，没有与之配套的柔性化的物流系统是难以想象的。20 世纪 90 年代，国际上陆续推出柔性制造系统、计算机集成制造系统、制造资源规划、企业资源规划以及供应链管理等，其实质就是要将生产与流通过程高度集成融合，根据需求端的市场需求组织生产，安排物流活动。物流柔性化就是为了适应生产、流通与消费的需求而发展起来的一种新型物流模式，要求物流配送中心根据消费需求“多品种、小批量、多批次、短周期”的要求，灵活组织和实施物流作业。

2. 物品运输的特点

在物品运输方面，传统物流与电子商务物流的最大区别在于：传统物流是将批量商品运往少数几个目的地（如流向零售店）；而电子商务物流是将一个个小包裹递送给许多客户家庭，即“多品种、小批量、多批次、短周期”。表 5.4 列举了两者的对比。

表 5.4 传统物流与电子商务物流的对比

特征	传统物流	电子商务物流
需求类型	推，以产定销	拉，按订单生产、定制
需求性质	稳定、持续	波动、零散
客户	少量商业伙伴	不确定
发货量	大批量集装运输	单件或数件，包裹运输
发货价值	总值大	总值小
目的地	集中在几个地方	分散在不同地方
货物流向	通常是单向的	通常是双向的
责任	单个连接	贯穿整个供应链
运输商	通常自营物流，有时外包	通常外包，有时企业自营
仓库	一般都有	只有大企业或承运企业有
时间要求	按计划	变化、不确定
运输状态	不清楚	动态跟踪

第三节　电子商务物流配送模式

国内的电子商务企业数量繁多，对于其物流配送模式的选择也各具特色，面对物流瓶颈，不同的电子商务企业采取了不同的模式。

一、自建物流体系的一体化模式

所谓一体化模式就是电子商务企业通过自己建立仓库、购置设备、配备配送车辆和人员，主要由企业自身的能力来完成从客户下单到将商品送到消费者手中的整个过程的配送方式。这种模式多被规模较大、资金实力雄厚的企业所采用。而自建物流必不可少的就是配送中心以及自动化仓库。

（一）配送中心

配送中心是企业物流、商流、信息流的交汇点，承担着企业所需商品的进货、存储、分拣配货、流通加工并将物品送达客户等任务，是集货中心、分货中心和加工中心的综合体。根据配送中心的性质、目的、配送区域、主要职能的不同，存在不同类型的配送中心。

1. 专业配送中心与柔性配送中心

专业配送中心是指专业从事配送业务而不从事经营等其他活动的配送中心。这类配送中心往往以服务于某个行业为特点。柔性配送中心则是根据客户的要求来实施配送任务，随需而变，没有固定的供需关系。

2. 供应型与销售型配送中心

供应型配送中心是指向某些特定组织（如连锁超市、大型制造企业等）大批量实施配送任务的配送中心。销售型配送中心是指以销售经营为目的，以配送为手段的配送中心。其目标是将货物、商品配送给消费者，有直销配送中心、分销配送中心等。

3. 城市配送中心和区域配送中心

城市配送中心一般是执行同城配送，目标是将商品直接配送给最终用户，一般与零售业务（多品种、少批量、多用户）相关；区域配送中心是指物品的远距离配送，主要以批量配送为目标。

（二）自动化仓库

1. 自动化仓库结构

大型生产企业（集团）、电子零售企业、第三方物流公司等组织的配送中心每天处理的物流业务量非常巨大，完全依靠手工来分拣、配货、装箱是不可能的，因此需要建立自动化仓库。

自动化仓库（automatic warehouse）是指借助计算机控制系统自动地完成物品的出入库、检索、显示、管理和报警等过程的高层立体仓库，是物流系统的重要组成部分。它能节约土地和人力，降低劳动强度，减少商品损耗，货物先进先出，操作迅速准确。自动化仓库主要由货物存取机、货架系统、输送设备和控制装置四个部分组成。

（1）货物存取机。在自动化仓库中，根据存放物品的数量建立若干高层货架。每两个货架之间称为巷道，巷道内安装堆垛机。堆垛机可在巷道内水平移动，也可在自身的立柱上沿垂直方向移动，借以完成货物的存取操作。企业根据物品的特点、吞吐量可选择不同规格的存取机，规格不同，其速度、尺寸、结构都不一样；存取机可被遥控操作。

（2）货架系统。从结构上看有两种不同的货架：一种是货架与建筑物没有联系，独立地建在建筑物内部。这种货架可以拆除，灵活方便，适用于不太高的自动化仓库。另一种是货架与建筑物紧密相连。它除了储存货物以外，还用作支撑建筑物的墙体或屋顶，成为建筑物的一部分，是一种整体结构的货架。这种货架建设周期短、费用低，适用于高型自动化仓库。

（3）输送设备。通常是指货物存取机作业范围以外的输送设备，用以将货物存取机与其他长距离的运输装置联系起来。输送设备类型很多，主要根据作业量多少、货物类型和作业之间的配合情况选定。常用的输送设备有铲车、引导车、地面有轨流动车、穿梭车和辊筒链条输送机等。

（4）控制装置。控制装置把自动化仓库的一切设备有机地联系在一起，使其按照预定的程序和要求动作，形成一个自动控制系统。较先进的控制装置一般由几台小型计算机构成，采取分级控制。这种计算机分级控制系统能快速地对信息进行实时处理，当一台计算机有故障时操作仍不中断，整个系统便于测试、检查和维修。电子计算机还能对仓库的订货与发送、仓库物资储备、仓库作业定额管理提供信息，能对仓库作业人员、作业手段、作业组织进行指挥和监督。

2. 基于自动化仓库的订单履行流程

借助仓库自动化可提高物流配送效率。以下描述了基于自动化仓库的订单履行的一种可能流程。

（1）企业（如零售商、直销公司、生产商等）与自动化仓库服务商签订合同，要求备货并配送企业收到的订单。企业的商品按存货单元（stock keeping unit，SKU）存放在自动化仓库中。

（2）企业将收到的订单传到仓库的计算机控制系统。

（3）订单整合、拣货。系统将来自不同企业的订单按照货品存放情况进行整合，以优化拣货流程。拣货作业通常借助机器人完成。

（4）拣好的商品被搬到包装区。计算机配置各包装盒的大小、类型，并打上专门的包装指令和配送指令，一般由条形码标识这些指令。

（5）将包装好的包裹通过传送带传到一个扫描站称重，然后利用条形码扫描仪识别配送目的地和配送时间。

（6）在恰当的时间通过相应的传送带（自动化仓库一般有多条传送带，每个传送带的包裹被送往不同的目的地）将包裹装载到等候的卡车上。

（7）卡车装满后就出发开往相应的目的地。一般来讲，卡车并不会将物品投递给客户本人，而是运往相应目的地的配送站，由配送站分发给最终客户。

阅读案例

京东的自建物流模式

2009年起，京东开始建立自己的配送体系，为所有用户提供物流配送、上门取换件、移动POS刷卡、货到付款等服务。目前，京东已经在全国建立了七大物流中心，与此同时，京东还不断致力于建设自己的车队和终端配送队伍。形成了覆盖全国的物流网络，其分布在华北、华东、华南、西南、华中和东北的六个物流中心覆盖了全国各大城市，并在西安、沈阳、杭州等主要客户城市成立二级库房，2014年11月京东商城位于上海的首个“亚洲一号”现代化物流中心（一期）已正式投入使用。

京东商城在满足客户最基本的物流需求下，又推出了几类差异性物流服务，京东的顾客所购买的货品遇到任何问题需要退换，京东商城都提供免费上门取件服务；并且在业内率先推出“211 限时送达”服务；与此同时又推出了“先行赔付”、7×24 小时客服服务电话、“GIS 包裹实时跟踪系统”等服务，开创了我国电子商务物流配送模式的新篇章。

京东商城的这种一体化模式，使得它对供应链的各个环节都有较强的控制能力，以此来确保自己的物流配送拥有良好的服务质量，以提高顾客的满意度和忠诚度。但与此同时，一体化模式的投入使得物流资产负担加重，周转速度较慢，随着规模的扩张，一体化模式将会面临较大的资金压力。

二、全外包模式

全外包模式就是第三方模式，电子商务企业通过租赁物流中心，全外包配送环节来提供物流配送服务的物流配送模式。

每个企业都有其核心竞争力，当企业在物流管理方面不具有竞争优势时，可将物流业务完全或部分地外包给专业物流企业，这类专门从事外包物流业务的企业被称为第三方物流（third party logistics，TPL）企业。第三方物流企业不参与物品交易双方的直接交易，而只是承担从生产到销售过程中的物流业务，包括商品的包装、储存、运输、配送等。

第三方物流又被称为外包物流或合同物流，它是指由物流劳务的供方、需方之外的第三方去完成物流服务的运作方式，它是社会分工下物流专业化的一种表现形式，从其运作内容看，不仅包括仓储、运输和电子数据交换信息交换，也包括订货与自动补货、选择运输工具、包装与贴标签、产品组配等。

1．第三方物流的形成背景

企业从事物流活动需要投入大量的人力、物力、财力。对于缺乏资金的企业特别是中小型企业而言，构建物流系统是非常困难的，同时各自经营物流业务也会导致资源浪费、物流效率低下。因此，外包物流业务是企业降低物流成本，形成新的利润源泉的关键。

任何企业的资源都是有限的，将有限的资源用在提升企业的核心竞争力上才能使企业资源得到最优配置，才能形成或保持竞争优势，因此企业可通过对内外部资源的整合，将非核心业务转移给具有相对优势的外部企业，而物流对于制造、零售等类型企业显然不具有优势，物流为这些企业的非核心业务。

信息技术的发展使企业面临的竞争环境发生了巨大变化，供应链管理、虚拟组织等协作、共赢的经营理念既增加了物流活动的复杂性，又对物流活动提出了快速、有效响应以及“零”库存等更高的要求。第三方物流为实践这种经营理念创造了条件。

2．第三方物流的特征

第三方物流的实质就是物流经营者借助现代信息技术，在约定的时间、空间，按约定的价格向物流消费者提供约定的个性化、专业化、系列化物流服务的过程。从发达国家物流产业发展的实践来看，第三方物流已经逐渐形成了鲜明的特征，突出表现在如下几方面。

（1）关系契约化。第三方物流是通过契约形式，来规范物流经营者与物流消费者之间的关系。物流经营者根据契约规定的要求，提供多功能直至全方位的一体化物流服务，并依据契约来管理所提供的所有物流服务活动及其过程。第三方物流发展物流联盟也是通过契约的形式来明确各物流联盟参加者之间的责任与权力及其相互关系。

（2）服务个性化。不同的物流消费者存在不同的物流服务要求，第三方物流需要根据不同的物流消费者在企业形象、业务流程、产品特征、客户需求特征、竞争需要等方面的不同要求，提供高针对性的个性化物流服务和增值服务。从事第三方物流的经营者还需要考虑市场竞争、物流资源、物流能力的影响，从而形成核心业务，不断强化所提供物流服务的个性化和特色，以增强物流市场竞争能力。

（3）功能专业化。第三方物流提供的是专业化的物流服务。从物流设计、物流操作过程、物流技术工具、物流设施到物流管理必须体现专门化和专业化水平，这既是物流消费者的需要，也是第三方物流自身发展的基本要求。

（4）管理系统化。第三方物流应具有系统的物流功能，这是第三方物流产生和发展的基本要求。第三方物流需要建立现代管理系统才能满足运营和发展的基本要求。

（5）信息网络化。信息技术是第三方物流发展的基础。在物流服务过程中，信息技术发展实现了信息实时共享，促进了物流管理的科学化，极大地提高了物流效率和物流效益。

（6）资源共享化。第三方物流经营者不仅自己可以构筑信息网络和物流网络，而且可以共享物流消费者的网络资源。

3. 第三方物流的分类

第三方物流经营者可以分为有形的和无形的两类。有形的第三方物流经营者是以自己的资产提供优质服务，如德国的辛克公司、美国的联合包裹速递服务公司（UPS）、我国的顺丰速递。无形的第三方物流经营者是管理公司，不拥有资产，它们提供人力资源和信息系统，专业管理客户的物流功能，如美国的RYDER、GEOLOGISTICS和AEI公司。

专业化和社会化的第三方物流经营者是物流企业。按照物流企业是自行承担物流业务，还是委托他人进行操作，还可将物流企业分为物流自理企业和第三方物流企业。物流自理企业就是平常人们所说的物流企业，可进一步按照业务范围进行划分。

第三方物流企业同样可以按照物流业务代理的范围，分成综合性第三方物流企业和功能性第三方物流企业。功能性第三方物流企业包括运输代理企业、仓储代理企业和流通加工代理企业等。功能性第三方物流企业也叫单一第三方物流企业，即它仅仅承担和完成某一项或几项物流功能。按照主要从事的物流功能可将它进一步分为运输企业、仓储企业、流通加工企业等。综合性第三方物流企业能够完成和承担多项甚至所有的物流功能，这样的企业一般规模较大、资金雄厚，并且有着良好的物流服务信誉。

因此，物流公司一般分成三种类型，一是资产密集型的交通运输商；二是物流信息技术服务商，包括软件公司、供应链信息管理商、贸易信息管理商和网上运输市场；三是第三方、第四方物流商，包括货运代理商和契约物流服务商。

4. 第三方物流的作用

物流在物流资源优化方面具有明显优势，它可以帮助物流消费者采用供应链策略管理物流，处理供应链末端的任务，如退货和产品包装等，它还能遵循供应链管理体系的基本原则，尽可能在靠近消费者要求的地点和时间完成产品交付。第三方物流企业通过遍布全球的运送网络和服务网络大大缩短了交货期，有助于改进客户服务质量。

第三方物流的发展和企业物流外包率的上升，给各行各业带来了很大的利益，越来越多的企业将物流作业外包给第三方。企业实施第三方物流的原因是什么呢？概括起来主要有以下几点。

（1）低作业成本。第三方物流可为委托企业平均降低 10%～20%的成本，这是许多企业选择外包的主要原因。专业的第三方物流经营者利用规模生产的专业优势和成本优势，通过提高各环节的利用率节省费用，使企业能从分离费用结构中受益。

（2）致力于核心业务。生产企业利用第三方物流的最大收益是节约成本、降低资产规模，企业能有资金投资其他核心领域。企业要获得竞争优势，必须巩固和扩展自身的核心业务。这就要求企业致力于核心业务的发展上，实现企业资源的优化配置，将有限的人力、物力和财力集中于核心业务，研究开发出新产品参与竞争。因而，越来越多的企业将非核心业务外包给专业化的公司。企业通过将物流业务外包给第三方物流经营者，能够将时间和精力放在自己的核心业务上，增强企业的核心竞争力。

（3）减少资金积压。利用第三方物流的先进技术、设备和软件，能够减少物流消费者的投资，提高企业的资金周转速度，从而提高资金回报率，促进资源的有效配置。一项调查表明，第三方物流需要投入大量资金用于购买物流技术设备，包括软件、通信和自动识别系统。74%的第三方物流购买物流技术、条形码系统的平均支出达 108 万美元，在软件上平均花费 61 万美元，在通信和追踪设备上平均花费 40 万美元。

（4）降低库存。企业不能承担原料和库存的无限增长，尤其是要及时将高价值的零部件送往装配点，以保证库存的最小量。第三方物流经营者借助精心策划的物流计划和适时运送手段，最大限度地降低了库存，改善了企业的现金流量，实现了成本优势。

（5）提升企业形象。第三方物流经营者是物流专家，他们利用完备的设施和训练有素的员工对整个供应链网络实现完全的控制，并减少了物流的复杂性。他们通过遍布全球的配送网络和服务提供商（分承包方）大大缩短了交货期，继而帮助客户改进服务，树立自己的品牌形象。第三方物流经营者通过“量体裁衣”式的设计，制订出以客户为导向、低成本高效率的物流方案，为企业在竞争中取胜创造了有利条件。

（6）拓展国际业务。随着全球经济一体化步伐的加快，不少没有国际营销渠道的企业希望进入国际市场，而第三方物流恰恰可以帮助这些企业达到拓展国际业务的目的。

（7）整合供应链管理。一体化物流要求企业对整个供应链进行整合，通过外包改善物流服务质量，提高客户服务水平。越来越多的企业考虑到第三方物流的专业能力，希望能与它们合作进行供应链整合，联合包裹速递服务公司（UPS）和 FENDER 国际公司（美国的一家吉他生产商）的合作就是一个很好的范例。联合包裹速递服务公司曾经帮助 FENDER 完成其配送过程的流线化和集中化，以帮助 FENDER 公司实现欧洲境内销售量翻番的计划，由联合包裹速递服务公司管理来自世界各地制造厂家的进货，由第三方物流公司 EDCS（一家合作公司）检查产品质量、监视库存、满足配送商和零售商的订货。通过合作，FENDER 公司缩短了交付时间，更为重要的是在将吉他运给零售商之前完成了每把吉他的调音，从而保证了零售商从箱子中取出吉他时即可弹奏。毫无疑问，随着第三方物流业务范围的不断扩展，越来越多的企业将选择第三方物流作为整合供应链的关键一环。

我国知名的电子商务公司当当网在全国也采取全外包模式，它的 10 个物流中心都是租赁的，在运输配送环节，当当和国内 104 家第三方物流企业建立合作关系，采取由第三方物流企业全权负责终端的物流配送。为了在全外包模式下能够控制服务品质，当当采取了收取押金和对货物进行逐一检查的控制手段。

全外包模式将物流配送业务全部交由第三方物流企业承担，虽然减轻了资金压力，但这种模式也对第三方物流公司的服务提出了较高的要求，如果对外包业务缺乏行之有效的控制措施，电子商务企业就可能面临服务品质下降的威胁。

三、自建与外包的半一体化模式

半一体化模式，即电子商务企业保持物流中心自建，并掌控核心区物流队伍，将非核心区的物流业务外包的物流配送模式。垂直 B2C 网站新蛋网（http://www.newegg.cn/）就一直保持着自建与第三方物流合作配送的外包模式相结合的半一体化模式。截至 2010 年年底，新蛋网拥有嘉定、北京、广州、南京等八大仓储物流中心，大件电子商品由新蛋配送，然后再由电器厂商上门安装和提供售后服务。与新蛋网合作的物流快递公司包括圆通快递、宅急送、邮政等。这种半一体化模式，往往选择核心业务或核心地区自建配送体系，同时通过和第三方物流公司合作可以迅速地铺开服务网络，避免电子商务企业投资过大，同时可以更加专注于核心业务。

四、快速配送策略

快速配送是指按客户要求在指定时间内将物品送达指定位置。物品性质不同、需求目的不同对快速性要求也不相同。一般而言，速度要求越快，配送难度越大，成本就会越高。

（一）快速配送方案

无论由谁来承担物流任务，企业都必须以最快的速度将物品递送到客户手中。常用的投递方案有以下几种。

1. 客户自主取货

对于“鼠标+水泥”型的电子商务零售企业，客户自主取货是一个比较好的配送策略，即客户在线选择商品、下单，并预约取货时间，商场按客户要求将商品挑选并包装后放置在特定位置等待客户提取。这种模式既可以节约企业的配送成本，也能节省客户的购物时间，客户可在下班时顺带或在自己有空的时间去取。

2. 随选配送

随选（on demand）配送是指客户下单并完成支付后立即执行配送。对于数字化产品，随选配送是最常用的策略。同城杂货、快餐等也常采用随选配送服务，因为这些物品或服务往往有明确的时效。随选配送服务一般在一小时内完成。非数字化物品的随选配送会大大增加企业的物流成本，特别是在物品价值较低的情况下，如何规划配送路线是一门很重要的研究课题。

3. 当日配送

相对于随选配送，当日配送更受企业的欢迎，对企业来说压力会小一些，企业可以按某个日程表，或者间隔一个固定时间如一小时组织物品投递。实施当日配送的企业可以充分利用物流资源优化配送流程。一般而言，非数字化物品的随选配送和当日配送主要是近距离的同城配送，且由企业自己承担物流任务。企业根据包含有客户住址信息的销售数据规划出若干条配送线路，并安排恰当的运输工具按照一定的日程表循环送货。当日配送或随选配送属于特快递送。

4. 隔夜配送

当物品配送的目的地比较远时，可采用隔夜或次日配送方案。隔夜配送方案一般是在第二天上午将物品送达客户，而次日配送方案是指在第二天的任何时间送达。一般来讲，三天之内的送达都属于快递。快递物品可根据企业的特点采取自营物流或第三方物流方案以及双方合作经营。一般而言，电子零售、在线直销等都由第三方物流公司承担配送任务，并与第三方物流公司建立战略合作关系以保障本企业的经营安全。

5. 普通配送

如果客户对所需物品的需求时间不是很急，则可采用普通配送。普通配送一般在 14 天内完成，主要由第三方物流公司承担配送任务。

高效地完成配送任务，必须有高效的配送环境。配送中心和自动化仓库是保障准确、及时配送的基本条件。

五、基于“云物流”的联盟配送策略

所谓“云物流”，是指基于云计算应用模式的物流平台服务。物流云计算服务平台是面向各类物流企业、物流枢纽中心及各类综合型企业的物流部门等的完整解决方案，依靠大规模的云计算处理能力、标准的作业流程、灵活的业务覆盖、精确的环节控制、智能的决策支持及深入的信息共享来完成物流行业的各环节所需要的信息化要求。

基于云计算的物流服务平台，应用于 B2C 电子商务配送体系可规划为物流公共信息平台和物流管理平台。物流公共信息平台针对的是客户服务层，拥有强大的信息获取能力；物流管理平台针对的是用户作业层，它可以大幅度的提高物流及其相关企业的工作效率，甚至可以拓展出更大范围的业务领域。云物流信息平台将需求端的客户订单信息汇总起来，并对订单信息进行整合，在供给一端物流管理平台将小物流公司的分散运送能力整合起来，中小快递公司通过访问云物流管理平台获得客户，并通过这个平台取货、送货。

云物流模式从操作模式来看也可以理解为物流合作模式，或信息整合模式，它利用物流信息中心聚合订单需求，以对接大型物流企业，发挥规模效应，为客户提供精细化的物流配送服务。不过，“云物流”虽然解决了供给能力的调配问题，但对于行业集中度低的根本问题还不能完全改变。电子商务的物流配送仍需提高供给、需求两端的集中度，才能发挥云物流的真正效应。

阅读案例

由阿里巴巴牵头成立的“菜鸟物流”正是云物流模式的一种尝试。2013 年 5 月 28 日，阿里巴巴集团、银泰集团联合复星集团、富春集团、顺丰集团、三通一达（申通、圆通、中通、韵达），以及相关金融机构共同宣布，“中国智能物流骨干网”（简称 CSN）项目正式启动，合作各方共同组建的“菜鸟网络科技有限公司”正式成立。“菜鸟”小名字大志向，其目标是通过 5～8 年的努力打造一个开放的社会化物流大平台，在全国任意一个地区做到 24 小时送达。

菜鸟网络专注打造的中国智能物流骨干网将通过自建、共建、合作、改造等多种模式，在全中国范围内形成一套开放的社会化仓储设施网络。同时利用先进的互联网技术，建立开放、透明、共享的数据应用平台，为电子商务企业、物流公司、仓储企业、第三方物流服务商、供应链服务商等各类企业提供优质服务，支持物流行业向高附加值领域发展和升级。最终促使建立社会化资源高效协同机制，提升中国社会化物流服务品质。菜鸟通过打造智能物流骨干网，对生产流通的数据进行整合运作，实现信息的高速流转，而生产资料、货物则尽量减少流动，以提升效率。

第四节 退货管理

在 B2C 电子商务交易中退货物流是无法回避的问题，并且正逐步引起企业经营者的重视。正确的退货物流具有降低物流成本、提高企业竞争力等优点。电子商务中，允许客户退换不理想的商品。而电子商务企业为了维护核心竞争力、提高企业声誉，则需要通过有效的逆向物流管理来降低退货与召回损失，提高再生循环利用意识。借助网上交易平台，可以大大节省客户和企业双方的时间和空间，提高交易效率。这种形式的电子商务一般以网络零售业为主，主要借助于互联网开展在线销售活动。例如，经营各种书籍、鲜花、计算机、通信用品等商品。

一、退货产生的原因

1. 消费者冲动性的购买行为

有许多消费者一时冲动购买了自己不够满意或根本不需要的商品，不是为了需求，而是由于受到相关促销活动或广告的诱惑而购买。在线购物时表现得不够理性，等收到商品后，发现所购买的商品无法满足自己的需要，于是提出退货的要求。

2. 消费者与电子商务企业之间信息不对称

B2C 电子商务企业拥有商品的全部信息，在 B2C 电子商务交易中，消费者无法看到真实的商品，只能看到网页上的文字和图片，而这些有关商品的图片和文字没有一个固定正规的来源，都是由企业自己提供的。对于只依靠网页上的图片和文字来了解商品的信息，只有 B2C 电子商务企业自己清楚，图片和文字的真实性、与商品的符合程度。而消费者对商品的情况一无所知。这就造成了消费者可能在收到商品时发现实物与网上描述的根本不一致。消费者与 B2C 电子商务企业在商品质量方面的信息严重不对称，进而导致大量退货逆向物流的产生。

3. 商品本身原因

商品存在瑕疵或者质量问题、商品接近或超过保质期以及在配送过程中产生延期、损伤或错配等，都会引起退换货问题。

4. 正向物流的不完善

商品在运输过程中存在着对商品产生一定程度破坏的可能性，如商品零部件丢失、商品保存不善造成变质等。或者由于规划配送线路不当及送货过程中送货员的操作不当，造成错配商品、订单输入时出现产品种类或数量错误、同一订单错误地重复送货等。

5. 网络欺诈

一些不规范的电子商城采取低价诱惑的手段推销残次品，导致消费者一些退货现象的产生。随着网上无形产品增多，常常存在大量的“赝品”，以次充好。网上购物信息给消费者带来了许多潜在的隐患，很多消费者在购买商品以后才发现自己上当受骗，在获得便利的同时也给自己带来了麻烦，使消费者往往存在一些恐惧心理，不再相信网络购物。

6. 激烈的市场竞争驱动

随着网络时代的到来，越来越多的企业意识到了互联网的价值，认识到互联网存在着巨大的商机。网络的广泛使用使消费者在B2C电子商务企业的选择上，占有绝对的主动权，消费者只要在电脑面前，敲击鼠标就可以轻易地从一家企业转到另一家企业。现如今在激烈的网络市场竞争中，为了能够吸引更多的消费者，B2C电子商务企业往往会竞相推出各种优惠政策，包括相关的退货政策，如“无条件退货”“不满意就退货”等策略。在这些优惠的退货条件下，消费者往往会产生冲动性购买行为，不会在购买前反复考虑“是否需要”之类的问题。先购买，不行就退货，反正有B2C电子商务企业的主动承诺，这无形中又增加了许多本不应该发生的退货。

二、退货的规避原则

退货物流的产生会在B2C电子商务交易中给电子商务企业增加额外的成本支出，从而带来不必要的损失。因此，B2C电子商务企业应该采取一定措施，尽可能减少不必要的退货物流。

1. 降低购买者与B2C电子商务企业间的信息不对称

B2C电子商务企业要尽可能地在网站上提供详细的商品信息，减少消费者由于信息不对称所引起的错买和误买造成的退货，尤其是商品存在的不足，更是要详细地进行说明。邀请相关的权威人士对所售商品的性能及质量进行评价赋分。同时，为购买者创造一个可以相互交流的平台，使消费者在购物前可以在信息平台上了解已购买过该商品的消费者对该商品的评论。这样可以让有购买欲望的消费者客观地了解商品的真实情况，从而减少因商家对商品的过度描述而产生的错买或误买而引发的退货物流。

2. 减少冲动性购买行为

冲动性购买行为是由于消费者的非事前计划的现场购买行为，当消费者冲动消失下来的时候，那种突然而来的购买情绪就会慢慢消失。针对冲动性购买行为的特点，企业可以在订单接收系统中设置二次确认功能。即B2C电子商务企业的订单接收系统在收到消费者的订单后不会立即进行相应处理，而是在一定时间后，也就是消费者冲动消失后，由系统自动向消费者预留的信息，如邮箱发送已下订单信息，要求消费者进行二次确认购买，再进行订单处理。虽然，这样会增加操作环节，可能会减少订单的数量，但实际上却成功规避了消费者退货带来的各种成本的增加。

3. 注重商品质量

商品的质量是企业的生命线，尤其是电子商务企业。因此，从原材料、零部件的采购开始，B2C电子商务企业一定要选择正规的进货渠道进行采购，从根本上保证商品质量。保证消费者的利益。否则，如果一味地强调低价来吸引消费者，而不注重商品质量。最终，劣质商品将会导致大量退货的产生，给企业带来物流成本的增加。

4. 提高正向物流效率

从根本上降低退货率，减少退货次数的最主要、最基本的做法就是提高正向物流效率，只有确保发货的数量和质量与市场需求相吻合，避免配送时的错误操作或运输途中的损坏才能降低终端退货。

5. 完善市场秩序

良好的市场秩序对降低退货物流起着重要的指导作用，为避免退货物流的发生，健全相应的制度、规范，很有必要。

三、退货的实施策略

1. 提高管理层的退货物流管理意识

作为企业的管理者应该充分认识退货物流的重要性及其为企业带来的价值，提高管理意识。作为电子商务企业应成立专门的退货物流管理部门，合理规划退货逆向物流的处理流程，减少操作时间。同时加强正向物流管理，有效减少可避免的退货物流的发生，增强企业的竞争力。

2. 制订合理的退货政策

退货逆向物流会不可避免的给企业带来额外的成本，但是合理的退货政策会消除消费者的购买顾虑，增强企业的信誉度，进而提高消费者的重复购买率。这不仅可以树立企业的良好形象、口碑，还将会扩大企业的市场份额。因此，电子商务企业应尽可能在减少退货物流的同时，制订合理的退货政策，并且通过各种媒体、渠道让消费者充分了解退货流程，使消费者对电子商务网站建立充分的信任。

3. 建立退货物流管理系统

相对而言，退货物流的管理软件还较匮乏，一般需要定制退货物流管理的个性化软件，利用网络和信息技术建立退货物流管理信息系统，做到对退货问题的快速响应，为退货再分配的全面实现提供最有力的运营保证。

4. 建立集中式退货中心

消费者如果有退货需求，工作人员可以通过在线查询顾客购买信息，确定该商品是否满足退货条件，消费者可以直接将商品送到退货中心办理退货事宜，对于不满足退货条件的商品，工作人员应及时向消费者作出合理的解释。建立集中退货中心是退货物流高效、合理运作的基础。所有退回商品都要先送到集中式退货中心，这样就避免了消费者把不满足退货条件的商品直接寄给电子商务企业的麻烦，经过分类、处理之后，再送回到各个电子商务企业，从而降低了商品的退货处理时间，提高了顾客的满意度。

本章小结

大多数电子商务应用的实现需要利用支持服务。通过互联网来获取订单可能是电子商务中最容易的一部分，而订单履行和送货上门是棘手的事情。订单履行和物流配送是电子商务最主要的支持服务。

订单履行已成为电子商务竞争的有力武器，本章在介绍订单履行内涵、辨析传统订单与电子订单的基础上，分析了 B2C、B2B 电子订单的履行及其面临的挑战。

物流配送可以是自营，也可以是外包，电子商务环境下的物流是集成的系统，不仅要快速响应，更要实现商务协同，其特点表现为信息化、自动化、网络化、智能化、柔性化，最终达到快速配送的目的。

课后练习与实践训练

一、名词解释

1. 物流 2. 电子商务配送 3. 供应链管理 4. 价值链 5. 第三方物流

二、单项选择题

1. 电子商务经常“爆仓”（编者注：快递公司的“爆仓”指突然间收到太多快件，来不及分拣，甚至没办法再收件，大量快件滞留在始发站或者中转站）的原因是（ ）。

A. 销售速度太快　　B. 仓库太小

C. 商品太多　　D. 物流服务不给力

2. 电子商务与传统商务的最大区别在于，电子商务可以（ ）。

A. 一手交钱一手交货　　B. 利用网络进行商务活动

C. 进行网络营销　　D. 在线支付并查询商品信息

3. 下面对物流的描述，正确的是（ ）。

A. 商品的买卖活动

B. 实现商品的使用价值

C. 解决生产者和消费者之间的所有权分离

D. 实现商品的价值

4. 供应链管理包涵哪些流动（ ）。

A. 物流　　B. 商流　　C. 信息流　　D. 以上都包括

5. 以下对协同商务描述正确的有（ ）。

A. 协同商务包括企业内部协同和企业外部协同

B. 协同商务包括业务整合

C. 协同商务需要实现信息共享

D. 以上都包括

三、简答题

1. 当前电子订单履行面临哪些挑战？
2. 简要说明 B2C、B2B 电子订单的履行。
3. 举例说明供应链运作的现实意义。
4. 试述快速配送方案。
5. 简单说明物品退换策略。

四、实践训练

现代物流的发展需要有力的信息技术作为支撑，请利用互联网搜索工具查找下列技术的有关信息：

1. 条形码技术；

2. 射频识别（RFID）技术；

3. 卫星定位导航技术（中国北斗卫星导航系统，美国全球定位系统 GPS）、地理信息系统（GIS）。

根据上述任务，写一份报告，简述目前以上技术在物流管理中的使用情况。

拓展学习指南

1. 第三方物流是电子商务配送的主要模式。但是一般消费者很难直观了解第三方配送企业是如何运作的。《超级工厂——UPS》是国家地理拍摄的纪录片，该片向我们详细展示了世界著名第三方物流企业 UPS 的运作细节。

2. 顺丰优选是中国著名的生鲜电子商务企业，读者可以通过左侧二维码观看顺丰优选的订单履行过程和冷链物流配送。

3. 亚马逊为第三方卖家提供的物流服务一直以来都享有不错的口碑，右侧二维码视频为亚马逊物流的宣传片，展示了亚马逊中国的物流服务。

第六章　网络商店的规划与运营

【学习要点及目标】

1. 了解网络商店建立的市场分析内容。
2. 了解网络商店规划与设计。
3. 了解数据分析的概念与作用。
4. 了解电子商务的外包服务。

【核心概念】

网络商店规划　网络商店运营管理　电子商务外包

引导案例

大学生网络开店

类似淘宝网一样的网络零售平台让开设网店变得越来越简单。无需技术背景，用户只需轻点鼠标就能轻松地搭建一个漂亮的网店。由于网络开店投入不大，经营方式灵活，2000年之后成为不少大学生的创业途径，且不乏成功者。

淘宝网创立（2003年）不久，一些嗅觉敏感的大学生很快加入淘宝开店的行列。据2005年3月28日《北京娱乐信报》报道（范妍）北京服装学院大三学生小杜就是大学生网店创业大军中的一员。平时常网购的小杜发现网上开店很简单。先选定一个电子商务平台，通过平台提供的模板，十几分钟就可以搭建出一个完整的网络商店。然后把身份证复印件上传到该网站的客户服务部，经过确认，三天后自己的网店就可以开张了。

小杜的网上小店卖一些托朋友从中国香港带回来的化妆品，凭着比商场便宜的价格，生意一直都不错，每个月下来基本都有1000多元的收入。小杜打算再开个服装店，“店里”的衣服全由她自己设计制作，每款只有一件，不用担心会撞衫，肯定受欢迎。这样既发挥了自己的特长，又省去了进货费用，一举两得。“如果干得好的话，我打算毕业后就一直把这两个店经营下去，也做个SOHO（家居办公）一族。”小杜憧憬道。

十多年过去后，个人在淘宝等C2C平台开店或企业在天猫等B2C平台开店变得既容易又困难。容易的是当初最让店主头疼的客流、物流、结账等问题不再是绊脚石，困难的是如何在众多“同行”中脱颖而出。新困难面前，即使在淘宝这种C2C平台开店的经营者多数已由“单打独斗”变成了“集团军”作战。当然，不是说个人已经没有机会，网店美工、物流、仓储等零碎的“小”事可外包给第三方，自己仍旧可以安心当店主。

案例导学：个人或企业都可以成为网络开店的主体，他们既可以通过专业的网络零售平台开设网店，也可以自立门户开网店，或者既在大型网站上开设网店，又有独立的商品销售网站。在本章中，我们将会讨论如何规划和运营一个成功的网络商店。

第一节　网络商店的定位

在互联网上有海量的网店，销售的商品更是琳琅满目。这就需要认真考虑网店定位，制订相应的开店策略。

一、市场调研分析

在开展网络商店建设工作之前，需要通过市场调查进行可行性分析。

（1）货品选择分析。货品选择分析包括：欲销售产品的种类和特点，产品的价格在同类产品中居于什么档次，产品的质量能否满足消费者的需求，产品的价格与产品质量的契合程度等。

（2）市场需求分析。市场需求分析的主要内容包括：现有市场对货品的需求量，未来市场潜在的需求量，不同区域市场对产品的需求情况，各个市场的饱和点及潜在的能力，市场的进入策略和时间策略。

（3）消费者购买行为分析。消费者购买行为分析的主要内容包括：消费者群体特征；消费者的人口、家庭、地区、经济等基本情况，以及他们的变动情况和发展趋势；社会、政治、经济、文化教育等发展情况，以及这些因素对用户的需要将会发生什么影响和变化；不同地区和不同民族的用户，他们的生活习惯和生活方式有何不同，有哪些不同的需要；了解消费者的购买动机，包括理智动机、感情动机和偏爱动机。

（4）竞争对手分析。竞争对手分析旨在帮助企业更加系统深入地了解竞争对手，辨析企业目前所处的竞争处境。主要内容包括：市场上的主要竞争对手及其市场占有率情况，竞争对手在经营、产品等方面的特点，竞争对手的产品的价格策略、推广策略、销售推销策略，竞争者的服务水平等。

> **知识拓展**
>
> 商品选择的建议：
>
> 做特色——爱情主题、馈赠主题、特定人群等。
>
> 做稀缺——利用外地难以买到的当地货源优势。
>
> 做整合——家居大卖场、化妆品大卖场、电脑大卖场。
>
> 做平价——利用自己掌握的低价货源优势。

二、网络商店的功能定位

网络商店功能定位是网络商店规划中最基本、最主要的工作。网络商店功能定位关系到网络商店的内容设计、网络商店建设解决方案的选择及网站运行技术选择等一系列问题。由于建站的目的和服务的对象不同，各种商务网站在规模、内容和风格上都会有很大的不同。对于企业级的网络商店来说，其最基本的内容应该包含如下几点。

（1）公司概况。包括公司背景、发展历史、主要业绩及组织结构等，让访问者对公司的情况有一个概况的了解，作为在网络上推广公司的第一步，也是非常重要的一步。

（2）产品目录。提供公司产品和服务的目录，方便顾客在网上查看，并根据需要决定资料的详简程度，或者配以图片、视频、音频资料。但在公布有关技术资料时应该注意保密，避免被竞争对手利用，造成不必要的损失。

（3）荣誉证书和专家/用户推荐。作为一些辅助内容，这些资料可以增强用户对公司产品的信心，其中第三者做出的产品评价、权威机构的鉴定或者专家的意见更具有说服力。

（4）公司动态和媒体报道。通过公司动态可以让用户了解公司的发展动向，加深对公司的印象，从而达到展示企业实力和形象的目的。因此，如果有媒体对公司进行了报道，要及时转载到网站上。

（5）产品搜索。如果公司产品比较多，无法在简单的目录中全部列出，那么，为了让用户能够方便地找到所需的产品，除了设计详细的分级目录外，增加一个搜索功能也是有效的措施。

（6）产品价格表。用户浏览网站的部分目的是希望了解产品的价格信息，对于一些通用产品及可以定价的产品，应该留下产品价格，对于一些不方便报价或对价格波动较大的产品，也应尽可能地为用户了解相关信息提供方便，如设计一个标准格式的询问表单，用户只要填写简单的联系信息，点击“提交”就可以了。

（7）网上订单系统。为用户设计一个简单的相关产品网上订购程序。

（8）零售商信息。有些用户更愿意网上看货网下购买，尤其是价格比较贵重或者销售渠道比较少的商品。用户通常喜欢通过网络获取足够信息后在本地的实体商城购买，因此，尽可能详尽地告诉用户在什么地方可以买到他所需的产品。

（9）售后服务。有关质量保证条款、售后服务措施以及各地售后服务的联系方式等都是用户比较关心的信息，而且，是否可以在本地获得售后服务往往是影响用户购买决策的重要因素，应尽可能详细。

（10）联系信息。网站上应该提供足够详尽的联系信息，除了公司的地址、电话、传真、邮政编码、电子邮件地址等基本信息之外，最好能详细地列出客户或业务伙伴可能需要联系的具体部门的联系方式。对于有分支机构的企业，还应当有各地分支机构的联系方式，为用户提供方便，同时也起到了对各地业务的支持作用。

（11）辅助信息。辅助信息的内容比较广泛，可以是本公司、合作伙伴、经销商或用户的一些相关新闻、趣事或者产品保养/维修常识、产品发展趋势等。

（12）艺术展示。通过展示一些图片、动画或者其他多媒体文件等方式，来展示企业品牌形象，会起到事半功倍的效果。

上述基本信息仅仅是网店建设关注的基本内容，并非每个企业网站都必须涉及。在规划设计一个具体网络商店时，主要应考虑网店本身的目标。

第二节　网络商店的设计与建设

无论是自主建店还是在平台开店，店主一般不可能自己动手设计和建设，但为了与设计和建设者更好配合，最好简要了解设计和建设的要点，以免成为失败的“甲”方。本节将对此做简要介绍。读者如欲学习网店设计与建设的专业知识，可参考相关课程教材。

一、网络商店购物流程设计

消费者到网络商店购物的过程一般可以分为五个步骤。

（1）浏览商品。网络消费者通过网络商店提供的多种搜索方式，对产品组合、关键字、产品分类、产品品牌等信息进行查询和浏览。

（2）选购商品。网络消费者按照自己喜欢的方式搜索到所需的商品后，可以浏览该商品的使用性能、市场参考价等商品信息，以及本人在该商店的购物积分等信息。点击“立即购买”将其放入购物车，在商品编号和品名的表单里输入订购的数量即可。在确定采购之前，消费者可在购物车中查看、修改或取消选购的商品。

（3）用户注册。消费者在第一次访问所选定的网络商店进行购物时，先要在该网站注册用户姓名、地址、电话、电子邮件等必要信息，以便网络商店进行相关的操作。

（4）支付付款。支付付款有多种形式。除了网上支付之外，货到付款也是众多网上购物者的付款方式之一。客户在收到货物及发票后将钱款直接交付给配送人员，并由配送人员带回客户的意见。

（5）配送货物。网上购物者在确定需要购买的商品后，即可选择货物配送方式。当商店在确定了用户所订购的商品后，可以根据客户的要求在用户希望的时间内将商品邮寄或送货上门。

网络商店的购物流程如图 6.1 所示。

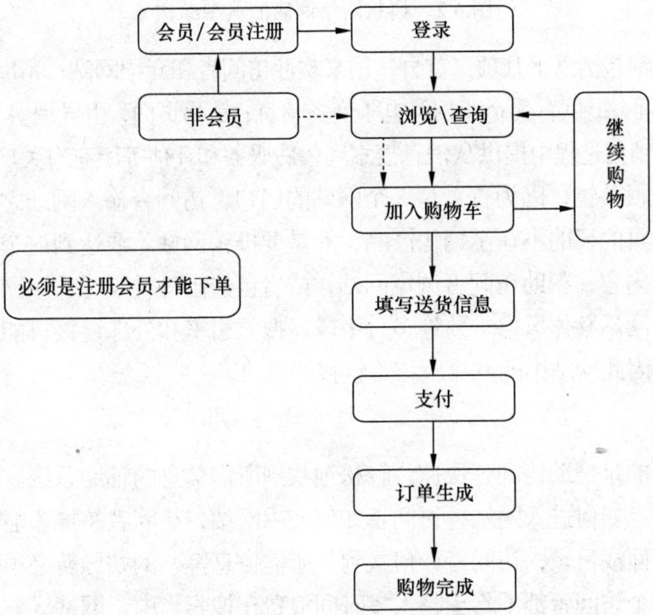

图 6.1　网络商店购物流程图

二、网络商店的框架设计

1．信息构架

一个网站的信息结构是指网站及其 Web 页面组织、标记、导航的方法，它使整个 Web 站点能够被浏览和搜索。信息结构在网站结构设计时就要考虑到。最常见的网站结构是树状型，

图 6.2 显示了树状网络商店的典型结构。大多数的树状型网站层次都设计成宽而浅，即在第二级设置 3～10 个目录并把层级限制在 2～3 级。这种设计的原因是如果层次窄（目录很少）且深（层次过多），访问者要花费更多精力去寻找所需资讯，不利于吸引客户。

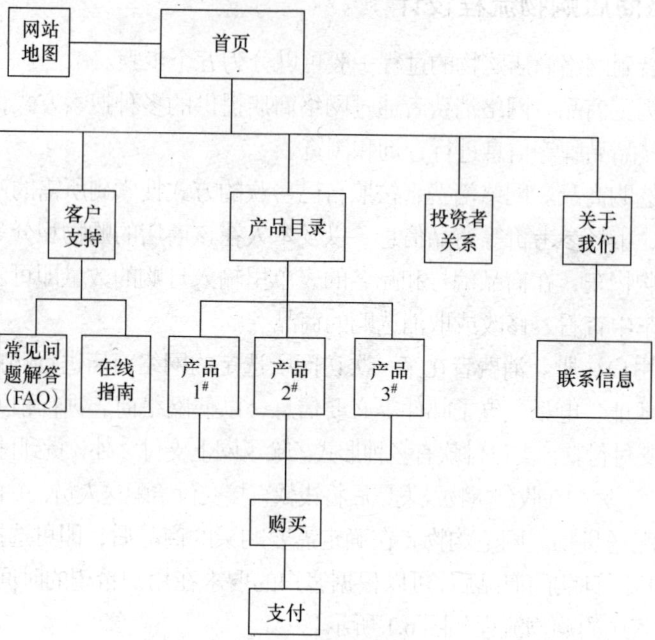

图 6.2 树状网络商店的典型结构

一个网站一般都包括以下几项：首页，用来欢迎访问者和介绍网站；帮助页面，帮助访问者使用网站；企业页面，提供有关企业相关电子商务信息；交易页面，引导消费者购买商品或服务；内容页面，在全面销售过程中提供从消息搜索到售后服务和评估等所有有关产品与服务的信息。

确保首页得体很关键，因为首页是一个网站的门户，访问者输入网址之后所见到的第一个页面便是首页。首页的目的不在于销售产品，而是要推销网站。要达到这个目标可以采用在首页中介绍网站新近内容，帮助访问者浏览网站，或者创造出一种观感——网站特有的——要既反应品牌战略又与网站整体风格一致等多种手段。搜索引擎和外部链接可能会引导访问者链接到网站内部页面，因此网站中的网页应该都链接回首页。

2. 网站导航

网站导航的目的是帮助访问者快速、轻松地找到所需信息的辅助系统。在网站导航中要考虑的问题有：访问者如何进入网站，访问者如何使用网站，访问者怎样才能从网站获取信息，访问者如何转换页面或目录，访问者如何找到其所需信息等。网站导航必须帮助访问者快速地找到信息，因为每个访问者都不希望将太多时间浪费在搜索当中，网站导航还必须简单易懂，访问者希望能精确的直接找到所需页面，无需自己思考。

网站设计者设计一个成功的网站导航要做到一贯性，通常采用一些导航辅助工具，如导航条、导航、网站地图等。

最简单的导航辅助工具是导航条。它能帮助访问者链接到最相近的目的地（如首页、“关于我们”）和网站的主要目录（如产品目录、客服支持等）。一般来说，导航条上的项目根据重要性的高低从左向右排列，因而往往最左边是首页链接。导航条可以选用文本、按钮或者菜单标签等形式。

通常导航条会被设计在页面的顶端，以便在打开时能最先被看到。但是如果网页包括了标题广告，那么导航条应该放置在广告的下面。这么安排是因为经过测试，多数网络使用者都存在“标题广告致盲”，即忽略标题广告及所有在上面的内容。

如果要设计第二个导航条，那么它应该放置在每一个网页的底部。这样访问者如果查阅整个网页而未搜索到所需内容，也可以轻松的转到下一个位置。一个有效的导航方案应该是在网页顶端设置一个简单、吸引人且清楚的导航条，而在网页的末端设置一个相对复杂的文本形式的导航条。

某些时候由于网站内容繁多，一个导航条不能容纳所有的选项，在这种情况下可以在导航条的每个目录下再设立次级目录。次级目录的形式可以设计成下菜单或者是鼠标指向按钮时出现了菜单。

大中型的网站除了导航条以外，一般还包括网站地图，这样可以方便访问者更好地浏览网站。设计网站地图时应注意它的方便性，此外它还要求在反映网站信息结构的同时做到便于理解。大中型的网站还要求具有搜索性。要做到这点网站一般会在首页的顶部或者网站地图中设置“搜索网站”功能。

3. 网站一致性设计

网站设计的一致性体现在信息结构和网站导航之间紧密的联系。首先同时也是最重要的，一致性意味着网站页面拥有统一的页面设计。一个网站的页面设计包含了视觉上把一个站点与其他站点区分的元素，如布局、字体、颜色、图像和导航等。如果网站中不同的网页使用了截然不同的页面设计，那么会给访问者带来诸多不便，这不利于网站吸引和留住访问者。

4. 网站性能设计

在网站设计阶段，响应速度理所当然是最主要考虑的问题之一。因为一旦网页打开的时间过长，访问者都会选择离开而去访问其他地方。

影响网页响应速度的因素有很多，像用户网络的带宽，以及某些程度上网络托管服务商可用的带宽等。这些都是网站设计者不能控制的因素。网站设计者要重点考虑的因素是网页的内容，一个有经验的网站设计者懂得如何提高网页下载速度，至少给人以下载迅速的印象。

造成下载缓慢公认的原因是网页中存在过大或者过多的图片。一般来说几千字节大小低分辨率的图片，访问者就能看得十分清楚。如果图像十分重要，可以在页面上放置缩略图和完全大小高清晰度的图像的链接，是否查看清晰图片则根据访问者个人意愿选择。这样可以保证一般用户快速地浏览相关页面。

另一个影响网页响应速度的设计误区是动态网页效果。这些特效的生成需要调用后台数据库，如Java程序、声音文件、动态横幅广告、复杂的表格式结构等。特别是表格式网页必须整页面显示，更影响网页打开的速度。因而为了减少网页读取的速度就需要避免或者慎重地使用这些特效。

衡量一个网站响应的速度是否合理的方法有很多种，其中一种十分有效的标准是12秒原则：网站的任何一个网页都应该在 12 秒内打开。如果超过这一时间访问者很可能放弃转而浏览其他类似的网站。12秒原则应该符合目标客户群的一般标准。归根到底，网站设计最基本的准则是以满足目标客户群的需求和期望为目标进行设计。

另外，与12秒原则相类似的是4秒原则，即在4秒内必须显示某些内容给访问者。如果符合这一原则，即使整个网页响应的时间要略长于12秒，访问者一般也不会放弃。所以，有些网站的做法是将图片或图像分成数个小型图片以便于一开始就能快速显示。

5. 色彩与图形设计

万维网是一个缤纷多彩的世界，正确使用颜色、照片、图片和音像等是对网站有益的补充。

有效应用色彩与图形的关键在于与目标客户群的期望相互匹配。一个网站必须有一种或两种主题色，不至于让访问者迷失方向，也不至于单调、乏味。当主题色确定好以后，考虑其他配色时，一定要考虑配色与主题色的关系，要体现什么样的效果，另外，还要考虑哪些因素占主要地位，是明度、纯度还是色相。

在网页设计中，色彩的搭配原则如下。

（1）网页标题。网页标题是网站的路标，浏览者在网页间跳转，了解网站的结构及内容，都必须通过导航或者页面中的一些小标题。所以要使用稍微具有跳跃性的色彩，吸引浏览者的视线，让他们感觉网站清晰明了、层次分明，不会迷失方向。

（2）网页链接。一个网站是由许多网页构成的，所以文字与图片的链接是网站中不可缺少的一部分。特别要指出的是文字链接，因为链接区别于文字，所以链接的颜色不能跟文字的颜色一样。现代人的生活节奏快，不可能浪费太多的时间在寻找网站的链接上。设置了独特的链接颜色，让人感觉到它的独特性，好奇心必然驱使用户移动鼠标，进行点击。

（3）网页文字。如果一个网站用了背景颜色，必须要考虑到背景颜色的用色与前景文字的搭配等问题。一般的网站侧重的是文字，所以背景可以选择纯度或者明度较低的色彩，文字用较为突出的亮色，让人一目了然。

（4）网页标志。网页标志是宣传网站最重要的部分之一，所以一定要在页面上脱颖而出。将徽标和旗帜广告做得鲜亮一些，也就是色彩方面跟网页的主题色分离开来。有时候为了更突出，也可以使用与主题色相反的颜色。

三、会员服务设计

会员服务设计是网络商店建设中的重要内容。为了减少客户购物时的麻烦，需要为客户提供会员服务。客户注册为会员后，其姓名、通信地址等基本信息将在网站数据库中记录，会员服务设计步骤如下。

（1）会员服务主要提供一个注册页面，以供新会员输入基本信息。

（2）正确输入所要求填入的注册信息后，单击“注册”按钮，系统自动返回一个注册成功的页面。

（3）新会员注册成功后如果发现自己的信息需要修改，可点击“会员登录”超级链接，进入到会员登录页面。

（4）会员在看到某一商品的信息后，可能想要具体了解该商品的信息并决定是否购买，所以系统要能够按照顾客的选择列出该商品的详细信息，并且要在顾客购买时提供方便的购买手段。

（5）会员在这个页面中确定了所要购买的商品后单击“确定”按钮，系统将调出购物车模块将要购买的商品添加到购物车里。

四、商品列表设计

商品列表应包括商品名称、价格、图片、上架时间、商品简介、相关服务（如送货期限）、商品比较等项目。不同网上商店具有不同的商品列表，但目的都是方便顾客购买，同时将网络商店的商品尽可能全地展示出来。

1. 商品列表设计步骤

（1）首先设计网络商店所销售商品的分类结构，有醒目的商品导航栏，便于顾客购买所需的商品。

（2）如果顾客单击了某类商品的按钮，系统就显示出与之相对应的更详细的商品列表。

（3）顾客在看到某一商品的信息后，可能想要具体了解该商品的信息并决定是否购买，所以系统要能够按照顾客的选择列出该商品的详细信息，如点击商品的缩略图，可以进入放大图的页面及商品的详细介绍页面。

（4）会员在这个页面中确定了所要购买的商品后单击“确定”按钮，系统将调出购物车模块将要购买的商品添加到购物车里。这时，网上商店中所需的商品列表信息显示模块就设计完成了。

2. 商品详细信息设计

网上购物的过程中，顾客并不能亲身感觉商品，这是网上购物区别于现实购物的最大不同。顾客作出购买决策，需要对备选商品进行评价，商品详细信息页面应充分从顾客的角度考虑，为决策提供信息支持。因此在设计时要充分考虑到这一特点，不仅要弥补不能亲身接触的缺陷，还应该运用多媒体及网络的交互功能，为顾客的决策提供更加全面方便的信息。

一般而言，商品的详细信息应包括以下几个方面。

（1）商品图片。应根据需要提供大、中、小三种商品图片。小图片最好用于几个商品的产品列表；在单个商品的展示过程中，提供中等尺寸的图像，并能“单击”观看商品的放大版图像；对于有些商品还应提供不同角度和关键细节的图片。

（2）详细说明。应根据商品的不同特性，提供商品各个方面的信息，包括库存信息。

（3）相关商品链接。应向购买者推荐与之相关的商品，包括配套的商品，互补的商品，同系列高、低档商品以及据历史访问统计购买该产品的顾客可能感兴趣的其他商品。

（4）第三方评价。在线商店提供以往有良好购物体验的顾客的评价和媒体相关评价与报道。这些信息有助于顾客对在线商店建立信任以及做出购买决策。

知识拓展

淘宝网店铺设计

对于淘宝店铺而言，建店者并不需要关注过多的技术细节，淘宝网已经为用户提供了完整的网店模板，通过简单的设置就可以完成一个网店的建设。

> 有关淘宝店铺设计的详细内容可到“淘宝大学”进一步了解。

如图 6.3 所示，淘宝网上商店的基本功能包括：在相关类目中设置自己的店铺；推荐宝贝；个性店标；店铺公告，通知买家相关信息；对自己的宝贝进行分类管理；设置友情店铺链接。

图 6.3　淘宝网店截图

五、域名选择

在淘宝网、京东等开店的店主，域名一般可修改成“×××.taobao.com”的形式（初始域名一般为序号，需要手动修改），“×××”部分最好和网店名拼音或英文高度相关即可。对于自建网站的企业则要重视域名选择和注册。

选择一个合适的域名是企业一种重要的营销手段和品牌策略。域名是企业在网上的地址，是企业的一种标志。域名的注册遵循先申请先注册原则，管理机构对申请人提出的域名是否侵扰了第三方的权利不进行任何实质审查。同时，每一个域名的注册都是独一无二的、不可重复的。因此，在网络上，域名是一种相对有限的资源，它的价值将随着注册企业的增多而逐步为人们所重视。

国际域名与数字分配机构（The Internet Corporation for Assigned Names and Numbers，ICANN）负责互联网协议（IP）地址的空间分配、协议标识符的指派、通用顶级域名及国家和地区顶级域名系统的管理以及根服务器系统的管理。但国际域名与数字分配机构并不负责域名注册，只是管理其授权的域名注册商。CN 域名的管理机构是中国互联网信息中心（CNNIC）。中国互联网信息中心授权注册商，注册商直接从国际域名与数字分配机构批发域名。

知识拓展

中国著名域名注册服务商

中国万网、新网、西部数码、美橙互联。

一旦域名注册成功，域名注册商可以保留域名到网站所有者找到合适的托管服务商。同时域名的管理权也从域名注册商或先前拥有者转移到网站托管服务商手中。

第三节　数据分析系统

在网络商店的管理过程中，应充分利用当代网络信息技术，达到高质量、高效率的商务运作。运用的技术主要有数据仓库技术、数据挖掘技术和商业智能与在线分析技术。

一、网店数据分析的概念

所谓网店数据分析，就是指在网店上线以后，对运营数据和服务器流量数据的统计分析，主要目的是评估网站效益、营销策略、访客特性和行为等。

从商务应用背景的角度来说，网店分析不仅是关注服务器每天的访问量，还要注意不同地区或不同时段访问量的变化情况，同时也要观察网店中各个商品页面的点击情况，并根据点击率来改善页面结构和内容，不断优化网店布局和质量；此外，也要对有商业交易的行为进行追踪等。因此，电子商务网店的数据分析，就是要针对网店运营中的各种流量数据，如服务器的访问量、访客特征和行为、商品页面的访问情况、不同时段不同地区顾客的购买情况等，进行定期定量的统计分析，并以报告形式，揭示网店的运营状况，找出内在的规律和问题，从而使公司获得更多的效益。

二、网店数据分析的基本流程

（1）定义（define）。原意是用户需求的识别和确定，还要定义任务的目标和意义。对于网店数据分析来说，可以这样表述，确定这次分析所针对的问题，分析最终需要达到何种目的，对网店有何实际的意义，同时需要确定分析的范围及规划本次分析工作的进度。

（2）测量（measure）。原意是收集数据，量化分析。对于网店数据分析来说，同样也要有一个获取数据的过程，尽量保证获得流量数据真实、准确，同时要做好数据的预处理工作，便于下一步分析工作的顺利进行。

（3）分析（analyze）。原意是使用数据统计和分析的方法找到问题的本质。网店数据的分析，不仅仅是对日常数据的简单统计，其结果也不应该只是一张报表和图形这么简单。分析的本质应该是从大量表面的数据中找到问题的本质，进行归纳和总结；同时，还要注意紧跟第一步的“定义”，不能偏离分析问题的范围。

（4）改进（improve）。原意是找到最优的解决方案，使问题得到解决或者使问题的负面影响降到最低。这一步极为重要，也是目前很多网店数据分析工作中落实不到位的一步，很多只是将分析结果呈现出来，缺少解决实际问题的方案。

（5）控制（control）。很多改进方案实施后，根本不会再去关注反馈情况，甚至有些改进的方案治标不治本，就像网店的访问量无法通过一两次的推广活动得到提升，关键还在于网店本身的质量。推广活动可能会让数据在短期内获得一定的提升，但想要保持长期地增长，还需要不断地优化和改进网站本身。所以，“控制”要的是持续的反馈和监控，并不断寻找能从最根本上解决问题的最优方案。

三、网店数据分析的指标

网店运营过程中对网店各种流量数据进行分析，已经成了网店后台管理中必备的功课，通过这些数据指标，可以帮助经营者准确地抓住用户行为和网店的运营状况。

网店流量数据的内容指标最重要的有以下几项。

（1）总访问次数：网店分析的常见度量之一，用于总体评估网店的人气，具体指的是从上线运行至今网店被访问的次数。

（2）访问量：用于衡量用户一次访问的数量，具体指的是用户从进入网店到离开网店的过程中，浏览的页面总数量。

（3）独立访问数（unique visitor，UV）：独立访问数是指一定时间内网店的访问量。即使一个客户端在一段时间内多次访问该网店，独立访问数也只是一次，与访问次数无关。使用独立访问数作为统计量，可以更加准确地了解单位时间内网店访问量。

（4）页面访问量（page view，PV）：页面访问量是指在一定的时间范围内，页面被打开或请求的次数，它也是网店分析中最常见的度量之一。

（5）用户会话数：会话是指用户从访问网店的时刻开始，查看了一些页面后到关闭浏览器或者离开网店的一个浏览过程，即用户的一次访问行为，而会话数就是指所有浏览过程的个数。

（6）用户停留时间：用户停留时间包括页面停留时间和网店停留时间两个方面，其中页面停留时间是指用户从打开页面到离开页面的时间间隔，这个度量只有当用户在网店中点击了下一个页面时才会有记录，否则为 0；网店停留时间是指每个访客的停留时间，具体就是一个会话开始到结束的时间。

（7）IP 数：一般是指在一天之内，访问网店的独立 IP 数。一天之内相同 IP 地址访问目标网店只计算 1 次。IP 地址还可以指出用户的地理位置。

（8）浏览器类型：它是用于定位和浏览超文本标记文档的程序，了解用户使用的浏览器的意义在于某些网页在某一种浏览器中表现更好些，这样可以针对用户浏览器对网页进行优化设计。

四、数据分析常用技术

1. 数据仓库技术

传统的数据库技术是以单一的数据资源，即数据库为中心，进行事务处理、批处理、决策分析等各种数据处理工作，主要划分为两大类：操作型处理和分析型处理（或信息型处理）。操作型处理也叫事务处理，是指对数据库联机的日常操作，通常是对一个或一组记录的查询和修改，主要为企业的特定应用服务，注重响应时间，数据的安全性和完整性；分析型处理则用于管理人员的决策分析，经常要访问大量的历史数据。而传统数据库系统优于企业的日常事务处理工作，而难于实现对数据分析的处理要求，已经无法满足数据处理多样化的要求。操作型处理和分析型处理的分离成为必然。

数据仓库就是面向主题的、集成的、不可更新的（稳定性）、随时间不断变化（不同时间）的数据集合，用于支持经营管理中的决策制订过程。数据仓库中的数据面向主题，与传统数据库面向应用相对应。主题是一个在较高层次上将数据归类的标准，每一个主题对应一个宏观的分析领域：数据仓库的集成特性是指在数据进入数据仓库之前，必须经过数据加工和集成，这是建立数据仓库的关键步骤。首先要统一原始数据中的矛盾之处，还要将原始数据结构做一个从面向应用到面向主题的转变；数据仓库的稳定性是指数据仓库反映的是历史数据的内容，而不是日常事务处理产生的数据，数据经加工和集成进入数据仓库后是极少或根本不修改的；数据仓库是不同时间的数据集合，它要求数据仓库中的数据保存时限能满足进行决策分析的需要，而且数据仓库中的数据都要标明该数据的历史时期。

数据仓库最根本的特点是物理地存放数据，而且这些数据并不是最新的、专有的，而是来源于其他数据库的。数据仓库的建立并不是要取代数据库，它要建立在一个较全面和完善的信息应用的基础上，用于支持高层决策分析，而事务处理数据库在企业的信息环境中承担的是日常操作性的任务。数据仓库是数据库技术的一种新的应用，而且到目前为止，数据仓库还是用关系数据库管理系统来管理其中的数据。

2. 数据挖掘技术

在数据仓库中进行数据挖掘是客户关系管理系统接口的核心，是客户关系管理中实现数据分析的技术基础。从商业数据的角度出发，数据挖掘是一种新的商业信息处理技术，其主要特点是对商业数据库中的大量业务数据进行抽取、转换、分析和其他模型化处理，从中提取辅助商业决策的关键性数据。

简而言之，数据挖掘其实是一类深层次的数据分析方法。现在，由于各行业业务自动化的实现，商业领域产生了大量的业务数据，这些数据不再是为了分析的目的而收集的，而是由于商业运作而产生。分析这些数据是为商业决策提供真正有价值的信息，进而获得利润。但所有企业面临的一个共同问题是：企业数据量非常大，而其中真正有价值的信息却很少，因此，从大量的数据中经过深层分析，获得有利于商业运作、提高竞争力的信息，就像从矿石中淘金一样，数据挖掘也因此而得名。

因此，数据挖掘可以描述为：按企业既定业务目标，对大量的企业数据进行探索和分析，揭示隐藏的、未知的或验证已知的规律性，并进一步将其模型化的先进有效的方法。

3. 商业智能与在线分析技术

联机分析处理（on-line analytical processing，OLAP）的概念最早由关系数据库之父埃德加·弗兰克·科德（Edgar Frank Codd，1923—2003 年）于 1993 年提出。科德认为联机事务处理（OLTP）已不能满足终端用户对数据库查询分析的要求，SQL 对大数据库的简单查询也不能满足用户分析的需求。用户的决策分析需要对关系数据库进行大量计算才能得到结果，而查询的结果并不能满足决策者提出的需求。因此，科德提出了多维数据库和多维分析的概念，即联机分析处理。

联机分析处理委员会对联机分析处理的定义为：使分析人员、管理人员或执行人员能够从多种角度对从原始数据中转化出来的、能够真正为用户所理解的、并真实反映企业多维特性的信息进行快速、一致、交互地存取，从而获得对数据的更深入了解的一类软件技术。联机分析处理的目标是满足决策支持或多维环境特定的查询和报表需求，它的技术核心是“维”这个概念，因此，联机分析处理也可以说是多维数据分析工具的集合。

商业智能通常被理解为将企业中现有的数据转化为知识，帮助企业做出明智的业务经营决策的工具。这里所谈的数据包括来自企业业务系统的订单、库存、交易账目、客户和供应商，来自企业所处行业和竞争对手的数据以及来自企业所处的其他外部环境中的各种数据。而商业智能能够辅助的业务经营决策，既可以是操作层的，也可以是战术层和战略层的决策。为了将数据转化为知识，需要利用数据仓库、联机分析处理工具和数据挖掘等技术。因此，从技术层面上讲，商业智能不是什么新技术，它只是数据仓库、联机分析处理和数据挖掘等技术的综合运用。

知识拓展

量子恒道——专业电子商务数据服务商

量子恒道统计是淘宝量子统计团队推出的专业数据统计分析软件。它通过对店铺的被访及经营状况等数据进行分析、解读，帮助卖家更好地了解店铺的优缺点，为店铺经营决策提供充分的数据支持，是卖家经营网店的重要工具。

第四节　电子商务外包服务

对于传统企业，特别是中小企业来讲，网络商店的规划与建设是一个复杂的过程，需要技术支持与企业运营密切结合。但是很多企业，尤其是发展时间短、实力不强的中小企业，往往由于技术、人员、经验等条件的限制，很难独立进行网店的规划、开发与运营。电子商务外包服务也因此应运而生。

一、电子商务外包的基本概念

1. 外包与服务外包

外包是指企业将那些原本自主经营生产的非核心的业务外包出去，通过利用外部的专业资源，降低自身的生产经营成本。这将有助于企业将资源集中于核心业务的拓展上，提高生产效率，增强对外部环境的应变能力，以实现自身核心竞争力的不断提高。

服务外包就是指企业为了将有限的资源专注于其核心竞争力的发展，借助先进的信息通信技术，并利用外部服务提供商的专业化资源，将那些原本在企业内部自主完成的工作交给接包方去完成，以此实现降低生产成本、增强资金利用率、提高生产效率并进而增强自身核心竞争能力的战略性经营模式。

2. 电子商务外包

电子商务外包是指企业将部分或全部电子商务业务外包给专业性公司完成的经营模式。通过电子商务外包，企业可以在缺乏经验、技术和人才等条件的情况下迅速和低成本地切入网络市场，加快电子商务业务的发展进程。

电子商务业务包括电子商务策划、电子商务运营、电子商务管理、电子商务营销、电子商务技术支撑五大部分。其中电子商务策划包括市场调研、网站功能及内容策划、产品策划、品牌策划、组织策划、营销策划、物流策划、支付策划等；电子商务运营包括产品拍摄、图片处理、网店装修及推广、网店促销、在线销售及客服、订单处理、支付、物流、客户关系管理、数据库营销等；电子商务管理包括人力资源管理、财务管理、物流管理、信息流管理等；电子商务营销包括网络分销体系的规划、建设、管理、网络打假，品牌网络推广，第三方电商平台推广；电子商务技术支撑包括电子商务网站建设、企业资源计划系统整合、信息系统支持、数据分析等。

案例分析

名鞋库的电子商务技术外包

名鞋库是中国在线销售名牌鞋类产品的倡导者和先行者。为了企业的进一步发展，名鞋库需要建立一个功能全面的电子商务平台。但是企业自建电子商务网站是一项耗资巨大的工程，为了让产品完美地得以展示，订单配送系统做到及时有效，再加上要实现有效的数据跟踪、挖掘等工作，不论是资金还是经验，对于名鞋库来说，都是极具风险的挑战。

为此，名鞋库采用电子商务软件服务商商派（ShopEx）提供的电子商务平台技术解决方案。此外，商派还为名鞋库提供了数据分析与诊断系统，将前端客户的数据和后端订单、会员、商品等数据进行有机结合，并计算每一步的转化率，令名鞋库可以清晰地跟踪每个流量从开始到结束的整个过程，对流程中可能出现的问题做到及时发现、快速解决，保证系统的稳定和持续优化。

名鞋库和商派的合作至关重要。通过外包，名鞋库只专注于核心的销售和服务业务，技术的改进则全部交由更专业的商派团队完成。名鞋库通过与商派的合作，不断优化网站，提供给消费者更人性化、更便捷的购鞋体验，赢得了消费者的信赖与支持。

企业应根据战略目标、自身条件和外部环境确定将哪些业务外包。常见的有执行团队外包、运营外包、推广外包、分销外包、技术外包和全案外包等。单项业务外包弥补了企业在电子商务某一方面的不足。外包过程相对容易控制，对外包商的要求也不高。全案外包是企业将所有电子商务业务都外包给专业性的公司，要求外包商能提供一整套有效的电子商务解决方案并实施，对外包商的要求很高，外包过程的控制比较难，同时可能使企业过多依赖外包商。造成企业电子商务能力发展的停滞。所以，几种外包方式各有其优缺点，适合于不同情况的企业。

二、外包商的选择

企业进行电子商务外包时，确定适合自己企业情况和电子商务发展目标的外包商是首要的，它直接关系企业电子商务业务发展的成败。因此，企业选购这种特殊的商品，要坚持货比三家，对不同的外包商进行各方面的考察、比对，从中确定外包的合作对象。以下为外包商选择的依据与评价标准。

1. 外包商的发展背景

尽管外包商的技术条件、专业技术水平等方面对外包业务的发展起到了主要作用，但不可忽视的是，外包商的发展经历、从业背景，尤其是其企业文化、服务理念决定了外包商的服务质量。因为外包的实现不仅包含网站建设、设备配置、技术管理等方面的硬件建设，更应当结合企业的实际情况，尤其与企业的产品层次、市场占有状况、固有的营销模式相结合，这就需要外包商结合企业的实际情况，具有较强的整合能力、整合手段，以整合企业的经营流程、营销渠道，推进企业网络品牌体系的建设，因此，外包商对企业的理解能力、服务能力、整合能力非常关键。

2. 外包商的规模

一般来说，规模大的外包企业电子商务的专业技术队伍较强，其管理、技术等方面也比较规范，选择这种外包商其服务质量一般较好。因此，在电子商务外包中，应选择发展历程长、员工数量多、专业技术队伍庞大的外包企业。

3. 外包商的整合能力

整合能力体现了外包商驾驭电子商务业务的能力。对于一般性的电子商务基本建设和管理，一般外包商都能做到，但到硬件设施齐全后，整合企业的业务渠道、整合企业的营销市场，实现强有力的网络品牌推销，以及具有较强的线上与线下协调能力则有一定的难度，这也是电子商务发展的关键。因此，选择外包商要看外包商的经验，应考察其外包业绩，要看其是否有典范的外包事例等。

4. 外包商的信誉度

电子商务外包商的信誉度来自于客户的评价，一般来说在市场中得到同行好评的企业，其服务质量较高，服务水平、综合实力都较强。同时信誉度也决定了外包商对服务对象的诚信度，决定了是否能够真正为服务对象着想，使企业在资本节约、运行效果方面都优于其他外包企业。因此，企业选择外包对象时要对企业资质、信誉度做充分的调查，对于外包商与现有合作对象的和谐程度，是否能够与合作过的客户或正在合作的客户形成友好、协调的合作关系，是否能够信守合同承诺，要加以重视。

三、外包业务的风险控制

外包业务存在一定的风险，企业可以从以下几方面对电子商务外包的风险进行控制。

1. 建立有效的管理机制

（1）成立专门的电子商务管理部门，对电子商务外包的全过程进行控制，包括外包战略制订、外包业务确定、外包商的选择、外包契约的设计、外包过程的风险控制、外包绩效评估等，从外包的起点出发，进行全过程风险控制。部门成员应包括高层管理人员、电子商务专业人员、法律专家等。

（2）制定行之有效的外包管理制度，规定外包全过程外包双方各类活动的程序及责任，使双方行为得到规范。

2. 加强外包合作关系管理

电子商务外包双方良好的合作关系有利于减少外包风险，因此，使合作双方从单纯的合同关系发展为相互信任的战略伙伴关系是电子商务外包成功的重要因素。

（1）企业应改变零和博弈的观念，树立双赢的合作理念，从契约设计开始就充分考虑到外包商的利益，并不断地给予外包商必要的支持。

（2）企业应与外包商建立互相信任的合作关系，充分信任自己选择的外包商，在设立绩效目标的前提下给予外包商决策权。

（3）企业要与外包商进行充分的信息沟通，建立高效的信息沟通渠道。

3. 建立合理的激励机制

对外包商有效的激励可以减少其机会主义行为，提高电子商务外包业务的绩效。企业可以在建立对外包商的绩效评价机制与监督体系的基础上，根据外包双方的具体情况以及环境条件，设计一系列合理的激励制度，如为外包商提供与其电子商务外包业务绩效高度相关的报酬、长期合作等，鼓励外包商提升工作绩效。

本章小结

本章主要介绍了网络商店的规划与运营。内容包括网上商店建立前的准备，后台数据处理与系统配置，会员服务体系的设计，后台系统管理的功能分析，以及网店数据统计业务常用的数据管理分析技术。最后阐述了电子商务外包服务是传统企业尤其是中小企业开展电子商务的有效途径。

课后练习与实践训练

一、名词解释

1. 市场调研 2. 独立访问数 3. 主机托管服务 4. 电子商务外包

二、多项选择题

1. 在开设网络商店之前，需要开展哪些市场调查分析？（　　）。

A. 市场需求分析　　B. 竞争对手分析

C. 产品特征分析　　D. 消费者购买需求分析

2. 在进行电子商务业务外包时，应该依据（　　）标准评估外包商？

A. 外包商的发展背景　　B. 外包商的规模

C. 外包商的广告宣传　　D. 外包商的整合能力

3. 对网站数据分析的指标包括（　　）。

A. 网站的流量　　B. 网站的独立访问量

C. 用户停留的时间　　D. 网站的总访问数

4. 关于域名，下面表述正确的有（　　）。

A. 域名是企业重要的资产　　B. 域名选择是品牌战略的重要组成部分

C. 每一个域名都是独一无二的　　D. 域名是一种无限的资源

5. 电子商务的外包服务主要包括（　　）。

A. 电子商务策划服务　　B. 电子商务运营服务

C. 电子商务营销服务　　D. 电子商务协同服务

三、简答题

1. 建立网络商店之前开展市场调研的目的是什么？
2. 企业外包电子商务业务的原因是什么？
3. 网站数据分析的作用可以体现在哪些方面？
4. 图示网络商店购物流程。
5. 如何进行有效的外包业务风险控制？

四、实践训练

登录淘宝网，完成淘宝开店实训（或完成淘宝大学“开店必备”栏目下相关课程的学习，链接及二维码见本章第二节）:

（1）在淘宝网进行会员注册并完成支付宝实名认证;

（2）根据淘宝模板完成店铺设计：设计店标、设计店铺公告、设计宝贝分类标签、选择产品描述模板、店铺介绍。

（3）了解淘宝店铺常用的网店推广方式，扩大网店知名度。

完成实训报告，报告应该包括如下几个部分:

（1）店铺开设流程介绍；

（2）你开设的店铺简介；

（3）淘宝直通车业务介绍。

拓展学习指南

1. 对于想网络开店的读者，可以参考由清华大学出版社出版发行的，刘佳编著的《C2C电子商务创业教程》，2013 年第 3 版，读者可关注后续更新版次。这本书是淘宝网指定的培训教材，适用于包括自主创业者、大专院校学生等在内的希望在淘宝开店的人士。

2. 数据化分析技术是现代电子商务运营的基础。有志于此的读者可参阅机械工业出版社出版发行的，卢辉著写的《数据挖掘与数据化运营实战：思路、方法、技巧与应用》一书（2013 年 6 月出版）。

第七章　移动电子商务

【学习要点及目标】

1. 了解移动电子商务的基础：设施、软件和服务。
2. 了解主要的移动通信网络。
3. 了解常见的移动商务模式。
4. 了解基于位置的服务。

【核心概念】

无线网络　移动商务　移动商务模式

引导案例

携程网的移动商务战略

据2013年9月7日《中国经营报》报道（吕静 侯雪莲）在面临2012年利润下滑的情形下，携程旅行网（以下简称携程）开始酝酿移动商务战略。携程董事会主席兼首席执行官梁建章把无线战略称之为携程的“二次创业”。2013年4月，携程无线客户端4.4版发布。新客户端除了酒店、机票，还加入了境内外度假线路查询、景点门票预订、目的地攻略、火车票业务，就连原来独立程度最高的驴评网也被并入其中，这样的“一站式旅游服务”的应用软件显然走的是资源整合的综合路线。

移动应用软件（APP）模式是携程“再造”计划中最大的秘密武器。从酒店客房预订到景点搜索，从社区攻略到门票预订，移动应用软件可以满足绝大多数用户的需求。数据显示，携程旅行网旅行应用累计超过5千万次下载，日交易额已经突破5000万元，无线渠道酒店预订量超过20%，机票预订量接近15%，在业界居于领先地位。

案例导学：开发基于智能手机的应用程序（application）已经成为众多企业进军移动电子商务领域的首要选择。随着智能手机和移动互联网的普及，消费者越来越依赖移动应用处理各类个人业务。被苹果公司发扬光大的应用商店（application store）已经成为重要的移动电子商务模式。本章将会详细讨论应用商店模式。

高性能移动终端的普及促进了移动泛在化，也因此带来了新的商务契机和创新业态。从最初的短信、语音服务到如今的微信、购物、嘀嘀打车等新商务模式的出现，都向我们宣告移动电子商务的时代已经到来。

第一节　移动电子商务的技术基础

一、无线通信网络

无线通信网络是开展移动电子商务的基础。凡是采用无线传输媒体的计算机网络都可称为无线通信网络。无线网络可根据数据传输的距离分为几种不同类型。

（一）无线广域网

无线广域网（WWAN）指能覆盖较大面积范围的移动通信网络，通过使用电信运营商负责维护的天线基站或卫星系统，无线广域网连接可以覆盖若干城市或者国家（地区）。无线广域网技术从20世纪70年代起到2014年，经历了蜂窝模拟系统到2G、3G、4G技术的演化。

1. 第一代移动通信技术

1971年，美国的贝尔实验室在技术报告中第一次全面论证了蜂窝移动系统的可行性，随后各国都开始对蜂窝移动通信系统进行了更多深入细致的研究。其中，以美国制订的AMPS模拟移动通信系统和英国制订的TACS模拟移动通信系统影响最广，这些被普遍的称为第一代移动通信系统（1G）。

2. 第二代移动通信技术

20世纪80年代中后期，GSM（数字移动通信系统）出现。该系统由欧洲率先提出，并且很快就被多国商用，紧随欧洲之后，美国、日本也相继推出自己的数字系统。由于数字系统克服了第一代通信系统的某些缺陷，因此，相对于模拟移动通信系统具有很明显的优越性，导致了它的发展极为迅速，数字移动系统又被称为第二代移动系统（2G），它的移动终端主要是初期的智能终端和非智能终端，其主要的增值业务为无线应用协议（wireless application protocol）的应用、短信和彩信。

无线应用协议技术是第二代移动商务系统的基础和核心技术，它可以实现用户通过手机浏览网页而获取信息，从该功能上也可以看出它部分地解决了一代技术存在的问题。后来，为满足人们对不同信息形式的需求，2G系统也由最初单纯的语音通信增加到提供语音、图像及文字等综合信息的传输，并能通过无线接入因特网。但由于该技术在网页访问的交互能力比较差，因此，移动电子商务系统的灵活性和方便性受到极大的限制，使得第二代技术难以满足用户的诸多要求。

3. 第三代移动通信技术

第三代移动通信技术（3G）是指支持高速数据传输的蜂窝移动通信技术，3G服务代表特征是能够提供高速数据业务，因为该技术能够同时传送声音（通话）及数据信息（电子邮件、即时通信等）。

无线电管理大会于1992年的年会决定开发第三代移动通信系统，在IMT-2000的框架机构中，主要技术标准包括中国的TD-SCDMA系统、美国的CDMA2000系统和欧洲的WCDMA系统，我国首次提出的TD-SCDMA系统作为一种国际通信标准，是中国移动通信发展史上里程碑式的重要事件。

2009年1月7日，我国工业和信息化部宣布，以TD-SCDMA技术制式为基础，授予中国移动通信集团公司第三代移动通信3G业务经营许可，以CDMA2000技术为基础，授予中国电信集团公司3G业务经营许可，将增加基于WCDMA技术制式的3G业务经营许可授予中国联合网络通信集团公司，这标志着我国三大电信运营商已经拥有发展第三代移动通信的资格与能力。

4. 第四代移动通信技术

第四代移动通信技术（4G）可以提供150 Mbit/s的高质量的影像服务，首次实现三维图像的高质量传输并具有超过2 Mbit/s的非对称数据传输能力，包括宽带（broad-band）接入和无线分布网络。4G在提供无线服务时可以在任何地方实现宽带接入互联网，为用户提供信息通信以外的定位定时、数据采集等综合功能，并通过宽带接入IP系统。

长期演进技术（long term evolution，LTE）是第四代移动通信的主流技术。依据双工方式的不同，LTE技术可分为TD-LTE（分时长期演进）模式和FDD-LTE（频分双工长期演进）模式。两者的核心网系统完全兼容，区别仅表现在网侧设备接入方面。

2013年12月4日下午，工业和信息化部向中国移动、中国电信、中国联通正式发放了第四代移动通信业务牌照，中国移动、中国电信、中国联通三家均获得TD-LTE牌照，此举标志着中国电信产业正式进入了4G时代。

（二）无线城域网

无线城域网（WMAN）使用户可以在城区的多个场所之间创建无线连接，而不必花费高昂的费用铺设光缆、铜质电缆和租用线路。此外，当有线网络的主要租赁线路不能使用时，无线城域网还可以作备用网络使用。

WiMAX（world interoperability for microwave access）是典型的城域网技术。WiMAX，即全球微波接入互操作性，是一项基于IEEE 802.16标准的宽带无线接入城域网技术（broad-band wireless access metropolitan area network）。运营商部署一个信号塔，就能得到50km的覆盖区域。覆盖区域内任何地方的用户都可以立即启用互联网连接。

（三）无线局域网

无线局域网（WLAN）可以使用户在本地创建无线连接（例如，在公司或校园的大楼里，或在某个公共场所，如机场）。无线局域网可用于临时办公室或其他无法大范围布线的场所，使用户可以在不同时间、在办公楼的不同地方工作。无线局域网以两种不同方式运行。在基础结构无线局域网中，无线站（具有无线电网卡或外置调制解调器的设备）连接到无线接入点，后者在无线站与现有网络中枢之间起桥梁作用。在点对点（临时）无线局域网中，有限区域（如会议室）内的几个用户可以在不需要访问网络资源时建立临时网络，而无需使用接入点。

1997年，美国电气电子工程师协会（IEEE）批准了用于无线局域网的802.11标准，这个协议被称为Wi-Fi（wireless fidelity）。

从1997年的802.11标准出发，美国电气电子工程师协会连续推出了IEEE 802.11b标准；802.11g/a标准；802.11n标准。Wi-Fi的无线传输速率从最初的2Mbit/s提升至150Mbit/s、300 Mbit/s、450 Mbit/s，600 Mbit/s甚至是1.3Gbit/s或更快。

（四）无线个人局域网

无线个人网局域网（WPAN）技术可以使用户在小空间范围内（如一个房间）为其设备构

建通信网络。最典型的无线个人网络技术是蓝牙（bluetooth）。1998 年 5 月，爱立信、诺基亚、东芝、IBM 和英特尔公司等五家著名厂商，在联合开展短程无线通信技术的标准化活动时提出了蓝牙技术，其宗旨是提供一种短距离、低成本的无线传输应用技术。这五家厂商还成立了蓝牙特别兴趣组，以使蓝牙技术能够成为未来的无线通信标准。

知识拓展

蓝牙技术联盟（bluetooth SIG）负责推动蓝牙技术的发展。2012 年蓝牙技术联盟推出了蓝牙 4.0 标准。相比 3.0 标准，蓝牙技术进一步降低了功耗，并且也提高了传输效率。详细内容可浏览蓝牙技术联盟的官方网站。

二、移动终端

移动终端或者叫移动通信终端是指可以在移动中使用的计算机设备，广义的讲包括手机、笔记本、平板电脑，甚至包括车载电脑。芯片技术的发展使得移动终端已经拥有了强大的处理能力，从简单的通话工具变为一个综合信息处理平台。

阅读案例

图 7.1　特斯拉 Model S 电动汽车中控台

特斯拉汽车公司是全球最著名的电动汽车生产商，Model S 是由特斯拉汽车公司制造的全尺寸高性能电动轿车，2012 年正式销售。特斯拉 Model S 车内最大的亮点莫过于中控台上的 17 英寸液晶触屏电脑（见图 7.1）。控制冷气功能的按钮、车门锁、车内灯、天窗控制等功能，全部整合到配备了英伟达处理器的平板电脑内。这套系统也提供了上网、导航、影音等功能。

（一）移动终端操作系统

这里主要介绍以下几种移动终端操作系统，并对它们进行比较。

1. Windows Phone

Windows Phone 是微软发布的一款手机操作系统，希望能够借此与苹果和谷歌的移动操作系统进行对抗。Windows Phone 8 采用与桌面操作系统 Windows 8 相同的内核，开发者仅需做很少改动就能让应用在两个平台上运行。

2. 安卓

安卓（Android）一词的本义指“机器人”，同时也是谷歌公司于 2007 年 11 月 5 日宣布的基于 Linux 平台的开源手机操作系统的名称，该平台由操作系统、中间件、用户界面和应用软件组成。

安卓的系统架构和其他操作系统一样，采用了分层的架构。从架构图看，安卓结构分为四个层，从高层到低层分别是应用程序层、应用程序框架层、系统运行库层和 Linux 内核层。安卓系统的五大优势是开放性、挣脱运营商的束缚、丰富的硬件选择（数据同步、软件兼容）、不受任何限制的开发商、无缝结合的谷歌应用。

3. iOS

iOS 是由苹果公司开发的移动操作系统。苹果公司最早于 2007 年 1 月 9 日公布这个系统，最初是设计给 iPhone 使用的，后来陆续套用到 iPod touch、iPad 以及 Apple TV 等产品上。原本这个系统名为 iPhone OS，因为 iPad、iPhone、iPod touch 都使用 iPhone OS，所以 2010 年苹果宣布改名为 iOS。

（二）移动终端应用商店

移动终端应用商店是基于智能移动终端的应用软件依附的商店统称，它可以向智能移动终端的用户直接提供下载第三方开发商的应用软件服务，这是由苹果公司首先开创的一个让移动网络与手机平台相融合的新型经营模式，它从根本上改变了以往开发平台的封闭性以及发售渠道的唯一性。

这种新兴的产业形态打破了移动应用服务以传统电信运营商为中心的封闭模式，形成了以终端设备商、操作系统厂商、第三方服务企业等多元主体为核心的开放服务模式。一时间，各种应用商店如雨后春笋般涌现。

移动应用商店作为移动应用服务的主要载体，是实现终端用户、开发者、终端厂商资源聚合和服务精准匹配的中心环节，已经成为构建整个移动互联网产业生态体系的关键要素。苹果 App Store、谷歌 Google Play 和微软 Marketplace 三大应用商店居于市场领先地位，实现了海量化的应用服务集聚，并创造了长尾化的应用经济范式。

我国应用商店的发展正在向国际化趋势靠拢，并形成了多种产业形态。除了早期脱胎于技术论坛的第三方应用商店之外，各大终端厂商、电信运营商也都推出了自己的应用商店，再加上传统互联网巨头的进入，应用商店这一市场的竞争日趋激烈。

随着传统互联网巨头在移动互联网产业垂直化布局的不断深入，智能手机和手机固件产品等领域不断成为继应用商店之后的应用服务入口争夺的新阵地。互联网企业通过介入互联网手机制造和手机固件产品开发等产业链上游环节来预装自身核心业务，并向应用商店等基础服务反向拓展延伸，试图重构以自身服务为核心的移动互联网应用服务平台。现阶段，百度、腾讯、阿里巴巴等互联网巨头，纷纷凭借在传统互联网应用服务中资金、技术和用户等诸多优势与广大手机制造商广泛开展跨界合作，实现服务与制造的深度耦合，其他第三方移动应用商店将面临巨大的市场冲击，未来发展格局仍存在变数。

第二节　移动电子商务概述

无线技术的发展带动了移动电子商务的发展，传统的电子商务也开始由桌面互联网拓展到移动网络。

一、移动电子商务的概念

所谓移动电子商务，是指利用手机、平板电脑等移动通信设备与因特网有机结合，进行电子商务活动。移动电子商务包括移动支付、移动股市、移动银行与移动办公等，移动电子商务能提供个人信息服务（PIM）、银行业务、交易、购物、基于位置的服务（location based service）、娱乐等服务。

与传统电子商务相比，移动电子商务具有更广阔的发展空间，因为它能利用最新的移动通信技术派生出更有价值的商业模型。移动电子商务的概念衍生自传统电子商务，但不能简单地将移动电子商务认为是传统电子商务的扩展。移动电子商务与传统电子商务的区别在于其服务对象的移动性、服务要求的即时性、服务终端的私人性和服务方式的方便性。

二、移动电子商务的优势

1. 具有随时随地的特点

移动电子商务的最大特点是“随时随地”和“个性化”。传统电子商务已经使人们感受到了网络所带来的便利和快乐，但它的局限在于它必须有线接入，而移动电子商务则可以弥补传统电子商务的这种缺憾，可以让人们随时随地结账、订票或者购物，感受独特的商务体验。

2. 用户规模大

中国互联网络信息中心发布的《第 34 次中国互联网络发展状况调查统计报告》显示，截至 2014 年 6 月，中国网民规模达 6.32 亿，其中手机网民规模达到 5.27 亿，手机上网的网民比例为 83.4%，首次超越 80.9%的传统桌面电脑上网比例，手机作为第一大上网终端设备的地位更加巩固。

3. 能较好确认用户身份

对传统的电子商务而言，用户的消费信用问题一直是影响其发展的一大问题，而移动电子商务在这方而显然拥有一定的优势。这是因为手机号码具有唯一性，手机 SIM 卡片上存储的用户信息可以确定一个用户的身份，而随着未来手机实名制的推行，这种身份确认将越来越容易。对于移动商务而言，这就有了信用认证的基础。

4. 定制化服务

由于移动电话具有比桌面电脑更高的可连通性与可定位性，因此，移动商务的生产者可以更好地发挥主动性，为不同顾客提供定制化的服务。例如，开展依赖于包含大量活跃客户和潜在客户信息的数据库的个性化短信息服务活动，以及利用无线服务提供商提供的人口统计信息和基于移动用户当前位置的信息，商家可以通过具有个性化的短信息服务活动进行更有针对性的广告宣传，从而满足客户的需求。

5. 移动电子商务易于推广使用

移动通信所具有的灵活、便捷的特点，决定了移动电子商务更适合大众化的个人消费领域，如自动支付系统（包括自动售货机、停车场计时器等）；半自动支付系统（包括商店的收银柜机、出租车计费器等）；日常费用收缴系统（包括水、电、煤气等费用的收缴等）；移动互联网接入支付系统（包括利用应用软件购物等）。

三、移动电子商务的发展现状

1. 美国移动商务的发展

据统计，2004—2007 年无线领域以年平均增长率 9.1%的速度增长，达到 1908 亿美元的规模。美国移动电话市场的格局是：Verizion 无线、Cingular 和 AT&T 无线三家公司前面领跑，Springt PCS、T-Mobile USA 和 Nextel 通信三家公司紧随其后。

艾瑞咨询根据整理 eMarketer 研究数据发现，2013 年美国移动电子商务交易额达 388.4 亿美元，相比 2012 年的 248.1 亿美元增长 56.5%，预计到 2017 年，移动电子商务交易额将达到 1085.6 亿美元。

2. 欧洲移动商务的发展现状

在欧洲聚集着诸多世界顶尖的移动网络设备制造商、移动通信设备制造商、移动终端设备制造商、IC 卡制造商以及移动运营商，这为欧洲国家开展移动电子商务业务供了技术前提；欧洲人均收入水平高，移动终端用户数量大；虽然欧洲同样拥有众多移动运营商，但不同于美国的是，欧洲绝大多数移动通信的制式为 GSM，为移动电子商务业务的开展提供了统一的标准；这些因素都使得欧洲成为世界上移动增值业务和移动电子商务开展较成熟的地区。

3. 中国移动电子商务的发展

2013 年 12 月 4 日，工业和信息化部向中国移动、中国联通和中国电信颁发了三张 4G 牌照，这标志着我国移动通信正式进入 4G 时代。根据业内预测，4G 网络前期建设拉动投资规模约 5000 亿元，网络正式商用后，还将带动终端制造和软件等上下游行业，产业规模有望突破万亿元大关。在 3G 时代扭转的三大运营商竞争格局，也许会在即将到来的 4G 时代被再次打破。

根据互联网咨询公司艾瑞咨询发布的相关研究报告显示，2013 年第三方移动支付市场交易规模达 12197.4 亿，同比增速 707.0%。移动电子商务已经成为各个产业链竞相争夺的巨大蛋糕，市场前景广阔。但国内移动电子商务还处于发展初期，信用缺失、移动支付体系不完善、商业模式不清晰等众多因素导致前期市场培育受到一定阻碍。随着 4G 时代到来及用户对手机网购的认知逐步提高，移动商务等增值业务越来越受到运营商、服务商、终端厂商等从业企业的青睐，同行竞争、异域融合将成为未来移动电子商务的发展趋势。

政策方面，为全面贯彻《2006—2020 年国家信息化发展战略》《国民经济和社会发展第十二个五年规划纲要》和《国务院办公厅关于加快电子商务发展的若干意见》，工业和信息化部制定了《电子商务“十二五”发展规划》。规划中指出：要鼓励各类主体加强合作，拓展基于新一代移动通信、物联网等新技术的移动电子商务应用。推动移动电子商务应用从生活服务和公共服务领域向工农业生产和生产性服务业领域延伸，积极推动移动电子商务在“三农”等重点领域的示范和推广。加强移动电子商务技术与装备的研发力度，完善移动电子商务技术体系。加快制定和完善移动电子商务相关技术标准和业务规范。

另外，一些新的技术如移动定位、二维码及移动支付为移动电子商务提供了技术支持。通过二维码的识读和被读，引导用户进入商家站点，降低用户进入移动电子商务界面的门槛；移动定位业务基于对用户信息数据库的掌控基础，有效为商家实现精准营销，充分体现了移动电子商务分众、定向、及时和互动的优势；移动支付则为移动电子商务的应用提供了安全便捷的支付通道和技术支持。

第三节　移动电子商务的典型应用

一、移动金融

移动金融的形态很多，下面介绍与我们生活密切相关的移动支付、移动银行和移动股市服务。

1. 移动支付

移动支付也称为手机支付，就是允许用户使用其移动终端（通常是手机）对所消费的商品或服务进行账务支付的一种服务方式。整个移动支付价值链包括移动运营商、支付服务商（如银行、银联等）、应用提供商（公交、校园、公共事业等）、设备提供商（终端厂商、卡供应商、芯片提供商等）、系统集成商、商家和终端用户。移动支付技术实现方案主要包括条形码、近距离无线通信技术（NFC）、微信支付、手机刷卡器等。

移动支付产业属于新兴产业，2013 年，移动商务市场爆发出巨大的市场潜力。手机网络购物在移动端商务市场发展迅速，用户规模达到 1.44 亿。作为 PC 端网络购物渠道的补充，手机网络购物用户规模增长迅速得益于以下三个因素：第一，手机独有的功能（扫码、扫图片等）和使用便利性提高了用户购物过程的决策效率；第二，电商企业在手机端的大力推广，对手机用户网络购物产生一定的推动作用；第三，手机特有的本地化电子商务拓展了用户手机端购物渠道。

我国已开展了多个双界面 SIM 卡，此卡是拥有移动支付功能的手机卡）试点应用，包括中国移动集团、湖南移动、厦门移动、苏州移动、广东移动以及大连移动等。其中，湖南移动 2006 年下半年开始进行双界面 SIM 卡试点工作，试用人数达 500 人，应用包括湖南移动办公大楼门禁、食堂消费、小卖部消费、美容美发消费及停车场缴费，已进入正常使用状态。如此项技术普及，乘坐公交车、地铁、出租或超市购物、餐馆就餐、加油站加油等可实现真正的“一卡通”。

2. 移动银行

移动银行服务是无线通信技术与银行业务结合的产物。简单地说就是以手机等移动终端作为银行业务平台中的客户端来完成某些银行业务。它将无线通信技术的优势应用到金融业务中，为客户提供在线的、实时的服务。其主要技术模式是以银行服务器作为虚拟的金融服务柜台，客户利用移动支付终端通过移动通信网络与银行建立连接，在银行提供的交互界面上进行操作，完成各种金融交易。

国内移动银行的主要形式还是手机银行业务，手机银行是将银行业务中有关客户端使用平台的某些业务移到了手机上。国内各大商业银行大都推出手机银行服务，基本实现了银行的各类基础业务。以中国工商银行为例，其手机银行服务已经能够覆盖大部分手机用户，客户可以获得 7×24 小时全天候的服务：查询账户、转账/汇款资金瞬间到账、捐款、缴纳电话费和手机话费、网上消费实时支付等。

3. 移动股市服务

移动股市服务使用户通过手机可以随时随地查询价格和股市行情，还可以运用相关软件进行股票交易。移动股市提供中文菜单界面，用户只需滚动选择，就能完成多项操作。如行情查询业务可以进行个股查询，包括上证、深证、恒生、道琼斯指数、日经指数、伦敦指数及其他股票信息；到价提示服务可以对用户心中某股票的价位，分别作价位设置、查询及清除操作；

股票交易业务可以使用户方便快捷地在手机上对深沪两地交易所的股票进行委托买入、委托卖出、委托撤单、资金查询、股份查询、委托查询、成交查询等各项操作。

二、移动购物

移动终端为消费者提供了一种更便捷的购物体验（见图 7.2）。利用电子商务企业开发的客户端应用购物是比较常见的形式。例如，在 2014 年“双十一”购物节中阿里移动端成交额达到 243 亿，无线端销售额占到总成交额的 42.6%。

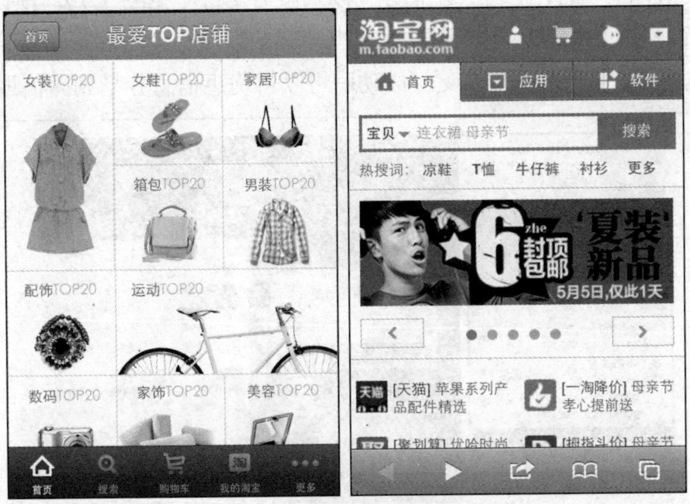

图 7.2　淘宝购物客户端

扫描二维码购物是另一种移动购物方式。韩国零售企业特易购（Tesco）公司是一个典型的案例。据媒体报道，2011 年特易购公司在首尔的地铁站里推出了“移动超级市场”服务（见图 7.3），消费者们能够迅速地扫描选购需要的商品。晚上，当他们回到家中时，这些货物早已送达，凭借这一举措，特易购迅速成为了韩国在线零售业务的领跑者。

图 7.3　特易购的二维码超市

移动网购的高速发展主要得益于以下原因：一方面，传统电商巨头着重培养用户移动端使用习惯，加强用户体验，加大移动端促销力度；另一方面，我国的网络覆盖系统日趋完善，更多手机、平板电脑的用户开始利用碎片时间，移动网购成为用户填补碎片时间的一大选择。

三、O2O 电子商务

O2O 电子商务是线上（Online）线下（Offline）相互结合的商业模式。线下商家通过免费开网店将商家信息、商品信息等展现给消费者，消费者通过线上筛选商品，线下体验服务，成交可以在线上进行支付。这样既能极大地满足消费者个性化的需求，也节省了消费者因在线支付而没有去消费的费用。商家通过网店信息传播得更快、更远、更广的特点，可以瞬间聚集强大的消费能力。该模式的主要特点是商家和消费者通过 O2O 电子商务满足了双方的需要。

O2O 提供丰富、全面、及时的商家团购、折扣、免费信息，能够快捷筛选并体验商品或服务。对消费者来说，通过线上筛选服务，线下比较、体验后有选择地进行消费，不仅满足了消费者个性化的需求，也节省了消费者因在线支付而没有去消费的费用。还避免了定制类实体商品与消费者预定不符，一旦质量低于预期，甚至极为低劣，消费者处于被动境地的麻烦。

O2O 电子商务广泛应用于在线旅游、房地产、订票、移动互联网、餐饮、汽车租赁、电子优惠券、奢侈品、打车软件等诸多领域。

例如，大众点评的“餐厅在线预订业务”接入微信支付（见图 7.4），预订加支付的体验已在上海约 100 家商户展开试点。用户通过大众点评客户端预订，然后到试点商家消费后，可使用微信支付买单。预订用户通过微信支付成功后可以将优惠信息分享到微信朋友圈。

图 7.4　大众点评“餐厅在线预订业务”截图

大众点评的“餐厅在线预订业务”打通了“预订+支付”的消费闭环，用户的消费数据会沉淀在大众点评一端，商家可通过点评的商户后台查看、管理。同时，点评的“餐厅在线预订业务”支持微信支付成功后分享到朋友圈，则是利用微信强大的熟人关系链进行二次传播，完成社会化营销。

四、OTT 通信

OTT 是“over the top”的缩写，是通信行业非常流行的一个词汇，这个词汇来源于篮球等体育运动，是“过顶传球”之意，指的是球类运动员在他们头之上来回传送而到达目的地。OTT 通信可以理解为互联网公司越过电信运营商，发展基于开放互联网的各种通信业务。

较早开展此类业务的有美国的 Skype 公司。Skype 通过网络电话服务，让用户免费与其他用户语音对话，也可以拨打国内国际电话。在国内，微信是最成功的 OTT 通信软件。微信利用无线互联网传输通信数据，绕开了运营商的语音网络，已经对传统电信运营商的核心业务产生了重大影响。

五、移动娱乐

移动娱乐业务种类繁多，包括移动游戏、移动视频、移动音乐等。移动娱乐有机会成为移动产业最大的收入来源。

1. 移动游戏

移动游戏产品具有内容简单有趣、操作简捷、适合碎片化时间的特点，因此迅速被各类人群所接受。这其中包括工作忙碌、时间有限的上班族，以放松休闲为目的的女性白领，以益智或传统棋牌娱乐为目的的中老年和儿童群体等。

尼尔森最新的《2014 年中国手机游戏用户洞察》的研究显示，47%的手游用户每天都会玩游戏，88%的手游用户在玩游戏的当天会登录两次及以上，而 94%手游用户每次玩游戏的时间会在 10 分钟以上。手游正逐渐成为一种固定化的生活习惯。

2. *移动视频*

相比于桌面端的视频服务市场的饱和状态，移动视频市场则处于快速发展阶段，各大视频服务商都将发展重心转移到了手机视频市场。特别是随着中国 4G 网络商用启动，手机用户观看视频的门槛将大大降低，手机视频也将迎来新的发展机遇。在手机视频市场已完成初期用户积累和培育的情况下，未来手机视频市场随着 4G 网络发展可能呈现阶段性的爆发增长。

3. *移动音乐*

音乐是移动互联网用户刚性需求之一。根据中国文化部发布的《2013 中国网络音乐市场年度报告》显示，截至 2013 年年底，中国手机音乐用户人数由 2012 年的 0.96 亿增长到 2013 年的 2.91 亿。

"社交化" 是移动音乐市场发展的新趋势。如 "网易云音乐"，以歌单、DJ 节目、社交、地理位置为核心要素，主打发现和分享，将社交元素融入移动音乐。QQ 音乐也推出 "音乐圈"，提出通过社交的方式来过滤海量信息。多米音乐推出的 "音乐社交圈"，还加入了秒杀功能和电商入口。除了社交元素，众多移动音乐应用也在其他方式加强差异化竞争，如酷我音乐 2014 年安卓版换肤功能允许用户将任意图片设定为皮肤背景。

六、基于位置的服务

利用能够提供定位服务的全球定位系统，可以确定移动设备的位置，这是移动商务的一种价值增值特性。规范地说，基于定位的移动商务是指运用全球定位系统或类似的技术（如基于广播站或移动电话系统的三角测量），根据用户的位置来交付产品或服务。基于定位的服务对于消费者和企业都具有吸引力，从消费者和企业的角度来看，定位提供了安全性（应急无线电通信业务可以精确地定位移动设备机主的确切位置）、便利性（某个用户无须查看姓名地址录、付费电话或者查地图就可以知道附近有什么）和生产率（通过确定附近感兴趣的地点从而优化时间的利用）。从供应商的角度来看，基于定位的移动商务为更精确地满足客户需求创造了机会。

基于定位的移动商务所提供的服务主要集中于以下五个领域。

（1）定位，确定某人或者某物体（如汽车或轮船）的确切位置。

（2）导航，指明从一个位置到另一个位置的路线。

（3）跟踪，监测某人或者某物体（如包裹或车辆）。

（4）绘图，绘制特定区域的地图。

（5）定时，在特定的地点确定精确的时间。

本章小结

移动通信技术和设备的发展，促使移动电子商务成为未来商务发展的重要趋势之一。本章介绍了移动通信技术的发展历史，阐述了移动电子商务的内涵，并从移动金融服务、移动购物、O2O电子商务模式、OTT通信、移动娱乐和基于位置的服务等几个方面对移动电子商务进行了深入描述。

课后练习与实践训练

一、判断题

1. 第四代移动通信技术的数据速率从2Mbit/s提高到100Mbit/s。(　　)

2. 移动终端就是在移动通信设备中，终止来自或送至网络的无线传输，并将终端设备的能力适配到无线传输的部分。(　　)

3. O2O电子商务是线上（Online）网店线下（Offline）消费，线下商家通过免费开网店将商家信息、商品信息等展现给消费者，消费者通过线上筛选商品，线下体验服务，成交可以在线上进行支付。(　　)

4. 移动银行服务是无线通信技术与银行业务结合的产物。简单地说就是以手机、平板电脑等移动终端作为银行业务平台中的客户端来完成某些银行业务。(　　)

5. O2O电子商务广泛应用于在线旅游、房地产、订票、移动互联网、餐饮、汽车租赁、电子优惠券、奢侈品、打车软件等诸多领域。(　　)

6. 第三代移动通信可以在不同的固定、无线平台和跨越不同频带的网络中提供无线服务，可以在任何地方用宽带接入互联网（包括卫星通信和平流层通信），能够提供定位定时、数据采集、远程控制等综合功能。(　　)

7. 移动应用商店作为当前移动应用服务的主要载体，是实现终端用户、开发者、终端厂商资源聚合和服务精准匹配的中心环节，已经成为构建整个移动互联网产业生态体系的关键要素。(　　)

8. O2O能够提供丰富、全面、及时的商家团购、折扣、免费信息，能够快捷筛选并体验商品或服务。不仅满足了消费者个性化的需求，也节省了消费者因在线支付而没有去消费的费用。(　　)

二、多项选择题

1. 无线网络根据传输距离可以分为(　　)。

A. 无线广域网　　B. 无线城域网　　C. 无线局域网　　D. 无线个人网

2. 移动电子商务与传统电子商务的区别在于(　　)。

A. 服务对象的移动性　　B. 服务要求的即时性

C. 服务终端的私人性　　D. 服务方式的方便性

3. 移动购物入口主要有(　　)。

A. 与PC端的网络购物类似　　B. 二维码

C. 移动社交　　D. WAP

4. 移动电子商务的主要参与者有(　　)。

A. 移动用户　　B. 移动门户　　C. 移动网络运营商　　D. 内容提供商

5. 无线网络的连接设备有(　　)。

A. 无线接入点　　B. 无线网桥　　C. 无线网卡　　D. 无线广域网

三、简答题

1. 简述移动电子商务的定义及优势。

2. 我国移动电子商务主要的应用领域有哪些？试举一个应用实例。思考影响我国移动电子商务发展的主要因素。

3. 支撑移动电子商务发展的主要技术有哪些？思考4G网络商用化之后对移动电子商务发展的影响。

4. 移动电子商务的优势有哪些？

5. 概述移动电子商务的应用。

6. 概述O2O电子商务模式的应用范围。

7. 移动终端的特征有哪些？

8. 移动电子商务商业模型的参与者有哪些？

9. 基于定位的移动商务所提供的服务主要集中于哪些领域？

四、实践训练

下载一个移动购物终端，完成下列任务：

（1）利用移动购物终端购买一件商品；

（2）记录购买商品过程中的详细流程；

（3）完成购物后，思考如下问题：移动购物与桌面互联网购物相比，有什么特点？什么因素制约了移动购物的消费体验？针对移动购物你有什么建议？

（4）完成实训报告。

拓展学习指南

1. 二维码购物在日本和韩国都有过成功的商业实践。以下视频向我们展示了乐购超市在韩国开展二维码销售的商业实践。

2. NFC 技术被视为未来移动支付的主流技术，以下视频为我们描述了NFC支付的场景。

二维码购物

NFC 支付

3. O2O电子商务仍然是一个存在争议的话题。有关详细的O2O商业实践可以参考机械工业出版社2013年出版张波撰写的《O2O移动互联网时代的商业革命》一书。

第八章　电子商务支付

【学习要点及目标】

1. 理解有关电子支付的概念。
2. 了解有关虚拟货币的概念及分类。
3. 理解网络支付的形式。
4. 理解网上银行的概念与运作模式。

【核心概念】

电子支付　网上支付　第三方支付　网络银行　虚拟货币　支付安全

引导案例

龙卡电子钱包——新一代全球网络支付工具

据2014年4月29日《新快报》报道 跨境网络消费支付有了更快捷安全的产品。2014年3月21日，中国建设银行与万事达卡国际组织携手推出龙卡电子钱包，使中国消费者成为亚洲地区首个使用这一全新跨境互联网支付工具的群体，感受崭新的全球购物体验，并将推动中国支付行业进入新的阶段。

龙卡电子钱包是依托万事达卡国际组织先进的Master Pass平台，针对具有跨境网络消费需求的“海淘”客户推出的跨境网络支付工具，持卡人注册龙卡电子钱包后，支付时只需登录龙卡电子钱包，通过点击已绑定的信用卡和配送地址，无需输入卡号和个人信息，即可实现“一键式支付”。同时，龙卡电子钱包提供多重安全保障，确保信息安全和在线支付交易安全，为客户提供更安全的跨境互联网支付环境。客户可在任何带有Master Pass受理标识的全球跨境互联网商户进行在线购物并通过龙卡电子钱包完成支付。受理商户达700余家，遍布美国、加拿大、英国和澳大利亚等国，商户类型多样，商品丰富。

2011—2013年，使用建设银行信用卡的跨境网络消费交易均出现两位数的快速增长。2013年建设银行信用卡网络消费交易近千亿元。

案例导学：跨境互联网消费已经成为电子商务发展的新趋势。此次推出龙卡电子钱包是建行紧跟互联网金融发展趋势，通过与万事达的合作，为消费者提供了全新的消费体验。支付活动是电子商务又一个重要支撑系统。互联网支付已经成为电子商务最重要的支付手段，本章将围绕虚拟货币、第三方支付和网络银行开展讨论。

第一节　电子支付概述

一、电子支付的概念

电子支付，指的是电子交易的当事人，包括消费者、厂商和金融机构，以金融电子化网络为基础，以商用电子化机具和各类交易卡为媒介，以计算机技术和通信技术为手段，以电子数据形式存储在银行的计算机系统中，使用安全电子支付手段通过计算机网络系统进行的货币支付或资金流转。

电子商务的应用普及必须有金融电子化作保证，即通过良好的网上支付与结算手段提供高质高效的电子化金融服务。信息技术和网络为金融电子化创造了条件，电子银行、电子钱包、电子付款以及智能信用卡等已开始应用。但是，要真正发挥金融电子化对电子商务的保证作用，还需要建立完整的网络电子支付系统，提供验证、银行转账对账、电子证券、账务管理、交易处理、代缴代付、报表服务等全方位的金融服务和金融管理信息系统。因此，电子支付是电子商务发展中资金流的重要组成部分，它的发展直接决定了电子商务的成败。

二、电子支付与传统支付方式的区别

电子支付与传统支付方式的区别主要有以下几点。

（1）电子支付是采用先进的技术通过数字流转来完成信息传输的，其各种支付方式都是采用数字化的方式进行款项支付的；而传统的支付方式则是通过现金的流转、票据的转让及银行的汇兑等物理实体的流转来完成款项支付的。

（2）电子支付的工作环境是基于一个开放的系统平台（即互联网）之中；而传统支付则是在较为封闭的系统中运作。

（3）电子支付使用的是最先进的通信手段，如互联网；而传统支付使用的则是传统的通信媒介。电子支付对软、硬件设施的要求很高，一般要求有联网的微机、相关的软件及其他一些配套设施；而传统支付则没有这么高的要求。

（4）电子支付具有方便、快捷、高效、经济的优势。用户只要拥有一台上网的计算机，便可足不出户，在很短的时间内完成整个支付过程。支付费用仅相当于传统支付的几十分之一，甚至几百分之一。

知识拓展

微信支付

微信支付是由腾讯公司知名移动社交通信软件微信及第三方支付平台财付通联合推出的移动支付创新产品，微信支付于 2008 年 11 月 8 日 9 时 11 分正式上线，旨在为广大微信用户及商户提供更优质的支付服务，微信的支付和安全系统由腾讯财付通提供支持。财付通是持有互联网支付牌照并具备完备的安全体系的第三方支付平台。

用户只需在微信中关联一张银行卡，并完成身份认证，即可将装有微信的智能手机变成一个全能钱包，之后即可购买合作商户的商品及服务，用户在支付时只需在自己的智能手机上输入密码，无需任何刷卡步骤即可完成支付，整个过程简便流畅。

三、电子支付系统的构成要素

电子支付与结算过程涉及客户、商家、银行或其他金融机构、商务认证管理部门，因此，支撑电子支付的体系可以说是融购物流程、支付与结算工具、安全技术、认证体系、信用体系，以及金融体系为一体的综合系统。其中客户与商家分别代表在网上开展商务交易的双方，即卖方与买方；客户的开户银行，称为支出行或付款行；商家的开户行称为接收行或执行行；认证中心是商务活动的第三方认证机构，且向商务活动各方发放、验证各种认证安全工具。

基于互联网公共网络平台的电子商务电子支付体系的基本构成主要涉及七大要素。

（1）客户，一般是指在互联网上与某企业或商家有商务交易关系并且存在未清偿的债权、债务关系的单位和个人。客户用自己拥有的电子支付工具（如信用卡、电子钱包、电子支票等）发起支付，它是电子支付体系运作的原因和起点。

（2）商家，可以根据客户发起的支付指令向中介的金融机构请求获取货币的给付，即请求结算。商家一般设置一台专门的服务器来处理这一过程，包括身份认证及不同电子支付工具的处理。

（3）客户开户行，是指客户在其中拥有资金账户的银行，客户所拥有的电子支付工具主要是由开户行提供的。客户开户行在提供电子支付工具的时候，同时提供一种银行信用，即保证支付工具是真实的，并可以兑付的。在利用银行卡进行电子支付的体系中，客户开户行又被称为发卡行。

（4）商家开户行，是商家在其中开设资金账户的银行，其账户是整个支付与结算过程中资金流向的地方。商家将收到的客户支付指令提交其开户行后，就由开户行进行支付授权的请求，以及进行商家开户行与客户开户行之间的清算工作。商家开户行是依据商家提供的合法账单（客户的支付指令）来工作的，因此又被称为收单行或接收行。

（5）支付网关（payment gateway），是互联网公用网络平台和银行内部的金融专用网络平台之间的安全接口，电子支付的电子信息必须通过支付网关进行处理后才能进入银行内部的支付结算系统，从而完成安全支付的授权。支付网关的建设关系着整个电子支付结算的安全和银行自身的安全，关系着电子商务支付结算的安全及金融系统的风险。这就要求支付网关必须由商家和第三方银行或委托的信用卡发行机构来建设相应的支付结算服务。

（6）金融专用网，是银行内部及各个银行之间进行通信的专用网络，不对外开放，因此具有很高的安全性。在我国国家金融通信网上，运行着中国国家现代化支付系统、中国人民银行电子联行系统、工商银行电子汇兑系统、银行卡授权系统等。我国传统商务中的电子支付与结算应用如信用卡 POS 机支付结算、ATM 资金存取、电话银行系统，均运行在金融专用网上。

（7）认证中心（CA），认证中心是主要负责为互联网上参与网上电子商务活动的各方发放与维护数字证书，以确认各方的真实身份，保证电子商务支付与结算的安全有序进行。

四、中国现代支付系统

中国现代化支付系统（CNAPS）是中国人民银行按照我国支付清算需要，并利用现代计算机技术和通信网络自主开发建设的，能够高效、安全处理各银行办理的异地、同城各种支付业务及其资金清算和货币市场交易的资金清算的应用系统。它是各银行和货币市场的公共支付清算平台，是人民银行发挥其金融服务职能的重要的核心支持系统。

1. 现代化支付系统的体系结构

中国人民银行通过建设现代化支付系统，将逐步形成一个以中国现代化支付系统为核心，商业银行行内系统为基础，各地同城票据交换并存，支撑多种支付工具的应用和满足社会各种经济活动支付需要的中国支付清算体系。

中国现代化支付系统建有两级处理中心，即国家处理中心（NPC）和全国省会（首府）及深圳城市处理中心（CCPC）。国家处理中心分别与各城市处理中心连接，其通信网络采用专用网络，以地面通信为主，卫星通信备份。

政策性银行和商业银行是支付系统的重要参与者。各政策性银行、商业银行可利用行内系统通过省会（首府）城市的分支行与所在地的支付系统深圳城市处理中心连接，也可由其总行与所在地的支付系统深圳城市处理中心连接。同时，为解决中小金融机构结算和通汇难问题，允许农村信用合作社自建通汇系统，比照商业银行与支付系统的连接方式处理；城市商业银行银行汇票业务的处理，由其按照支付系统的要求自行开发城市商业银行汇票处理中心，依托支付系统办理其银行汇票资金的移存和兑付的资金清算。

2. 中国现代化支付系统的主要参与者

中国现代化支付系统的主要参与者可分成直接参与者、间接参与者和特许参与者三类。

（1）直接参与者。中国人民银行地市以上中心支行（库）、在中国人民银行开设清算账户的银行和非银行金融机构与城市处理中心直接连接。

（2）间接参与者。中国人民银行县（市）支行（库）、未在中国人民银行开设清算账户而委托直接参与者办理资金清算的银行和经人民银行批准经营支付结算业务的非银行金融机构。不与城市处理中心直接连接，其支付业务提交给其清算资金的直接参与者，由该直接参与者提交支付系统处理。

（3）特许参与者。经中国人民银行批准通过支付系统办理特定业务的机构。在中国人民银行当地分支行开设特许账户，与当地城市处理中心连接。

第二节 虚拟货币

一、虚拟货币概述

以货币为介质的交易体系深深地影响着我们生活的方方面面，现实社会中货币交易的原则，正在越来越广泛地影响到互联网。除以纯粹交易为目的的网络交易平台外，网络游戏也正在体现其货币交易的强大能力，从QQ游戏、《传奇》到《魔兽世界》《天堂Ⅱ》，人们正在频繁地采用货币交易的形式完成各项“工作”，随着这些交易体系的日益完善，虚拟的网络世界与现实社会的关系也越来越密切。

1. 虚拟货币的概念

虚拟货币是指非真实的货币。知名的虚拟货币如百度公司的百度币、腾讯公司的Q币，Q点、盛大公司的点券，新浪推出的微币（用于微游戏、新浪读书等），侠义元宝（用于侠义道游戏），纹银（用于碧雪情天游戏），天地银行荣誉出品的冥币，2013 年流行的数字货币有比特币、莱特币、无限币、夸克币、泽塔币、烧烤币、便士币（外网）、隐形金条、红币、质数币，圈内流行“比特金、莱特银、无限铜、便士铝”的传说。

2. 虚拟货币的种类

如果不算上银行系统的电子货币，网络虚拟货币大致可以分为以下几种。

第一类是大家熟悉的游戏币。在单机游戏时代，主角靠打倒敌人、进赌馆赢钱等方式积累货币，用这些购买草药和装备，但只能在自己的游戏机里使用。那时，玩家之间没有“市场”。自从互联网建立起门户和社区、实现游戏联网以来，虚拟货币便有了“金融市场”，玩家之间可以交易游戏币。

第二类是门户网站或者即时通信工具服务商发行的专用货币，用于购买本网站内的服务。使用最广泛的当属腾讯公司的 Q 币，可用来购买会员资格、QQ 秀等增值服务。

第三类是互联网上的虚拟货币，如比特币（BTC）、莱特货币（LTC）等，比特币是一种由开源的 P2P 软体产生的电子货币，也有人将比特币意译为“比特金”，是一种网络虚拟货币。主要用于互联网金融投资，也可以作为新式货币直接用于生活中。

二、比特币

比特币（Bitcoin），是一种由开源的 P2P 软体产生的电子货币，也有人将比特币意译为“比特金”，是一种网络虚拟货币。比特币不依靠特定货币机构发行，它通过特定算法的大量计算产生，比特币经济使用整个 P2P 网络中众多节点构成的分布式数据库来确认并记录所有的交易行为。P2P 的去中心化特性与算法本身可以确保无法通过大量制造比特币来人为操控币值，基于密码学的设计可以使比特币只能被真实的拥有者转移或支付。这确保了货币所有权与流通交易的匿名性。

比特币可以用来套现，可以兑换成大多数国家的货币。使用者可以用比特币购买一些虚拟物品，比如网络游戏当中的衣服、帽子、装备等，只要有人接受，也可以使用比特币购买现实生活当中的物品。

比特币与其他虚拟货币最大的不同，是其总数量非常有限，具有极强的稀缺性。该货币系统曾在 4 年内只产生 1050 万个比特币，之后的总数量将被永久限制在 2100 万个之内。

1. 比特币的主要特征

比特币被设计为允许匿名的所有权与使用权，比特币既可以被以计算机文件的形式（wallet）保存在个人电脑中，也可以储存在第三方托管服务。不管以何种形式保存，比特币都可以通过比特币地址发送给互联网上的任意一个人。P2P 的分布式特性与不存在中央管理机制的设计确保了任何机构都不可能操控比特币的价值，或者制造通货膨胀。其主要特点如下。

（1）去中心化。比特币是第一种分布式的虚拟货币，整个网络由用户构成，没有中央银行。去中心化是比特币安全与自由的保证。

（2）全世界流通。比特币可以在任意一台接入互联网的电脑上管理。不管身处何方，任何人都可以挖掘、购买、出售或收取比特币。

（3）专属所有权。操控比特币需要私钥，它可以被隔离保存在任何存储介质。除了用户自己之外无人可以获取。

（4）低交易费用。可以免费汇出比特币，但最终对每笔交易将收取约 1 比特分的交易费以确保交易更快执行。

（5）无隐藏成本。作为由 A 到 B 的支付手段，比特币没有繁琐的额度与手续限制。知道对方比特币地址就可以进行支付。

（6）跨平台挖掘。用户可以在众多平台上发掘不同硬件的计算能力。

2. 比特币的优点

（1）完全去除中心化，没有发行机构，也就不可能操纵发行数量。其发行与流通通过开源的 P2P 算法实现。

（2）匿名、免税、免监管。

（3）健壮性。比特币完全依赖 P2P 网络，无发行中心，所以外部无法关闭它。比特币价格可能波动、崩盘，多国政府可能宣布它非法，但比特币和比特币庞大的 P2P 网络不会消失。

（4）无国界、跨境。跨国汇款，会经过层层外汇管制机构，而且交易记录会被多方记录在案。但如果用比特币交易，直接输入数字地址，点一下鼠标，等待 P2P 网络确认交易后，大量资金就过去了。不经过任何管控机构，也不会留下任何跨境交易记录。

（5）山寨者难于生存。由于比特币算法是完全开源的，谁都可以下载到源码，修改些参数，重新编译下，就能创造一种新的 P2P 货币。但这些山寨货币很脆弱，极易遭到 51%攻击。任何个人或组织，只要控制一种 P2P 货币网络 51%的运算能力，就可以随意操纵交易、币值，这会对 P2P 货币构成毁灭性打击。很多山寨币，就是死在了这一环节上。

3. 比特币的缺点

（1）交易平台的脆弱性。比特币网络很健壮，但比特币交易平台很脆弱。交易平台通常是一个网站，而网站会遭到黑客攻击，或者遭到主管部门的关闭。

（2）交易确认时间长。比特币钱包初次安装时，会消耗大量时间下载历史交易数据块。而比特币交易时，为了确认数据准确性，会消耗一些时间，与 P2P 网络进行交互，得到全网确认后，交易才算完成。

（3）价格波动极大。由于大量炒家介入，导致比特币兑换现金的价格如过山车一般起伏。使得比特币更适合投机，而不是匿名交易。

（4）大众对原理不理解，以及传统金融从业人员的抵制。活跃网民了解 P2P 网络的原理，知道比特币无法人为操纵和控制。但大众并不理解，很多人甚至无法分清比特币和 Q 币的区别。“没有发行者”是比特币的优点，但在传统金融从业人员看来，“没有发行者”的货币毫无价值。

知识拓展

货币体系的反思

事实上，比特币之所以在短短的几年中能够风靡市场，是有一定的理论基础和现实需要的。以哈耶克为代表的奥地利学派认为，货币的干预导致了商业周期恶化和大规模通货膨胀。在他看来，当前货币体系的基础也就是部分储备金制度非常容易受到政府的干扰，那么回归金本位就是理所当然的。同时，他认为政府不应该垄断货币的发行，而应该像其他供应市场一样，引入竞争机制，这意味着一个革命性的变革：废除中央银行制度。对于比特币来说，它的自发性是市场竞争的最好体现。

事实上，诺贝尔经济学奖获得者、货币主义学派的代表人物弗里德曼曾经提出过用计算机技术来设计一套比国家信用更可靠的货币体系。他认为，可以构思一个自动化装置，按程序来发行货币，从而避免各国央行无限制地开动他们的印钞机。

但是在现阶段，作为支付手段的比特币还并没有具备货币的所有本质属性，尤其是它缺乏有力的信用支持，如果作为货币，它既缺乏金本位货币背后的商品职能也缺乏信用货币的强制力保证。比特币究竟是能够颠覆历史，还是仅仅昙花一现，依然存在争议。但是不可否认的是，它提出了对于当下货币体系的反思，这是它出现的重要意义之一。

第三节　第三方支付

一、第三方支付概述

非银行类的第三方支付是重要的网络支付手段。在全球范围内，非银行类的第三方支付机构都得到了蓬勃发展。在我国，第三方支付机构的互联网支付、移动支付以及银行卡收单规模都已在全球处于领先的地位。

1. 第三方支付的定义

中国人民银行 2010 年颁布的《非金融机构支付服务管理办法》将非金融机构支付服务定义为，在收付款人之间作为中介机构提供下列部分或全部货币资金转移服务：互联网支付、预付卡的发现与受理，银行卡收单。

本书认为第三方支付机构的概念为：运用信息网络、电子货币以及电子认证技术，提供个人、企业和机构用户之间支付结算、资金清算等货币资金转移以及延伸服务，从而实现电子交易中资金流与信息流高效匹配的现代非银行金融中介服务机构。

2. 第三方支付的业务范围

第三方支付的业务范围通常有以下几类。

（1）互联网支付。以互联网为载体进行资金的转移，利用银行所支持的某种数字金融工具，发生在购买者和销售者之间的金融交换，实现从购买者到金融机构、商家之间的在线货币支付、现金流转、资金清算、查询统计等过程，由此为电子商务服务和其他服务提供金融支持。

（2）移动支付。以移动终端，包括手机、个人数字助理、智能手机、平板电脑等在内的移动工具，运用蓝牙、红外、近距离无线通信技术（NFC）、射频识别（RFID）、短信等技术，通过移动通信网络，实现资金由支付方转移到收款方的一种支付方式。

（3）银行卡收单。采用销售终端（POS）为介质，实现签约银行向商户提供的本外币资金结算服务。最终持卡人在银行签约商户那里刷卡消费，银行结算。收单结算的过程就是从商户那边得到交易单据和交易数据，扣除按费率计算出的费用后打款给商户。

（4）预付卡业务。采取磁条、芯片、射频识别等技术，以卡片、密码等形式的电子支付卡片为介质，实现将发行机构指定范围内购买产品或服务的预防价值兑现的支付。预付卡包括礼品卡、福利卡、会员卡、公交卡等。

（5）电话支付。指消费者使用电话终端设备，与支付机构建立的支付系统相联通，进而完成各类支付业务。

二、第三方支付交易流程

由于第三方支付平台结算支付模式架构在虚拟支付层，本身不涉及银行卡内资金的实际划拨，信息传递流程在自身的系统内运行，所以电子支付服务商可以有比较自由的系统研发空间。第三方支付平台结算是典型的应用支付层架构。提供第三方结算电子支付服务的商家往往都会在自己的产品中加入一些具有自身特色的内容。但是总体来看，其支付流程都是付款人提出付款授权后，平台将付款人账户中的相应金额转移到收款人账户中，并要求其发货。有的支付平台会有“担保”业务，如支付宝。担保业务是将付款人将要支付的金额暂时存放于支付平台的账户中，等到付款人确认已经得到货物（或者服务）、或在某段时间内没有提出拒绝付款的要求，支付平台才将款项转到收款人账户中。

第三方平台结算支付模式的资金划拨在平台内部进行，此时划拨的是虚拟的资金。真正的实体资金还需要通过实际支付层来完成。有担保功能的第三方结算支付的流程如下。

（1）付款人将实体资金转移到支付平台的支付账户中。

（2）付款人购买商品（或服务）。

（3）付款人发出支付授权，第三方平台将付款人账户中相应的资金转移到自己的账户中保管。

（4）第三方平台告诉收款人已经收到货款，可以发货。

（5）收款人完成发货许诺（或完成服务）。

（6）付款人确认可以付款。

（7）第三方平台将临时保管的资金划拨到收款人账户中。

（8）收款人可以将账户中的款项通过第三方平台和实际支付层的支付平台兑换成实体货币，也可以用于购买商品。

知识拓展

用支付宝支付的流程图

（1）登录支付宝，单击“交易管理”—“进行中的交易”—“可执行操作”—“付款”。

（2）进入付款页面，如果您的支付宝账户有余额，那您可以使用支付宝账户的余额进行支付交易款，您只要输入支付宝账户的“支付密码”就可以进行支付。如果您的支付宝账户余额为零，请选择相应的付款银行后点“付款到支付宝”使用银行卡进行付款。

（3）再单击“去网上银行付款”。

（4）选择“证书客户支付”或“电子支付卡客户支付”后单击“确认付款”。

（5）输入您开通网上支付业务银行卡的“电子支付卡号”，并输入“银行卡支付密码”，再输入“验证码”后，单击“确认付款”。

三、第三方支付的分类

在我国，第三方支付机构主要有三大类。

第一大类根植于电子商务交易平台或电子社区、电子娱乐平台，如产生于淘宝的支付宝，产生于腾讯平台的财付通、服务于盛大网络游戏支付的盛付通。

第二大类独立于电子商务或其他电子平台，专注于行业细分领域的互联网支付，如汇付天下、快钱等互联网第三方支付机构。

第三大类是移动支付的发展催生的北京拉卡拉、钱袋宝、乐付等专注于移动支付市场的机构。

四、第三方支付的监管

第三方支付平台作为一个在经济活动中发挥越来越重要作用的新生事物，需要法律的监管，以保证它在规范化和制度化的环境中发展。

1. 美国对第三方支付平台的监管

美国是最早发明第三方支付这一新鲜事物的国家，它对第三方支付监管的鲜明特点是比较专注于第三方支付本身，而没有将重点分散于与之相关的银行或电子货币业务上，积累出一些比较成功的经验。

在美国联邦体制下，立法分为联邦立法和州立法两个层级。

联邦立法主要包括《电子资金规划法》（Electronic Fund Transfer Act），它的主要规范对象是提供电子支付服务的第三方支付机构本身和行为过程，再例如联邦储备理事会颁布的E条例（Federal Reserve's Regulation E），E条例主要是提供一个基本框架，在这个框架中确立了在电子资金转账时系统参与者的相关权利与法律责任。除此以外，联邦储备理事会还颁布了Z条例（Federal Reserve's Regulation Z）、D条例（Federal Reserve's Regulation D），对电子支付业务进行了指导。而在监管机构的设置方面，联邦法规定由美国联邦存款保险公司（FDIC）进行监管，它并不要求第三方支付机构获得许可证。

而在各州的立法上，有各自的关于电子资金交易的法律和设置相关机构的法律，规定并不相同。比如关于贝宝（PayPal）的定位问题，联邦法和大多数州立法认为贝宝只是一个提供货币支付业务的企业而不是银行，其所占有的沉淀资金应定义为负债而不是存款，其不需要取得银行业务许可证，但是加利福尼亚州、爱达荷州、路易斯安那等几个州的监管机构却认为贝宝从事的是“非法的银行业务”，禁止其在本州内从事相关业务，因为联邦法的观点并不影响各州监管机构形成其他的观点，这种情况恐怕也只有在美国的立法体制中才会出现。除此以外，大多数州都要求第三方支付机构需要取得从事货币转移业务的营业许可证，这点与联邦法也不同。州法与联邦法还有一个不同在于州法的规定较为详尽具体，因为联邦存款保险公司（FDIC）认为各州的监管部门可依据本州法律自主地对第三方支付平台开展的业务进行定位，基于此各州的立法一般都会规定第三方支付机构的最低资本额要求，都有相关规定限制第三方支付机构将客户资金用于投资，会对第三方支付实行审慎监管，会要求第三方支付机构应建立记录和报告制度，此外还规定了禁止利用第三方支付平台进行洗钱等方面的内容。

2. 我国对第三方支付平台的监管

2010年以后，由于第三方支付服务机构和交易量的迅猛增长和随之而来的难题，立法者看到了对其进行规制的必要性，制定了几个专门针对第三方支付业务的法律文件。其中最重要的当属中国人民银行的《非金融机构支付服务管理办法》（以下称《管理办法》），它不仅对第三方支付平台的性质进行了初步界定，还规定了相关原则和可供执行的细化措施，第一次比较系统地单独对第三方支付行业进行调控，必将带动起这个领域内法律漏洞的不断完善，得到了业内的一致好评。具体来看，这部法律起到了以下几个作用。

（1）明确第三方支付行业的市场准入条件。《管理办法》在第二章“申请与许可”中对从事支付服务的非金融机构提出了具体资质要求，包括出资人、注册资本、营业场所以及审慎经营和风险监管与控制的各项要求，这些要求既借鉴了公司法的基本原理，又充分考虑到了第三方支付行业的实际情况。在没有明确提出这些要求之前，国内曾有多达数百家的第三方支付机构，质量良莠不齐，有的第三方支付平台出现了无力应对市场风险、损害了客户权益的问题。在中国人民银行设置了市场门槛之后，使市场重新洗牌，让一些实力不济的第三方支付机构退出市场或改善经营状况。

（2）规定了市场退出机制。优胜劣汰、适者生存是竞争社会的自然法则，不符合条件、无力应对竞争的企业应尽快退出市场。第三方支付平台由于掌握着沉淀资金以及客户信息等内容，对其市场退出机制应该具体问题具体分析，应做到严谨合理。《管理办法》第 15 条对退出的程序和需具备的材料做出了规定，但没有更进一步的具体规定。对于这个问题可以借鉴网上银行的退出机制，即可以要求第三方支付机构对沉淀资金再保险，对其持有的用户信息进行必要的备份，在市场退出的方式上以市场兼并的方式为主。

（3）关于《支付业务许可证》的相关规定。《支付业务许可证》是支付机构的营业执照，支付机构申请该证书时须向中国人民银行提交公司章程、验资报告、财务会计报告、支付行业可行性研究报告等。许可证制度的实行标志着行业向统一规范化的迈进，国家可以通过是否批准来进行宏观调控。

（4）《管理办法》针对沉淀资金提出了专门的规定，一定程度上填补了之前我国法律关于该问题的空白。《管理办法》规定：

> 支付机构接受的客户备付金不属于支付机构的自有财产。支付机构只能根据客户发起的支付指令转移备付金。禁止支付机构以任何形式挪用客户备付金。
>
> 支付机构接受客户备付金的，应当在商业银行开立备付金专用存款账户存放备付金。
>
> 支付机构只能选择一家商业银行作为备付金存管银行，且在该商业银行的一个分支机构只能开立一个备付金专用存款账户。

这里强调一家商业银行和一个分支机构都是为了做到专款专用，避免与其他账户混淆。负责存管备付金的银行应当对存放的客户备付金的使用情况进行监督，并按规定向存管银行所在地中国人民银行分支机构及备付金存管银行的法人机构报送客户备付金的存管或使用情况等信息资料，支付机构的实缴货币资本与客户备付金日均余额的比例不得低于 10%。可以说对于沉淀资金的重视和监督是《管理办法》的一大特色。为了更好地执行管理，中国人民银行又于 2011 年 11 月 4 日颁布了《支付机构客户备付金存管暂行办法（征求意见稿）》，这个文件与《管理办法》相配套，其中最有特色的规定是支付机构沉淀资金产生的利息中，除去必须计提至少 10%的风险准备金以外，剩余的九成可全部归属第三方支付机构所有。这也是我国法律文件首次明确了沉淀资金利息的归属。

第四节　网 上 银 行

一、网上银行的概念

网上银行（internet bank）是银行业务与信息技术的结合，它无需设立任何实体分支机构，只要通过互联网就可将银行服务铺向全国乃至世界各地，无论客户身处何地，都可以通过各种方式快捷、方便地获得银行 7×24 小时的个性化的全方位服务。

国际上关于网上银行通用的概念是 internet banking（一般译为因特网银行、互联网银行或电子银行）。2001 年 6 月，中国人民银行在颁布的网上银行业务管理暂行办法（中国人民银行令 2001

第6号）中，对网上银行业进行了专门的定义，将其定义为："银行通过因特网提供的金融服务。"

二、网上银行的特点

网上银行拓展了银行的业务功能，与传统银行业务相比，网上银行在运行机制和服务功能方面都具有不同的特点。

（1）服务全面化。客户可以在网上银行完成几乎所有柜面可以完成的银行业务。除了传统银行业务外，网上银行将个人理财、外汇买卖和证券投资等金融衍生产品作为其发展亮点。据统计，销售金融衍生产品的手续费收入已占许多商业银行总经营收益的50%以上。

（2）方便性。网上银行可以提供多种便捷的业务。如24小时不间断为客户提供转账、查询、支付、贷款、金融信息查询、投资理财咨询等服务，其功能和优势远远超出电话银行和传统的自助银行。网络银行是一种能在任何时间、任何地方、以任何方式为客户提供超越时空、智能化服务的银行。

（3）运营成本低。与其他银行服务手段相比，网上银行的运营成本最低。不需要金融机构开设分支机构。这就省去了对房地产的投资，也就不需要相应的人力资本。因此除去一开始为创办网上银行所需要的沉淀资本，日后为维护正常运营的费用很少。以工商银行为例，传统银行柜台的交易成本为3.06元/笔，网上银行为0.49元/笔。

（4）产品个性化。网上银行业务非常注重为客户提供个性化服务，注重客户关系，强调营销层次，根据营销对象的个性化需求、消费水平、教育水平等分门别类，细分客户市场，为客户量身定做产品，提供个性化的金融产品。

三、网上银行的类型

（一）按照服务对象分类

1. 企业网上银行

企业网上银行主要适用于企业与政府部门等企事业组织。企事业组织可以通过企业网上银行服务，实时了解企业财务运作情况，及时在组织内部调配资金，轻松处理大批量的网络支付和工资发放业务，并可处理信用证相关业务。对电子商务的支付来讲，一般涉及的是金额较大的支付结算业务，对安全性的要求很高。例如，中国工商银行企业网络银行是中国工商银行为企业客户提供的网上自助金融服务，受到企业界的青睐。

2. 个人网上银行

个人网上银行主要适用于个人与家庭的日常消费支付与转账。个人可以通过个人网上银行服务，完成实时查询、转账、网络支付和汇款功能。个人网上银行服务的出现，标志着银行的业务触角直接伸向了个人客户的家庭个人电脑桌面上，其方便实用真正体现出家庭银行的风采。例如，中国工商银行个人网络银行是中国工商银行为个人客户提供的网上自助金融服务，近年来在广大的个人客户群体中影响日益加大，越来越多的个人已成为中国工商银行个人网络银行的注册客户。

由于商务性质不同，企业网络银行和个人网络银行虽然在应用模式上基本类似，但在应用条件、业务功能上也存在很多不同的地方。

（二）按照有无现实的营业网点分类

1. 纯网上银行

纯网上银行也称虚拟银行，是完全依赖于互联网的无形的电子银行；所谓纯网络银行就是指没有实际的物理柜台作为支持的网上银行，这种网上银行一般只有一个办公地址，没有分支机构，也没有营业网点，采用互联网等高科技服务手段与客户建立密切的联系，提供全方位的金融服务。如前文所说的美国安全第一网上银行，是在美国成立的第一家无营业网点的虚拟网上银行，它的营业厅就是网页画面，当时银行的员工只有 19 人，主要的工作就是对网络的维护和管理。

2. 网络分支银行

网络分支银行是一种在现有的传统银行的基础上，利用互联网开展传统的银行业务交易服务。即传统银行利用互联网作为新的服务手段为客户提供在线服务，实际上是传统银行服务在互联网上的延伸，这是网上银行存在的主要形式，也是绝大多数商业银行采取的网上银行发展模式。因此，事实上，我国还没有出现纯粹的网上银行，国内现在的网上银行基本都属于网络分支银行。

四、网上银行的功能

从业务品种来说，网上银行一般包括以下几个方面的功能。

（1）信息类服务。网上银行通过互联网展示营销信息、服务公告、自身经营规模、分支机构分布情况、品牌形象、理财信息简介、证券交易市场行情、经济速递等信息。

（2）交易类服务。交易类服务主要被分为两种：第一是个人业务，客户可以通过网上银行进行很多基本的网上银行服务，主要包括转账结算，水电费、电话费、煤气费等的缴纳，个人账户明细、往来记录、余额等的查询，网上支付，信用卡还款等，让客户足不出户即可办理日常所需的绝大部分业务，无需再跑到营业网点苦苦等待；第二是企业网上银行业务及服务。同个人客户一样，企业在网上银行开展的业务也包括一些基础的网上银行服务，但是由于企业本身业务的复杂性和金额大等特点，相较于个人业务而言，其服务品种更加丰富，内容也更为多样。

（3）金融创新服务。除了基本服务与产品之外，各种金融产品也可以开始通过网上银行销售。主要包括基金销售、外汇、贵金属、股票、保险、期货、债券等金融服务。不少商业银行更是将网上银行投资作为一个重点发展的对象，通过网络为客户提供专业化的理财方案，普及相关理财产品信息。更有诸多银行建立起自己的理财品牌，从而极大丰富了商业银行的服务范围，树立了知名度。

本章小结

电子支付方式是电子商务领域内十分引人关注的领域，任何商务活动都离不开支付业务的支持。本章首先介绍电子支付的概念、特点与构成要素。并进一步讨论了虚拟货币、第三方支付、网上银行等目前主流的电子支付方式。有关于移动支付的内容已经在第七章展开介绍，本章不再重复。

课后练习与实践训练

一、判断题

1. 电子支付和传统支付的区别仅是在通信手段上的区别。（　　）

2. 虚拟货币就是非真实的货币。(   )

3. 比特币可以全世界流通。(   )

4. “第三方支付”是具备一定实力和信誉保障的独立机构，采用与各大银行签约的方式，提供与银行支付结算系统接口的交易支持平台的网络支付模式。(   )

5. 网上支付体系必须借助银行的支付工具、支付系统以及金融专用网才能最终得以实现。(   )

6. 比特币与其他虚拟货币最大的不同，是其总数量非常有限，具有极强的稀缺性。(   )

7. 电子支付指的是电子交易的当事人，包括消费者、厂商和金融机构，以金融电子化网络为基础，以商用电子化机具和各类交易卡为媒介，以计算机技术和通信技术为手段，以电子数据形式存储在银行的计算机系统中，使用安全电子支付手段通过计算机网络系统进行的货币支付或资金流转。(   )

8. 网络银行可以向客户提供开户、销户、对账、行内转账、跨行转账、信贷、网上证券、投资理财、账务查询、网络支付、代发工资、集团公司资金头寸管理、银行信息通知、金融信息查询等传统金融服务项目。(   )

9. 网上支付结算主要是在开放的公共网络系统中，通过看不见但先进准确的数字流来完成相关支付信息传输，即采用数字化的方式完成款项支付结算。(   )

10. 网上支付可以采用单密钥体制或双密钥体制来进行信息的加解密，并可采用数字信封、数字签名等技术来加强数据传输的保密性与完整性，但是并不能防止未被授权的第三者获取信息。(   )

二、多项选择题

1. 中国现代化支付系统的主要参与者包括（   ）。

A. 直接参与者　B. 间接参与者　C. 特许参与者　D. 特别参与者

2. 网络银行按服务对象分可以分为（   ）。

A. 企业网络银行　B. 个人网络银行　C. 纯网络银行　D. 网络分支银行

3. 电子支付系统的要求是（   ）。

A. 合法性　B. 安全性　C. 完整性　D. 隐私性

4. 第三方支付模式的优点有（   ）。

A. 安全性较高　B. 支付成本较低

C. 使用较方便　D. 保障付款人的利益

5. 比特币的缺点有（   ）。

A. 交易平台的脆弱性　B. 交易确认时间长

C. 价格波动极大　D. 大众对原理不理解

三、简答题

1. 简述中国现代化支付体系的结构。

2. 虚拟货币分类有哪些？

3. 什么是比特币？比特币的主要特征有哪些？

4. 第三方支付的概念和流程是什么？

5. 简述网络银行的定义及其特点。

四、实践训练

1. 访问招商银行网站，完成以下任务：

（1）进入“个人银行”，了解“一卡通”的支付功能；

（2）完成网上“一卡通”申请程序；

（3）了解“直付通”“一卡通支付”和“手机支付”之间的区别；

（4）根据上述任务完成实训报告。

2. 登录滴滴出行网站，完成以下任务。

（1）用手机下载滴滴出行乘客客户端，并下载所在城市地图。

（2）使用微信支付滴滴打车费用。

（3）根据上述任务完成实训报告。

拓展学习指南

比特币大揭秘

1. 比特币作为新事物，一直饱受争议。宁夏电视台 2014 年 2 月 29 日的“首席评论”对比特币做了较深入的解读，爱奇艺网站有该期节目视频。

2. 谢平教授是中国最早开展互联网金融研究的专家。有关互联网金融的内容可以阅读谢平教授在 2012 年中国金融四十人论坛发布的《互联网金融模式研究》的课题报告，可通过网络搜索引擎查找并阅读该报告。

第九章　电子商务安全与防范

【学习要点及目标】

1. 了解电子商务安全的基本特征。
2. 了解电子商务的主要安全威胁。
3. 熟悉并掌握电子商务常用的加密技术、访问控制和身份认证技术、SSL协议。
4. 理解防火墙、虚拟专用网、入侵检测系统的含义。

【核心概念】

电子商务安全要素　社会工程学攻击　PKI　防火墙　虚拟专用网　入侵检测系统

引导案例

钓鱼网站骗走消费者23万余元

网络钓鱼是常用的互联网欺诈手段。

据2014年2月23日《羊城晚报》报道（记者石华）2014年1月10日，宇龙计算机通信科技（深圳）有限公司在其“酷派商城”网站上，发布电商品牌“大神”系列手机产品，产品一上线便被抢购一空。但此后陆续接到近60名客户的电话投诉，称在其商城上付钱购买了手机却迟迟没收到货。

接到客户投诉后，该公司立刻调取后台数据进行核查，结果发现公司从未接到这些投诉客户的购买信息。进一步调查显示，这些客户均是通过一个仿冒其公司官网的钓鱼网站上购买的。2014年1月底，该公司正式向南山公安分局高新派出所报案。

接报后，专案组前往钓鱼网站服务器以及该网站使用的第三方交易平台服务器所在地湖北省鄂州市和北京市开展侦查工作。调查发现，该案犯罪嫌疑人刘某利用网络技术，模仿受害公司电子商务商城，除去网站域名不同之外，界面相似度100%。同时，犯罪嫌疑人又花了4000元通过百度推广将其假冒网站推送到搜索的第一个。而另一位犯罪嫌疑人曾某利用虚假信息购买第三方交易平台账号，以此进行钓鱼诈骗。根据警方统计，通过该钓鱼网站购买手机的网民多达360余人。

从钓鱼网站活动规律来看，钓鱼网站的活动非常遵循网民的上网习惯，并且紧追热点，每逢节日必然是钓鱼网站的高发期。从钓鱼手段来看，近年来，由于微博影响力的扩大和使用率的增加，以微博抽奖、中奖为名进行网络钓鱼的案例大大增加。

案例导学：在我国各式各样的钓鱼网站中，涉及淘宝网、工商银行、央视、腾讯公司四家单位的钓鱼网站总量占了绝大多数。通过仿造一个淘宝网店，然后骗取网民的银行账号和密码，或者在购物时将用户的货款转移到自己的账户中，已经成为最为常见的网络钓鱼行为。本章将会详细了解网络钓鱼的危害与防范手段。

第一节　电子商务安全概述

安全是电子商务健康发展的基础。在电子商务活动中，交易数据、隐私安全和双方利益保护都需要有强有力的安全技术和措施保障。

一、电子商务安全的定义

电子商务安全是一个系统的概念。从狭义上讲，电子商务安全主要指电子商务信息的安全，主要包括信息的存储安全和信息的传输安全。从广义上讲，电子商务安全不仅与计算机系统结构有关，还与电子商务应用的环境、人员素质和社会因素有关。它包括电子商务系统的硬件安全、软件安全、运行安全及电子商务安全立法。

（1）电子商务系统硬件安全。硬件安全是指保护计算机系统硬件（包括外部设备）的安全，保证其自身的可靠性和为系统提供基本安全机制。

（2）电子商务系统软件安全。系统软件安全的目标是使系统中信息的存取、处理和传输满足系统安全策略的要求。根据计算机软件系统的组成，软件安全可分为：操作系统安全、数据库安全、网络软件安全和应用软件安全。

（3）电子商务系统运行安全。运行安全是指保护系统能连续和正常地运行。

（4）电子商务安全立法。电子商务安全立法是指对电子商务犯罪的约束，它是利用国家机器，通过安全立法，体现与犯罪斗争的国家意志。

综上所述，电子商务安全是一个复杂的系统工程。电子商务安全不仅涉及技术问题，也涉及立法和社会管理等多个方面。

二、信息安全的基本特征

信息安全是电子商务安全的主要内容，保证交易安全可靠地进行，就要求保证信息的认证性、机密性、完整性、有效性和不可抵赖性。

（1）信息的保密性/机密性。信息的保密性是指信息在传输过程或存储中不被他人窃取。电子商务是建立在一个较为开放的网络环境上的，维护交易信息的保密性是电子商务业务顺利开展的重要保障。

（2）信息的完整性。信息的完整性一方面是指信息在利用、传输、存储等过程中不被篡改、丢失、缺损等，另一方面是指信息处理方法的正确性。不正当的操作，如误删文件，有可能造成重要文件的丢失。

（3）信息的可用性。信息的可用性是指确保那些已经被授权的用户在需要的时候，确实可以访问到所需信息。例如，通信线路中端故障、网络的拥堵会造成信息在一段时间内不可用，影响正常的业务运营，这是信息可用性的破坏。

（4）信息的不可否认性。信息的不可否认性又称抗抵赖性，即由于某种机制的存在，人们不能否认自己发送信息的行为和信息的内容。传统的方法是靠手写签名和加盖印章来实现信息的不可否认性。在互联网电子环境下，可以通过数字证书机制进行的数字签名和时间戳，保证信息的抗抵赖性。

（5）信息的可认证性。交易者身份的真实性是指交易双方确实是存在的，不是假冒的。网上交易的双方相隔很远，互不了解，要使交易成功，必须互相信任，确认对方是真实的，对商家要考虑客户不是骗子，对客户要考虑商店不是黑店。通常的做法是建立认证系统，由第三方认证机构作为交易双方的认证人，或各自出示双方都信赖的认证机构颁发的证书。

综上所述，电子商务的实现存在着多种多样的不安全因素的威胁，为了顺利开展商务活动，有必要采用各种安全技术来保证电子商务的认证性、机密性、完整性、有效性和不可抵赖性等的安全要求。

三、电子商务的安全管理策略

电子商务安全管理策略涵盖范围很广，一个完整的电子商务安全管理策略一般都可以分为物理安全策略、网络安全策略以及灾难恢复策略等。

（一）物理安全策略

物理安全策略是整个电子商务安全管理策略的不可忽视的重要基础。基于互联网的电子商务交易过程中，对电子商务系统包含的相关物理设备有相当高的安全要求。影响电子商务系统安全的物理安全风险主要有自然灾害风险、人为风险和硬件防护风险。相应的物理安全策略也围绕上述三个物理安全风险展开。

1. 自然灾害安全防范策略

自然灾害安全防范主要包括防火、防水和防雷措施。设备所在场所应避免火灾、水灾的发生并采取相应的隔离措施以保证在意外火灾、水灾下的设备防护。另外，电子商务系统的设备主要由电路组成，因此，制订全方位、安全灵活的防雷措施显得非常有必要。

2. 人为风险防范策略

人为风险包括人为的操作错误引起的安全问题、设备防盗以及计算机犯罪问题等。人为操作方面引起的风险可以通过建立和健全安全制度来加以防止，同时加强和培育安全意识。对于设备防盗问题，如果资金允许，可以建立较为完善的防盗系统，如果资金不足，可以通过加强内部管理的方法加以解决。对于内外部人员的计算机犯罪问题，一是通过法律途径解决；二是加强自身安全防范。

3. 硬件防护策略

硬件防护包括电磁防护和硬件设备维护。硬件维护包括服务器及其他相关设备的电源保护、有效的防静电措施以及要抑制和防范电磁泄露与电磁干扰。关于硬件设备维护，如果条件允许，可以增加设备信息保护装置。另外，除了日常维护以外，还需要定期对设备进行检修。

（二）网络安全策略

网络安全是电子商务系统安全的核心，需要从技术和管理两方面入手，因此，网络安全策略分为技术策略和管理策略。

1. 技术策略

在技术上保障网络安全通常使用几项策略。

（1）安装使用网络安全检测设备和相关软件。借助一些专用的网络安全监控设备和软件，加强对各种不法行为的监控和防范。

（2）加强网络访问控制。访问控制是网络安全防范和保护的主要策略。它包括入网访问控制、网络权限控制、网络监测和锁定控制等。

（3）采用防火墙技术。防火墙用来检查内部网和外部网之间的信息往来，它可以鉴别网络服务请求是否合法，以便采取响应或拒绝的措施。

（4）数据加密。数据加密是采用一定的加密技术，以防在传输过程中数据一旦被截获不致造成信息的泄露，其核心是加密的方式以及密钥的分配和管理。

（5）引入鉴别机制。鉴别是查明另外一个实体身份和特权的过程，以确定其合法性，并作出响应。

2. 管理策略

确保网络安全不能仅靠技术手段，在管理上还应该注意以下几点。

（1）加强电子商务网络系统的日常管理和维护。

（2）建立严格的保密制度。

（3）加强对管理人员的监督和培训，落实工作责任制。

（4）建立跟踪、审计和稽核制度。

（5）完善病毒防范制度。

（6）建立健全相关法律法规制度。

（三）灾难恢复策略

对于电子商务系统来说，灾难主要指意外的自然灾害以及黑客攻击等原因造成数据库受到破坏。灾难恢复策略是为了在数据资源遭受破坏后迅速恢复系统功能，最大程度地保持数据资源的完整性，将损失降至最低。因此，灾难恢复主要包括备份和恢复两个环节。

灾难备份工作的要点通常有确定备份方案、建立数据恢复中心和建立完善的备份制度三项。

数据恢复一般要经过评估数据损失情况、确定数据恢复方案和恢复数据三个步骤。

第二节　电子商务的主要安全威胁

电子商务面临的安全攻击可以分为两种类型：非技术型攻击和技术型攻击。非技术型攻击（nontechnical attacks）指攻击者利用欺骗或是其他诱惑手段使得被攻击者透漏敏感信息。非技术攻击主要体现在社会学工程（social engineering）攻击。技术型攻击（technical attacks）则是利用软件和系统知识展开攻击。常见的恶意代码（malware）就是典型的技术型攻击手段。通常情况下，安全攻击常常是技术型攻击和非技术型攻击的结合体。例如，入侵者可能利用软件发送即时通信信息，该信息会引导浏览者下载恶意软件。当未设防的浏览者下载并安装了恶意软件后，攻击者就可以控制终端并展开攻击。

一、社会工程学攻击

高德纳（Gartner）咨询公司信息安全与风险研究主任理查·摩古尔（Rich Mogull）曾在 2006 年提出：“社会工程学是未来 10 年最大的安全风险，许多破坏力最大的行为是由于社会工程学而不是黑客或破解行为造成的。”

1. 社会工程学原理和特点

社会工程学（social engineering）是一种利用人际关系的互动性，通过人的本能反应、好奇心、信任、贪婪等心理弱点实施诸如窃取、欺骗等危害手段，取得访问保密信息系统的权限以获取非法利益的攻击行为。通过利用“人性弱点”，熟练的社会工程学攻击者不仅能成功获取保密信息系统的访问权限，而且可以植入“后门”，甚至在信息系统中加入可被进一步利用的漏洞风险。与一般的攻击手法不同的是，社会工程学攻击往往是无法用技术措施进行防范的。因此，社会工程学在信息安全领域又被誉为“一种让他人遵从自己意愿的科学或艺术”。社会工程学攻击充分利用了人性中“恐惧”“信任”和“健忘”三个弱点，将攻击目标置于现实场景中进行分析研究。在实际的攻击行动中，攻击者基于这一基本策略，依赖于物理环境和各种软硬件条件，经过繁杂的资料收集整理、目标信息研究、关联性分析和一致性引导，采用社会工程学特有的技术方法对目标实施攻击，其攻击体系结构如图 9.1 所示。

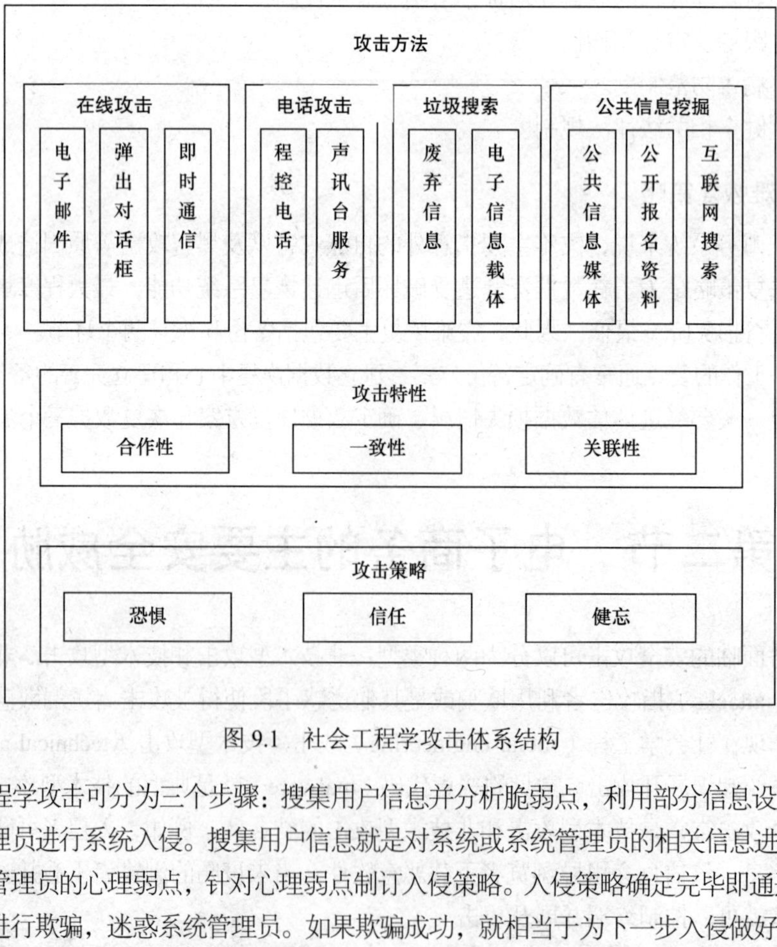

图 9.1　社会工程学攻击体系结构

社会工程学攻击可分为三个步骤：搜集用户信息并分析脆弱点，利用部分信息设置陷阱，对落入陷阱的管理员进行系统入侵。搜集用户信息就是对系统或系统管理员的相关信息进行搜集整理，分析出系统管理员的心理弱点，针对心理弱点制订入侵策略。入侵策略确定完毕即通过设置陷阱对系统管理员进行欺骗，迷惑系统管理员。如果欺骗成功，就相当于为下一步入侵做好了准备工作。

2. 社会工程学防御策略

下面是对防御社会工程学制订的三点策略。

（1）建立完善的信息安全管理策略。信息安全管理策略是通过对系统整体中关于安全问题所采取的原则、对安全产品使用的要求、如何保护重要数据信息以及关键系统的安全运行。信息安全策略中确定对每个资源管理授权者的同时，还要设立安全监督员。如果安全监督员没有对资源管理授权者的操作进行审核，就无法对资源的合法使用进行约束和监管。对于系统中的关键数据资源，对其可操作的范围应尽可能小，范围越小就越容易管理，相对也就越安全。

（2）要把信息安全管理策略与培训相结合，对系统管理相关人员进行培训，建立信息安全培训机制，制订相应的培训计划，确定什么是敏感信息，提高安全意识。尤其是要强化用户名和密码保护意识，更改所有默认口令，不要用常见或常用信息作为用户名或密码，密码复杂性要高。

（3）应建立安全事件应急响应小组，安全事件响应小组应当由经验丰富权限较高的人员组成，由小组负责进行安全事件应急演练，有效地针对不同的攻击手段分析出入侵的目的与薄弱环节。同时，要模拟攻击环境和攻击测试进行自查分析，就能有效地评价安全控制措施是否得当，并制订相应的对策和解决方案。

二、技术型攻击

实施技术型攻击需要利用专业知识。现阶段，最常见的技术型攻击主要包括大规模拒绝服务攻击、恶意代码和网络钓鱼等。

（一）分布式拒绝服务攻击

拒绝服务（denial of service，DOS）攻击的目的是使计算机或网络无法提供正常的服务，是一种对网络危害巨大的恶意攻击。拒绝服务的攻击方式有很多种，最基本的拒绝服务攻击就是利用合理的服务请求来占用过多的服务资源，从而使合法用户无法得到服务。

分布式拒绝服务攻击（distributed denial of service，DDOS），一般通过技术手段，将多个计算机联合起来作为攻击平台，对一个或多个目标发动拒绝服务攻击，从而成倍地提高拒绝服务攻击的威力。分布式拒绝服务攻击的攻击策略侧重于通过很多“僵尸主机”（被攻击者入侵过或可间接利用的主机）向受害主机发送大量看似合法的网络包，从而造成网络阻塞或服务器资源耗尽而导致拒绝服务，分布式拒绝服务攻击一旦被实施，攻击网络包就会犹如洪水般涌向受害主机，从而把合法用户的网络包淹没，导致合法用户无法正常访问服务器的网络资源，因此，拒绝服务攻击又被称为“洪水式攻击”。

知识拓展

白帽子黑客

大多数时候，黑客及其破坏性的行为是反社会的。但“白帽子”黑客并不以破坏为目的，他们识别计算机系统或网络系统中的安全漏洞，但并不会恶意去利用，而是公布出漏洞信息。这样，系统将可以在被其他人利用之前得到有效修补。

成立于2010年的乌云网（WooYun）是我国著名的“白帽子”网络社区。2014年3月

23日晚6点，乌云漏洞平台（乌云网）曝出携程安全支付服务器接口存在调试功能，可将用户的支付记录保存下来，包括持卡人姓名、身份证、银行卡号、卡CVV码、6位卡Bin等信息。由于涉及个人财务信息泄露，引发了社会各界的强烈关注。

（二）恶意代码

恶意代码（malware）又称为恶意软件，是指故意编制或设置的、对网络或系统会产生威胁或潜在威胁的计算机代码。最常见的恶意代码有计算机病毒、特洛伊木马、计算机蠕虫等。

1. 计算机病毒

计算机病毒（computer virus）在《中华人民共和国计算机信息系统安全保护条例》中被明确定义为："指编制或者在计算机程序中插入的破坏计算机功能或者破坏数据，影响计算机使用并且能够自我复制的一组计算机指令或者程序代码"。也就是说计算机病毒是一个程序，一段可执行码。就像生物病毒一样，计算机病毒有独特的复制能力。计算机病毒增长速度已远远超过计算机本身的发展速度，计算机病毒的破坏性越来越大，传播速度也越来越快，计算机病毒已成为电子商务发展的重大障碍之一。

2. 计算机蠕虫

与计算机病毒不同，蠕虫（worm）能够不需要人为参与而自我传播。这种恶意代码的特性是通过网络或者系统漏洞进行传播。比如2006年春天流行的"熊猫烧香"及其变种就是计算机蠕虫。"熊猫烧香"利用了微软视窗操作系统的漏洞，计算机感染这一病毒后，会不断自动上网，并利用文件中的地址信息或者网络共享进行传播，最终破坏用户的大部分重要数据。近些年，即时通信工具已经成为蠕虫最为常用的传播工具。由于蠕虫传播得比病毒快，为了防范其传播，组织需要积极发现新的漏洞并及时安装系统补丁。

3. 特洛伊木马

特洛伊木马（Trojan horse），名字来源于希腊神话里的"特洛伊木马"。一个完整的特洛伊木马套装程序包含了两部分：服务端（服务器部分）和客户端（控制器部分）。植入对方电脑的是服务端，而黑客正是利用客户端进入运行了服务端的电脑。运行了木马程序的服务端以后，会产生一个有着容易迷惑用户的名称的进程，暗中打开端口，向指定地点发送数据（如网络游戏的密码，实时通信软件密码和用户上网密码等），黑客甚至可以利用这些打开的端口进入电脑系统。这时用户电脑上的各种文件、程序、账号、密码毫无安全可言了。

目前，恶意软件已经成为实施计算机犯罪的主要工具。特别是随着电子商务的发展，犯罪分子开始对支付工具以及购物网站进行盗号和诈骗。比如，犯罪分子将木马植入视频、二维码、中奖弹窗中，骗取账号及密码进行资料售卖，或是通过非法入侵，进入第三方支付软件获取用户数据卖给诈骗分子以牟取利益。

阅读案例

大学生利用"木马程序"盗窃

据2011年6月24日《广州日报》报道（李京华，周宁）黑龙江某大学学生郭某与山东网吧网管孙某某经网络相识后，异地联手作案，用"灰鸽子木马"远程监控程序，一夜间窃取网民张某某电脑中储存的银行账号、密码和电子银行证书，并把账号内存款 48 万元全部划走购买游戏点卡，而后通过出售游戏点卡方式兑现。2011 年，郭某与孙某某均以盗窃罪分别被判处有期徒刑 12 年、罚金人民币 12000 元和有期徒刑 8 年、罚金人民币 8000 元。

该案中犯罪分子交代实施“木马”入侵的具体步骤如下：首先编写或下载“木马病毒”，然后根据不同对象伪装“木马”链接、软件或文件，最后搜索入侵目标邮箱并发送，等待伪装“木马”软件启动。一旦“木马”被接收方点击启动后，便弹回病毒反弹链接，将该链接设为“种植者（黑客）”的域名，也就完成了对目标电脑（俗称“肉鸡”）的控制。

木马黑色产业链

在金钱的驱使下，利用木马进行犯罪已经形成一条黑色产业链。在这个链条中，木马制作、木马播种、流量交易、虚拟财产套现等诸多环节分工明确，组织有序。木马制作者负责编写木马产品，通过售卖木马获利；木马传播者通过购买和传播木马盗取大量敏感信息，并通过售卖敏感信息获利；而黑客高手擅长网络攻击，通过帮助木马传播者进行网站挂马等获利。

（三）网络钓鱼

网络钓鱼（phishing）是指盗取他人个人资料、银行及财务账户资料的网络相关诱骗行为，可分为诱骗式及技术式两种。诱骗式是利用特制的电邮，引导收件人连接到特制的网页，这些网页通常会伪装成真正的银行或理财网页，令登录者信以为真，输入信用卡或银行卡号码、账户名称及密码等；技术性的网络钓鱼则是将程序安装到受害者的电脑中，直接盗取个人资料或使用木马程序、按键记录程序等。

需要着重注意的是手机终端中，犯罪分子会利用短信群发器发送大量含诈骗内容的短信，直接欺骗网民登录假冒银行的钓鱼网站骗取网银资金。有时候也会通过短信、电话欺骗网民通过自动存取款机或网上银行转账。

学练结合

为什么网络钓鱼难以控制？你认为对于网络钓鱼可以采取哪些措施？

第三节　访问控制、加密和公钥基础设施

一、访问控制与身份认证

简单而言，访问控制确定谁可以合法地使用网络的资源以及可以使用哪些资源。资源可以是任何东西——网页、文本、数据库、应用软件、服务器、打印机，或任何其他的信息资源。访问控制的功能主要有如下三个方面：第一防止非法的主体进入受保护的网络资源；第二允许合法用户访问受保护的网络资源；第三防止合法的用户对受保护的网络资源进行非授权的访问。

在定义了用户之后，就必须对之实行身份认证。身份认证是在计算机网络中确认操作者身份的过程。确认过程通常基于一种或多种用户特征，这些特征可以把某个人与其他人区分开来。这些能起到区分作用的特征可以是信息（密码），可以是某人的所有物（凭证），同样也可以是某人的生物特征（指纹）。

（一）加密介绍

密码技术是保护信息安全的重要手段之一，它是结合数学、计算机科学、电子与通信等诸多学科于一身的交叉学科。

1. 加密

我们将原始未经变换的信息称之为明文。为了保护明文，将其通过一定的方法变换成使人难以识别的一种编码，即密文。这个变换处理的过程称为加密。

2. 解密

密文可以经过相应的逆变换还原成明文，这个变换处理的过程称为解密。

3. 密钥

对信息进行加密和解密通常是在原文和密文上增加或除去一些附加信息，这些附加信息就是我们常说的密钥。密钥是由数字、字母或特殊符号组成的字符串。在加密和解密过程中，控制加密变换的密钥称为加密密钥，控制解密变换的密钥称为解密密钥。加密密钥和解密密钥不一定相同。

4. 加密算法

如果把加密解密的变换处理过程抽象成数学函数，这个函数便是加密算法。用来实施加密的为加密函数，反之为解密函数。

为了使密文信息更加安全可靠，应该经常变换密钥和算法。但由于算法设计起来比较困难，不可能与每一个人通信都采用不同的算法，因此通常的做法是使用不同的密钥。另外，密钥的位数决定着加密系统的安全性，密钥越长，破解密钥需要的计算时间就越长，因此也就越安全。

明文通过加密变换成为密文，网上交易的各方使用密文进行通信，密文通过解密还原为明文。采用这种方式，网上传输的密文即使被偷窃，窃取者由于没有解密手段也无法理解其含义，这样源信息就得到了保护。而解密手段对于信息的合法接受者来说是开放的，从而使源信息的内容得以安全传送。

（二）对称加密体系

对称加密体系又被称为秘密密钥，其特点是：无论加密还是解密都使用同一把密钥，即加密密钥和解密密钥相同。

1. 对称加密体系的工作过程

对称加密体系采用相同的加密密钥和解密密钥进行工作，这意味者双方都可以利用该密钥进行加解密，当然这种加密方法是基于双方共同保守秘密的基础之上的。

首先，发送方对要传送的明文使用密钥进行加密；然后，利用互联网把密文传送给接收方，再找寻一条安全的途径把密钥发送给接收方；最后，接收方利用密钥对收到的密文进行解密，从而获得明文信息。如果企业有 N 个合作者，该企业需要 N 个不同的密钥，增加了企业密钥的管理难度。利用对称加密机制加密的流程如图 9.2 所示。

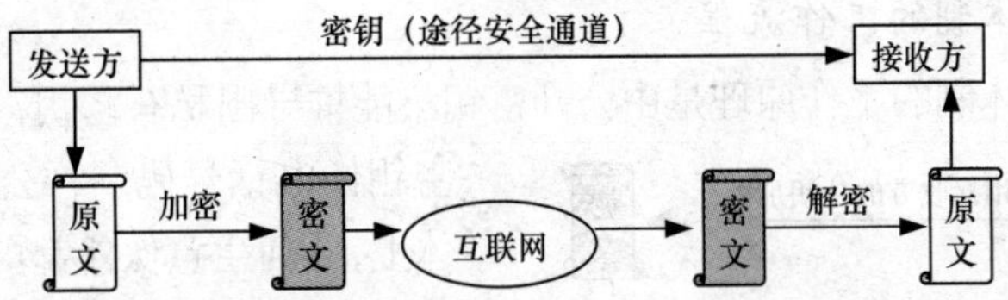

图 9.2　对称加密机制加密流程

2. 数据加密标准——DES

对称密码体制中最有代表性的、使用最为广泛的是 1977 年由美国国家标准局颁布的数据加密标准算法（DES 算法）。

数据加密标准算法是 20 世纪 60 年代末由 IBM 的一个研究项目组开发的，随后在 1976 年被美国国家标准局（ANSI）采纳并成为数据加密标准（data encryption standard，DES）。该算法用来保护金融信息和私密报文通信等。该加密算法的原理是将明文分成固定长度的组（块），如 64bit 一组，用同一密钥和算法对每一块加密，输出也是固定长度的密文。同时还采用一些精心设计的置换和迭代，最终产生每块 64bit 的密文。它的原始密钥是 56 位长度，另有 8 位校验位，共 64 位。作为政府及商业部门的非机密数据的加密标准。

数据加密标准算法的解密与其加密一样，只不过是子密钥的顺序相反数据加密标准算法，加密解密需完成的只是简单的算术运算和比特串的异或处理的组合，因此速度快，密钥生成容易，能以硬件或软件的方式非常有效地实现。

后来数据加密标准算法得到了广泛的应用，一个非常重要的应用是银行交易。数据加密标准算法主要被用于加密个人身份识别号（PIN）和通过自动取款机（ATM）进行的记账交易。

3. 对称加密体制存在的问题

对称加密算法的优点是速度快、效率高。但我们也很容易从它的工作流程中发现缺陷：首先是密钥数目问题，有 N 个交易者就需要 N 个不同的密钥，而在电子商务的交易中，每个企业都可能有数目庞大的交易对象，而且随着时间的推移，这个数目还会不断扩大，如何保存和管理密钥将成为一大难题；其次对称加密算法需要一条安全的途径来传送密钥，但现实的问题是很难才能找到一条安全的通道，无论是电话、邮递还是互联网都存在不安全的因素，面对面的交换也是不现实的，因此安全传送密钥也是一个难题；最后由于数据发送方和接收方都使用同一密钥，无法鉴别发送方和接收方的身份。

（三）非对称加密体系

非对称加密，或公用密钥，即通信各方使用两个不同的密钥，一个是只有发送方知道的专用密钥，另一个则是对应的公用密钥，任何人都可以获得公用密钥。专用密钥和公用密钥在加密算法上相互关联，一个用于数据加密，另一个用于数据解密。

1976 年，美国学者 Whitfield Diffie 与 Martin Hellman 发表开创性的论文，提出公开密钥密码体系的概念：一对不同值但数学相关的密钥，公开钥匙（或公钥，public key）与私密钥匙（私钥，private key or secret key）。在公钥系统中，由公开密钥推算出配对的私密密钥于计算上是不可行的。在公钥系统中，公钥可以随意流传，但私钥只有该人拥有。典型的用法是，其他人用公钥来加密给该接受者，接受者使用自己的私钥解密。

1. 非对称加密体制的工作流程

由于非对称加密体制的工作原理是由公开密钥不能推导出私有密钥，因此企业可以把公开密钥像电话号码一样公布在网站等公共媒体上，任何生意伙伴都可以利用你的公开密钥对信息进行加密，而你在接到密文后就可以利用自己持有的私有密钥对其进行解密，由于你是唯一持有私有密钥的人，其他人即使获得了加密文件也无法解开利用。非对称加密体制的工作流程如图 9.3 所示。非对称加密算法的一个致命缺点就是处理速度很慢，不适于对大量数据进行加密/解密运算，而且其密钥长度必须很长才能保证安全性。

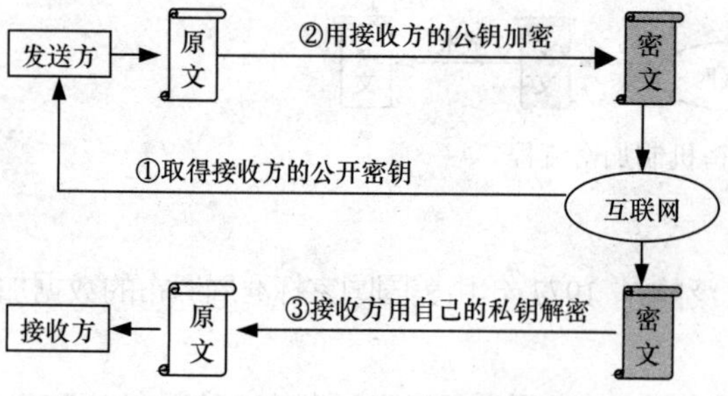

图 9.3 非对称加密体制的工作流程

2. RSA 算法

RSA 算法是 Ron Rivest、Adi Shamir 和 Leonard Adleman 发明的。RSA 由发明者的姓氏的第一个字母得名。

RSA 使用两个密钥，一个公共密钥（公钥），一个私有密钥（私钥）。如用其中一个加密，则另一个解密。密钥长度从 40bit 到 2048bit 可变。加密时也把明文分成块，块的大小可变，但不能超过密钥长度。RSA 算法把每一块明文转化为与密钥长度相同的明文块。密钥越长，加密效果越好，但加密的开销也越大。所以要在安全和性能之间折中考虑。RSA 已经被应用于多种互联网标准及特定协议中。

（四）数字摘要与哈希算法

电子商务中通信双方在互相传送如电子合同、电子支票等数据信息时，不仅要对相关数据进行保密，不让第三者知道，还要能够知道数据在传输过程中有没有被别人改变，也就是要保证数据的完整性，其中一个有效手段就是采用数字摘要技术。

1. 数字摘要的原理

数字摘要，就是发送方对被传送的一个信息报文根据某种数学算法（通常是哈希算法）计算出一个此信息报文的摘要值，数字摘要与原始信息报文之间有一一对应的关系。并将此摘要值与原始信息报文一起通过网络传送给接收方，接收者根据此摘要值来检验信息报文在网络传送过程中有没有发生变化，判断信息报文真实与否，从而来判断信息报文的完整性。其过程示意图如图 9.4 所示。

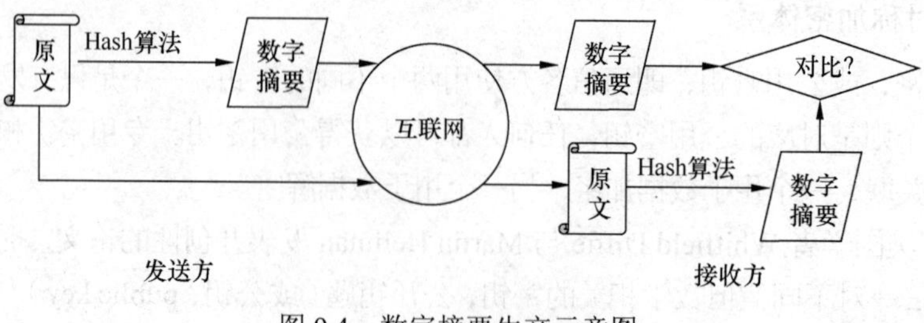

图 9.4 数字摘要生产示意图

2. 哈希算法

哈希（Hash）算法是一个单向的、不可逆的数学算法。信息报文经此算法处理后，能产生一个数字摘要，但不可能由此数字摘要再用任何办法或算法来还原原来的信息报文，从而保护了信息报文的机密性。

哈希算法是公开的，接收者收到信息报文和数字摘要后，可以用同样的哈希算法处理收到的信息报文，得到新的数字摘要。只要比较两条数字摘要是否相同，就可以确定所收到的信息报文在传送过程中是否被改变或是否是真的。不同的信息原文将产生不同的数字摘要，对原文数据哪怕仅改变一位数据，数字摘要也将会产生很大变化。

3．数字摘要的优缺点

数字摘要可以用于保证信息原文的真实性，可以在一定程度上防伪防修改，类似于签名的真实性检验，所以数字摘要也是数字签名技术之一。

但是数字摘要技术如哈希算法本身并不能保证数据的完整性，还必须与其他密钥加密技术结合起来使用才能保证。因为哈希算法是公开的，如果某人改变了传送的信息报文的明文，可以很容易地同时改变由哈希算法生成的数字摘要。单用数字摘要显然无法保证数据的完整性，必须将数字摘要保护起来，使别人无法伪造。

（五）数字签名

在电子商务中，完善的数字签名应具备签字方不能抵赖，他人不能伪造，在公证人面前能够验证真伪的能力。目前的数字签名是建立在公共密钥体制基础上的，其基本原理是，发送方用私钥对所传输的报文加密（签名），接收方用公共密钥解密（核对签名）。

由于数字签名使用的是发信方的私钥进行签名，事后发信方则无法抵赖其所发出的报文，从而实现了交易的不可抵赖性。但这样的方式在报文较长时会影响效率。

结合数字摘要和数字签名技术，可以解决传输完整性和不可抵赖性问题，同时又解决了加密方法的效率问题。具体做法是：发送方将报文所产生的数字摘要用自已的私钥签名，连同报文一起寄出。接受方用发送者的公共密钥解密数字摘要，再利用哈希算法重新计算收到报文的数字摘要，两相对照后即可认定报文在传输过程中是否被篡改。由于私钥只有发送者本人拥有，因此它的签名具有不可否认性，即信息的确是发送人发出的。要注意的是数字签名是一种公钥加密方法，但数字摘要并不是加密算法，它只是形成报文的摘要以防篡改。数字签名过程如图 9.5 所示。

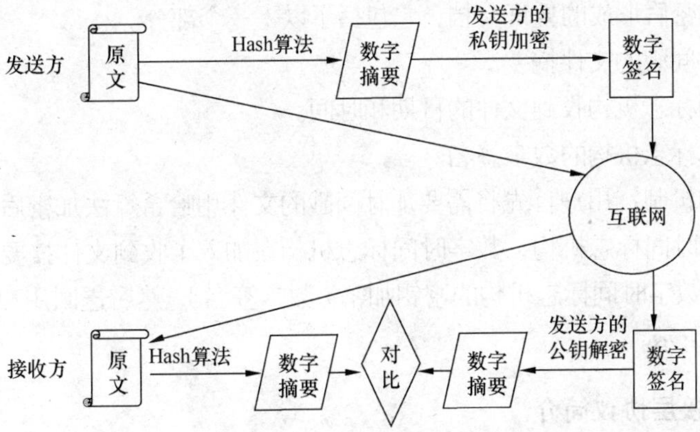

图 9.5　数字签名过程

另外数字签名不同于手写签名，数字签名随文本的变化而变化，数字签名与文本信息是不可分割的，而手写签名是附加在文本之后，与文本信息可分离的。因此数字签名在更高的层次上维护了信息的安全性，所以它优于传统的签名方式。

（六）数字信封

数字信封技术结合了对称加密技术和非对称加密技术的优点，使用两层次的加密来获得公共密钥技术的方便性和对称密钥技术的高效性。

具体做法是：每当发信方需要发送信息时，首先生成一个单密钥，用这个单密钥加密所要发送的报文。然后用收信方的公共密钥加密这个密钥，连同加密了的报文一同传送给收信方。只有收信方可用其私钥解密，首先解密出被加密的单密钥，再用这个单密钥解密出真正的报文。数字信封产生过程如图 9.6 所示。

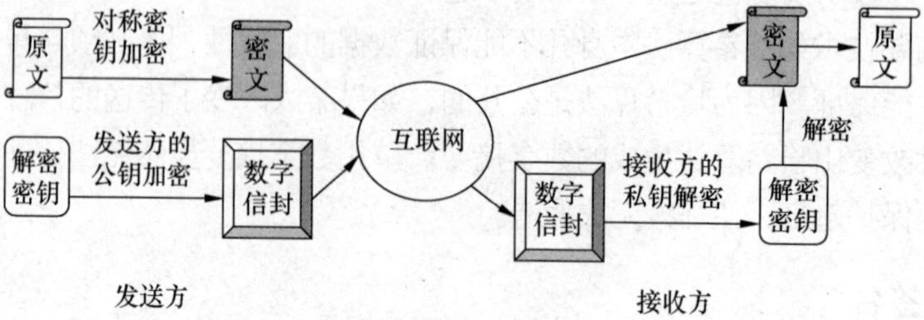

图 9.6　数字信封加密过程

数字信封技术在外层使用公共密钥技术，就可以享受其传递方便、加密性能好的优点；而于内层使用单密钥加密报文，因而使得加密效率提高。同时也使得公共密钥加密的相对低效率被降到最低。而且由于可以在每次传送报文时，使用不同的对称密钥，使系统的安全性又得到了进一步保证。有了公共密钥技术、单密钥技术以及配套的数字信封技术，网上电子交易的安全性就得到了保障。

（七）数字时间戳

数字时间戳相当于邮戳。在交易文件中，文件签署的时间是十分重要的信息。相当于书面合同中，文件签署日期和盖章的时间同样十分重要。在电子商务中，同样需要对交易文件的日期和时间信息采取安全措施，因此数字时间戳或称数字时间标志（DTS）的提出为电子文件的发表时间提供了安全保护和证明。数字时间戳是网上的两种安全服务项目，由专门机构提供。时间戳是一个经加密后形成的凭证文档，它包括了以下三个部分。

（1）需要加时间戳的文件摘要。

（2）数字时间标志机构收到文件的日期和时间。

（3）数字时间标志机构的数字签名。

时间戳产生的机制：用户首先将需要加时间戳的文件用哈希算法加密后形成摘要，然后将该摘要发送到数字时间标志机构，数字时间标志机构在加入了收到文件摘要的日期和时间信息后，再对该文件用数字时间标志机构的密钥加密（数字签名），然后送回用户手中。数字时间戳产生过程如图 9.7 所示。

（八）安全套接层协议简介

安全套接层（SSL）协议是网景公司在网络传输层之上提供的一种基于 RSA 和保密密钥的用于浏览器和 Web 服务器之间的安全连接技术。安全套接层协议是一个保证任何安装了安全套接层的客户和服务器间事务安全的协议，该协议向基于 TCP/IP 的客户/服务器应用程序提供了客户端和服务器的鉴别、数据完整性及信息机密性等安全措施。目的是为用户提供互联网和企业内联网的安全通信服务。安全套接层协议在应用层收发数据前，协商加密算法，连接密钥并认证通信双方，从而为应用层提供了安全的传输通道；在该通道上可透明加载任何高层应用协议以保证应用层数据传输的安全性。安全套接层协议握手流程由两个阶段组成：服务器认证和用户认证。安全套接层采用了公开密钥和专有密钥两种加密：在建立连接过程中采用公开密钥，在会话过程中使用专有密钥。加密的类型和强度则在两端之间建立连接的过程中判断决定。它保证了客户和服务器间事务的安全性。

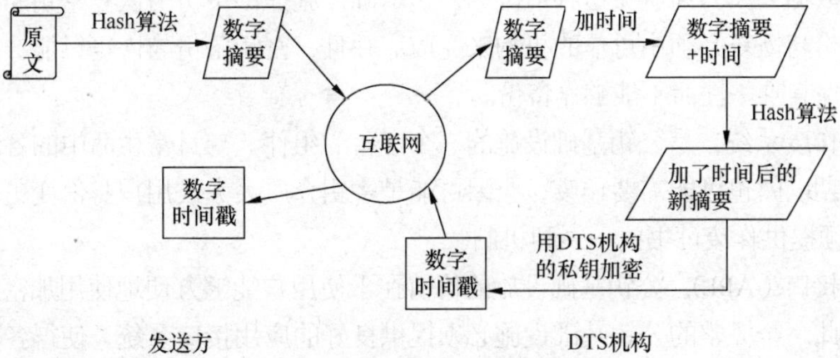

图 9.7　获得数字时间戳的过程

知识拓展

SSL 协议的漏洞

随着网络的普及，网络安全环境对 SSL 证书的需求日益加大，世界 500 强企业中 93% 的公司和世界 100 家最大的银行中 97%的银行以及全球 50 家大型电子商务网站中的 47 个网站都安装了 SSL 证书。

现有的 SSL 协议已发展出 SSL2.0、SSL3.0、TLSv1、TLS1.1 及 TLS1.2 多个版本。但是，2014 年 4 月，SSL3.0 曝出名为“贵宾犬”的高危漏洞（漏洞编号 CVE-2014-3566），可导致网络中传输的数据被黑客监听，使用户的敏感信息、网络账号和银行账户被盗。据此情况，赛门铁克公司发出声明，SSL 协议漏洞与 SSL 证书本身无关，并推荐使用更安全的 TLS1.1 及 TLS1.2 协议即可避免受到漏洞影响。

本资料摘自 2014 年 11 月 5 日《解密 SSL 证书为何对企业网站安全如此重要》一文。

二、公钥基础设施

公钥基础设施（public key infrastructure，PKI）是指用公钥概念和技术来实施，支持公开密钥的管理并提供真实性、保密性、完整性以及可追究性安全服务的具有普适性的安全基础设施。

1. PKI 的基本组成

完整的 PKI 系统必须具有权威认证机构（CA）、数字证书库、密钥备份及恢复系统、证书作废系统、应用接口（API）等基本构成部分，构建公钥基础设施也将围绕着这五大系统来着手。

公钥基础设施技术是信息安全技术的核心，也是电子商务的关键和基础技术。公钥基础设施的基础技术包括加密、数字签名、数据完整性机制、数字信封、双重数字签名等。一个典型、完整、有效的公钥基础设施应用系统至少应具有以下部分：公钥密码证书管理；黑名单的发布和管理；密钥的备份和恢复；自动更新密钥；自动管理历史密钥；支持交叉认证。

（1）认证机构（CA），即数字证书的申请及签发机关，CA 必须具备权威性的特征。

（2）数字证书库，用于存储已签发的数字证书及公钥，用户可由此获得所需的其他用户的证书及公钥。

（3）密钥备份及恢复系统。如果用户丢失了用于解密数据的密钥，则数据将无法被解密，这将造成合法数据丢失。为避免这种情况，公钥基础设施提供备份与恢复密钥的机制。但须注意，密钥的备份与恢复必须由可信的机构来完成。并且，密钥备份与恢复只能针对解密密钥，签名私钥为确保其唯一性而不能够作备份。

（4）证书作废系统，是公钥基础设施的一个必备的组件。与日常生活中的各种身份证件一样，证书有效期以内也可能需要作废，原因可能是密钥介质丢失或用户身份变更等。为实现这一点，PKI 必须提供作废证书的一系列机制。

（5）应用接口（API），公钥基础设施的价值在于使用户能够方便地使用加密、数字签名等安全服务，因此一个完整的公钥基础设施必须提供良好的应用接口系统，使得各种各样的应用能够以安全、一致、可信的方式与公钥基础设施交互，确保安全网络环境的完整性和易用性。

通常来说，认证中心是证书的签发机构，它是公钥基础设施的核心。众所周知，构建密码服务系统的核心内容是如何实现密钥管理。公钥体制涉及一对密钥（即私钥和公钥），私钥只由用户独立掌握，无须在网上传输，而公钥则是公开的，需要在网上传送，故公钥体制的密钥管理主要是针对公钥的管理问题，目前较好的解决方案是数字证书机制。

2. 公钥基础设施的优势

公钥基础设施的优势主要表现在以下几方面。

（1）采用公开密钥密码技术，能够支持可公开验证并无法仿冒的数字签名，从而在支持可追究的服务上具有不可替代的优势。这种可追究的服务也为原发数据完整性提供了更高级别的担保。支持可以公开地进行验证，或者说任意的第三方可验证，能更好地保护弱势个体，完善平等的网络系统间的信息和操作的可追究性。

（2）由于密码技术的采用，保护机密性是公钥基础设施最得天独厚的优点。公钥基础设施不仅能够为相互认识的实体之间提供机密性服务，同时也可以为陌生的用户之间的通信提供保密支持。

（3）由于数字证书可以由用户独立验证，不需要在线查询，原理上能够保证服务范围无限制地扩张，这使得公钥基础设施能够成为一种服务巨大用户群的基础设施。公钥基础设施采用数字证书方式进行服务，即通过第三方颁发的数字证书证明末端实体的密钥，而不是在线查询或在线分发。这种密钥管理方式突破了过去安全验证服务必须在线的限制。

（4）公钥基础设施提供了证书的撤销机制，从而使得其应用领域不受具体应用的限制。撤销机制提供了在意外情况下的补救措施，在各种安全环境下都可以让用户更加放心。另外，因为有撤销技术，不论是永远不变的身份还是经常变换的角色，都可以得到公钥基础设施的服务而不用担心被窃后身份或角色被永远作废或被他人恶意盗用。为用户提供“改正错误”或“后悔”的途径是良好工程设计中必需的一环。

（5）公钥基础设施具有极强的互联能力。不论是上下级的领导关系，还是平等的第三方信任关系，公钥基础设施都能够按照人类世界的信任方式进行多种形式的互联互通，从而使公钥基础设施能够很好地服务于符合人类习惯的大型网络信息系统。公钥基础设施中各种互联技术的结合使建设一个复杂的网络信任体系成为可能。公钥基础设施的互联技术为消除网络世界的信任孤岛提供了充足的技术保障。

第四节　电子商务网络安全

电子商务网络安全对电子商务异常重要，本节简要介绍防火墙技术、虚拟专用网和信侵检测技术等常用的电子商务网络安全技术。

一、防火墙技术

防火墙的概念是从建筑学上引过来的。在建筑学中的防火墙是用来防止大火从建筑物的一部分蔓延到另一部分而设置的阻挡设施。计算机网络的防火墙是一个由软件和硬件设备组合而成的、在内部网（可信赖的安全网路）和外部网（不可靠的网路环境）之间的界面上构造的保护屏障，如图 9.8 所示。只有被允许的通信才能通过防火墙，从而起到内部网与外部网隔离的作用，可以限制外部用户对内部网络的访问和内部用户对外部网络的访问。它控制所有内部网与外部网之间的数据流量，防止企业内部信息流入互联网；控制外部有害信息流入内部网。防火墙还能执行安全策略，记录可疑事件。

防火墙是一种安全有效的防范技术，是访问控制机制、安全策略和防入侵的措施。从狭义上讲，防火墙是指安装了防火墙软件的主机或路由器系统；从广义上讲，防火墙还包括整个网络的安全策略和安全行为。

1. 防火墙的构成

防火墙主要包括安全操作系统、过滤器、网关、域名服务和电子邮件处理五部分，如图 9.9 所示。有的防火墙可能在网关两侧设置两个内、外过滤器，外过滤器保护网关不受攻击，网关提供中继服务，辅助过滤器控制业务流，而内过滤器在网关被攻破后提供对内部网络的保护。

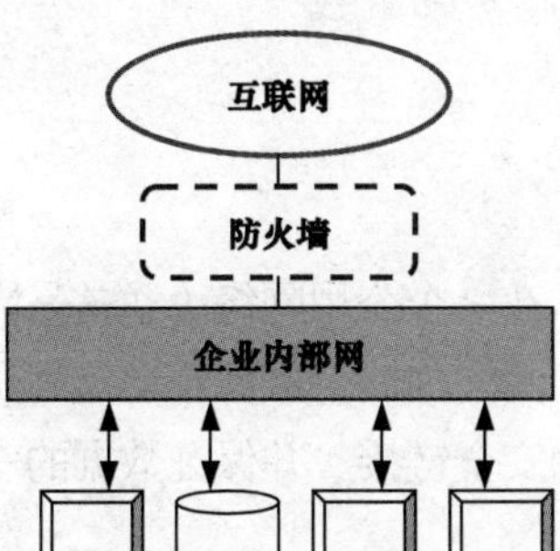

图 9.8　防火墙系统示意图

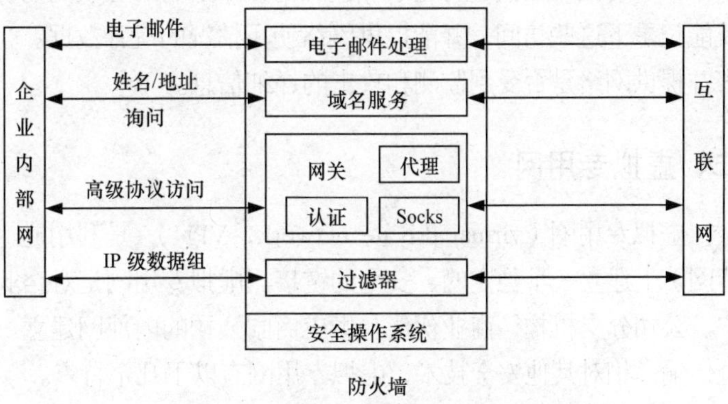

图 9.9　防火墙的构成

防火墙的主要目的是控制数据组，只允许合法流通过。它要对内域网和互联网之间传递的每一数据组进行干预。过滤器则执行由防火墙管理机构制订的一组规则，检验各数据组决定是否允许放行。这些规则按 IP 地址、端口号码和各类应用等参数确定。单纯靠 IP 地址的过滤规则是不安全的，因为一个主机可以用改变 IP 源地址来蒙混过关。

2. 防火墙的功能

具体来说，防火墙系统可以保护计算机免受以下几类攻击。

（1）未经授权的内部访问。在互联网上的未被授权用户想访问内部网的数据或使用其中的服务。

（2）危害证明。一个外部用户通过非法手段（如复制、复用密码）来取得访问权限。

（3）未经授权的外部访问。内部用户试图在互联网上取得未经授权的访问权限或服务。

（4）电子欺骗。攻击者通过伪装的互联网用户进行远程登录，从事各种破坏活动。

（5）特洛伊木马。通过在合法命令中隐藏非法指令来达到破坏目的（如在进行电子邮件发送连接时将指令转为打开一个文件）。

（6）渗透。攻击者通过一个假装的主机隐蔽其攻击企图。

（7）泛洪。攻击者试图用增加访问服务器次数的方法使其过载。

3. 防火墙的优点

防火墙应该具有高度安全性、高度透明性及良好的网络性能，而这些特性本身相互制约、相互影响。因此用户可根据实际情况需要，选择使用哪种途径来设计满足自己网络安全所需要的防火墙。防火墙应该具有以下优点。

（1）保护那些易受攻击的服务。防火墙能过滤那些不安全的服务。具有预先被允许的服务才能通过防火墙，这样就降低了受到非法攻击的风险性，大大地提高了企业内部网的安全性。

（2）控制对特殊站点的访问。防火墙能控制对特殊站点的访问。如有些主机能被外部网络访问而有些则要被保护起来，防止不必要的访问。通常会有这样一种情况，在内部网中只有电子邮件服务器、FTP 服务器和网页服务器能被外部网访问，而其他访问则被防火墙禁止。

（3）集中化的安全管理。对于一个企业而言，使用防火墙比不使用防火墙可能更加经济一些，这是因为如果使用了防火墙，就可以将所有修改过的软件和附加的安全软件都放在防火墙上集中管理；而不使用防火墙，就必须将所有软件分散到各个主机上。

（4）对网络访问进行记录和统计。如果所有对互联网的访问都经过防火墙，那么，防火墙就能记录下这些访问，并能提供网络使用情况的统计数据。当发生可疑操作时，防火墙能够报警并提供网络是否受到监测和攻击的详细信息。

二、虚拟专用网

虚拟专用网（virtual private network，VPN），是利用隧道技术在一个公用网络（通常是因特网）上建立一个稳定的、安全的链接。虚拟专用网是对企业内部网的扩展，可以帮助远程用户、公司分支机构、商业伙伴及供应商同公司的内部网建立可信的安全链接，并保证数据的安全传输。相对其他安全技术，虚拟专用网有以下几个特点。

1. 安全保障

虽然实现虚拟专用网的技术和方式很多，但所有的虚拟专用网均应保证通过公用网络平台传输数据的专用性和安全性。在非面向链接的公用 IP 网络上建立一个逻辑的、点对点的链接，称之为建立一个隧道，可以利用加密技术对经过隧道传输的数据进行加密，以保证数据仅被指定的发送者和接收者了解，从而保证了数据的私有性和安全性。在安全性方面，由于虚拟专用网直接构建在公用网上，实现简单、方便、灵活，但同时其安全问题也更为突出。企业必须确保其虚拟专用网上传送的数据不被攻击者窥视和篡改，并且要防止非法用户对网络资源或私有信息的访问。外部网虚拟专用网将企业网扩展到合作伙伴和客户，对安全性提出了更高的要求。

2. 服务质量保证

虚拟专用网应当为企业数据提供不同等级的服务质量保证（quality of service，QoS）。不同的用户和业务对服务质量保证的要求差别较大。如移动办公用户，提供广泛的链接和覆盖性是保证虚拟专用网服务的一个主要因素；而对于拥有众多分支机构的专线虚拟专用网网络，交互式的内部企业网应用则要求网络能提供良好的稳定性；对于其他应用（如视频等）则对网络提出了更明确的要求，如网络时延及误码率等。所有以上网络应用均要求网络根据需要提供不同等级的服务质量。在网络优化方面，构建虚拟专用网的另一重要需求是充分有效地利用有限的广域网资源，为重要数据提供可靠的带宽。广域网流量的不确定性使其带宽的利用率很低，在流量高峰时引起网络阻塞，产生网络瓶颈，使实时性要求高的数据得不到及时发送；而在流量低谷时又造成大量的网络带宽空闲。服务质量保证（QoS）通过流量预测与流量控制策略，可以按照优先级分配带宽资源，实现带宽管理，使得各类数据能够被合理地先后发送，并预防阻塞的发生。

3. 可扩充性和灵活性

虚拟专用网必须能够支持通过内部网和外部网的任何类型的数据流，方便增加新的节点，支持多种类型的传输媒介，可以满足同时传输语音、图像和数据等新应用对高质量传输以及带宽增加的需求。

4. 可管理性

从用户角度和运营商角度考虑，应做到可方便地进行管理、维护。在虚拟专用网管理方面，虚拟专用网要求企业将其网络管理功能从局域网无缝地延伸到公用网，甚至是客户和合作伙伴。虽然可以将一些次要的网络管理任务交给服务提供商去完成，企业自己仍需要完成许多网络管理任务。所以，一个完善的虚拟专用网管理系统是必不可少的。虚拟专用网管理的目标为：减小网络风险、具有高扩展性、经济性、高可靠性等优点。事实上，虚拟专用网管理主要包括安全管理、设备管理、配置管理、访问控制列表管理、服务质量保证（QoS）管理等内容。

三、入侵检测系统

“入侵”（intrusion）是个广义的概念，不仅包括被发起攻击的人（如恶意的黑客）取得超出合法范围的系统控制权，也包括收集漏洞信息，造成拒绝访问（denial of service）等对计算机系统产生危害的行为。

入侵检测（intrusion detection），顾名思义，便是发觉入侵行为。它通过对计算机网络或计算机系统中若干关键点收集信息并对其进行分析，从中发现网络或系统中是否有违反安全策略的行为和被攻击的迹象。进行入侵检测的软件与硬件的组合便是入侵检测系统（intrusion detection system，IDS）。与其他安全产品不同的是，入侵检测系统需要更多的智能，它必须可以将得到的数据进行分析，并得出有用的结果。一个合格的入侵检测系统能大大地简化管理员的工作，保证网络安全的运行。

1. 入侵检测系统的功能

具体说来，入侵检测系统的主要功能有以下几项：①监测并分析用户和系统的活动；②核查系统配置和漏洞；③评估系统关键资源和数据文件的完整性；④识别已知的攻击行为；⑤统计分析异常行为；⑥操作系统日志管理，并识别违反安全策略的用户活动。

2. 入侵检测系统的分类

一般来说，入侵检测系统可分为主机型和网络型。

主机型入侵检测系统往往以系统日志、应用程序日志等作为数据源，当然也可以通过其他手段（如监督系统调用）从所在的主机收集信息进行分析。主机型入侵检测系统保护的一般是所在的系统。

网络型入侵检测系统的数据源则是网络上的数据包。往往将一台机子的网卡设于混杂模式（promiscmode），监听所有本网段内的数据包并进行判断。一般网络型入侵检测系统担负着保护整个网段的任务。

网络型入侵检测系统的优点主要是简便：一个网段上只需安装一个或几个这样的系统，便可以监测整个网段的情况。且由于往往分出单独的计算机做这种应用，不会给运行关键业务的主机带来负载上的增加。但由于现在网络的日趋复杂和高速网络的普及，这种结构正受到越来越大的挑战。一个典型的例子便是交换式以太网。

尽管主机型入侵检测系统的缺点显而易见：必须为不同平台开发不同的程序、增加系统负荷、所需安装数量众多等，但是内在结构却没有任何束缚，同时可以利用操作系统本身提供的功能结合异常分析，更准确地报告攻击行为。

3. 入侵检测技术

对各种事件进行分析，从中发现违反安全策略的行为是入侵检测系统的核心功能。从技术上，入侵检测分为两类：一种基于标志（signature-based），另一种基于异常情况（anomaly-based）。

对于基于标识的检测技术来说，要定义违背安全策略事件的特征，如网络数据包包括头信息，检测这类特征是否在所收集到的数据中出现。此方法非常类似杀毒软件。

而基于异常的检测技术则是先定义一组系统“正常”情况的数值，如中央处理器（CPU）利用率、内存利用率、文件校验等（这类数据可以人为定义，也可以通过观察系统用统计的办法得出），然后将系统运行时的数值与所定义的“正常”情况比较，得出是否有被攻击的迹象。这种检测方式的核心在于如何定义所谓的“正常”情况。

两种检测技术的方法所得出的结论有非常大的差异。基于异常的检测技术的核心是维护一个知识库。对于已知的攻击，它可以详细、准确地报告出攻击类型，但是对未知攻击却效果有限，而且知识库必须不断更新。基于异常的检测技术则无法准确判别出攻击的手法，但它可以（至少在理论上可以）判别更广范，甚至未发觉的攻击。如果条件允许，两者结合的检测会达到更好的效果。

本章小结

成功的电子商务必须有安全保障。本章主要介绍了电子商务安全的基本需求与安全策略，并着重分析了常见的电子商务安全威胁，包括技术攻击与非技术攻击。针对不同的安全威胁，着重介绍了公钥基础设施（PKI）、防火墙、入侵检测等电子商务安全防御手段。

课后练习与实践训练

一、判断题

1. 电子商务安全的研究范畴属于纯技术上的问题。(　　)
2. 在对称加密体制中，密钥被分解为一对，分别是公有密钥和私有密钥。(　　)
3. 虚拟专用网利用隧道协议在网络之间建立一个虚拟通道，以完成数据信息的安全传输。(　　)
4. 信息被篡改是指信息的完整性被破坏。(　　)
5. 电子商务安全仅仅是一个企业安全部门的事情。(　　)

二、单项选择题

1. 对称加密方式主要存在（　　）问题。

   A. 加密技术不成熟　　B. 无法鉴别贸易双方的身份

   C. 密钥安全交换和管理　　D. 加密方法很复杂

2. 非对称加密方法的优点是（　　），而且能方便地鉴别贸易双方的身份。

   A. 加密技术很成熟

   B. 解决了对称加密技术中密钥的安全交换和管理问题

   C. 可以用于加密各种文件和数据

   D. 加密方法很复杂导致加密速度很慢

3. 数字证书包含（　　）等内容。

   A. 证书颁发者的姓名和公钥　　B. 公钥的有效期

   C. 颁发数字证书的单位及其数字签名　　D. 数字证书的级别

   E. 数字证书的序列号

4. 数字签名是解决（　　）问题的方法。

   A. 未经授权擅自访问网络　　B. 数据被泄露或篡改

   C. 冒名发送数据或发送数据后抵赖　　D. 以上三种

5. 数据摘要可用于验证通过网络传输收到的文件是否是原始的、未被篡改的文件原文，产生数据摘要采用（　　）算法。

   A. Hash　　B. DES　　C. RSA　　D. PIN

三、简答题

1. 电子商务面临的安全威胁有哪些？
2. 社会工程学攻击的特点是什么？
3. 防火墙的作用有哪些？
4. 图示数字签名的原理。

5. 什么是KPI，KPI的主要优势有哪些？

四、实践训练

1. 登录国家互联网应急中心网站，查看最新一个月的互联网安全报告，寻找排名前十的活跃放马站点域名，填在下方。

排序	活跃放马站点域名
1	
2	
3	
4	
5	
6	
7	
8	
9	
10	

2. 登录金山安全中心、360以及中国反钓鱼网站联盟等互联网安全服务组织提供的监测数据，了解钓鱼网站的发展趋势，并列出五个主要钓鱼网站仿冒对象。

拓展学习指南

黑客组织的产业化已经成为目前互联网犯罪的主要特征。有关互联网地下产业链的内容可登录清华大学网络与信息安全实验室网站，下载清华大学网络与信息安全实验室和趋势科技联合发布《中国信息安全地下产业链调查报告》。该报告揭示了中国互联网信息安全地下产业链的构成结构、发展形态以及运作模式。

第十章　电子商务法律

【学习要点及目标】

1. 了解电子商务在发展中所涉及的法律冲突。
2. 了解全球的电子商务立法现状。
3. 了解我国电子商务的法律法规。
4. 掌握我国电子商务中的知识产权、隐私权、消费者权益保护等相关法律问题。

【核心概念】

电子商务法律　电子商务中的权益保护　电子合同　电子签名　网络犯罪　电子商务立法

引导案例

下载"安全软件"事主被骗45万元

据2009年11月20日《北京日报》报道（记者侯莎莎 实习生骆倩雯）2009年3月9日，一名女事主接到一个来自"上海市公安局"的电话，被告知电话欠费，并涉案。对方要求她进行银行转账，并给了她一个下载"安全软件"的网址。按照对方的提示进行操作后，女事主被骗走了458 000元。

上海市公安局刑侦总队副总队长马曦初介绍，电话欠费诈骗和网络诈骗案出现了以安全软件为幌子的新变种。在发生的类似案件中，有嫌疑人给事主拨打电话，以事主电话欠费、身份信息被非法盗用、账户信息涉嫌洗钱等理由，要求事主将账户内存款转账到"安全账户"，并要求事主登录网上银行，安装保密软件。随后，嫌疑人以网上监控或杀毒为名要求事主下载"安全软件"。

警方介绍，所谓的"安全软件"其实是经过伪装的木马软件。安装这种软件后，事主在电脑上的操作就会被嫌疑人实时监控，网银账户、密码等重要信息就会被嫌疑人掌握。

警方提醒，不要轻易下载来历不明的"安全软件"，同时，不要将自己的银行账户和密码泄露给陌生人。

【案例导学】

电子商务面临着一系列不可避免的法律法规问题。这些问题包括国际民事诉讼、知识产权、言论自由与隐私权的突破、电子合同的有效性、消费者的权益保护、网上税收问题以及电子支付的法律保障等。

第一节 电子商务法律概述

一、电子商务的主要法律问题

1. 电子商务运作平台建设及其法律地位问题

在电子商务环境下，交易双方的身份信息、产品信息、意思表示（合同内容）、资金信息等均通过交易当事人自己设立的或其他人设立的网站传递和储存，世界上不特定的人均可借助计算机发出和接受网络上的信息，并通过一定程序与其他人达成交易。在通过中介服务商提供平台进行交易的情形下，服务商的地位和法律责任问题就成为一个复杂的问题。网站与在网站上设立虚拟企业进行交易的人之间、网站与进入站点进行交易的消费者之间是什么法律关系，在网站传输信息不真实、无效或其他情形下引起的损失，网站承担什么责任，受损失的交易相对人如何救济就是电子商务法要解决的问题。

2. 在线交易主体及市场准入问题

在法律世界里，不存在虚拟主体，而电子商务恰恰偏离了法律的要求，出现虚拟主体。电子商务法要解决的问题是确保网上交易的主体是真实存在的，且能够使当事人确认它的真实身份。这要依赖必要的工商管理和网上商事主体公示制度加以解决。而主体的管制实质上也是一个市场准入和网上商业的政府管制问题。

在现行法律体制下，任何长期固定地从事营利性事业的人（主体）必须进行登记。而网络具有开放性，电子商务因此也具有开放性，任何人均可以设立网站（主页）或设立在线商店或专卖店销售其生产或经销的商品。这样，哪些主体可以从事在线商务，如何规范在线商事行为等便成为电子商务法研究的问题。

3. 电子合同问题

在传统商业模式下，除即时清结的或数额小的交易无需记录外，一般要签订书面的合同，以便在对方失信不履约时作为证据，追究对方的责任。而在在线交易的情形下，所有当事人的意思表示均以电子化的形式储存于计算机硬盘或其他电子介质中，而这些记录方式不仅容易被涂擦、删改、复制、遗失等，而且离开电脑或相关工具后便不易为人所感知，即不能脱离其特定的工具而作为证据存在，所有这些便是电子合同问题。电子合同与传统合同有很大的区别，突出表现在书面形式，包括电子签名的有效性、电子合同收到与合同成立地点、合同证据等方面的问题。

4. 电子商务中产品交付的特殊问题

在线交易的标的物分两种，一种是有形货物，另一种是信息产品。应当说，有形货物的交付仍然可以沿用传统合同法的基本原理，而对于物流配送中引起的一些特殊问题，也要做一些探讨。而信息产品的交付则具有不同于货物交付的特征，对于产品权利的转移、交付和退货等需要做详细的探讨。电子商务独特的运作方式向现有的商务规范模式提出了技术、财务和交易安全等方面的重大挑战，没有法律规范的电子商务将难以正常发展，传统的法律体系很难适应电子商务的发展以及解决其发展中出现的新的法律问题，创造一个良好的法制环境是推动电子商务健康有序发展的前提和保障，及时制定并出台相应的法律法规，鼓励、引导维护电子商务沿着健康轨道发展，成为当前我国和世界各国立法的一项重要任务。

5. 特殊形态的电子商务规范问题

在电子商务领域存在一些特殊的商务形式，如网络广告、网上拍卖、网上证券交易等，这些在传统法律领域受特殊规范的商业形式，转移至网上进行后，如何规范和管制，便是电子商务法必须探讨的问题。

6. 网上电子支付问题

在电子商务简易形式下，支付往往采用汇款或直接付款方式，而典型的电子商务则在网上完成支付。网上支付是通过虚拟银行的电子资金划拨来完成的，而实现这一过程涉及网络银行与网络交易客户之间的协议、网络银行与网站之间的合作协议法律关系以及安全保障问题。因此，需要制定相应的法律，明确电子支付的当事人包括付款人、收款人和银行之间的法律关系，制定相关的电子支付制度，认可电子签名的合法性。同时还应出台对于电子支付数据的伪造、变造、更改、涂销问题的处理办法。

7. 在线不正当竞争与网上知识产权保护问题

网络为企业带来了新的经营环境和经营方式，在这个特殊的经营环境中，同样会产生许多不正当的竞争行为。这些不正当竞争行为有的与传统经济模式下相似，但在网络环境下又会产生一些特殊的不正当竞争行为，这些不正当竞争行为大多与网上新形态的知识产权或无形财产权的保护有关，特别是因为域名、网页、数据库等引起一些传统法律体系中的不正当行为，需要探讨一些新规则。这便是在线不正当竞争行为的规制问题。实际上，保护网上知识产权是维持一个有序的在线商务运营环境的重要措施。

8. 在线消费者保护问题

电子商务市场的虚拟性和开放性，网上购物的便捷性使消费者保护成为突出的问题，尤其是如何保障网上产品或广告信息的真实性、有效性，以及消费者信赖不实或无效信息发生交易的纠纷问题。特别是在商业信用不高的情形下，网上商品良莠不齐，质量难以让消费者信赖，而一旦出现质量问题，修理、退赔或其他方式的补救又很难，成为困扰电子商务发展的问题之一。加上支付手段、物流配送的落后，使方便的购物变得不方便甚至增加成本。寻求在电子商务环境下执行《中华人民共和国消费者权益保护法》[1]（以下简称《消法》）的方法和途径，制定网上消费者保护的特殊法律条文，既维护了消费者权益也是保障电子商务健康发展的法律制度的组成部分。

9. 网上个人隐私保护问题

计算机和网络技术为人们获取、传递、复制信息提供了方便，加上网络的开放性、互动性，凡是进行在线消费（购物或接受信息服务）均须将个人资料留给商家，而对这些信息的再利用成为网络时代普遍的现象。如何规范商家的利用行为，保护消费者隐私权，就成为一个新问题。这一问题实质上仍然是关系消费者利益、树立消费者信任的重要组成部分。

10. 网上税收问题

作为一种商业活动，电子商务是应当纳税的，但从促进电子商务发展的角度，在一定时期内实行免税是很有必要的。从网络交易的客观实际来看，由于其逐步发展为全球范围内的交易，因此管

---

1 读者可在中国电子商务网查找各种电子商务法律原文，本章最后“拓展学习指导”中已提供该网站地址及其二维码。

理十分困难。每天通过因特网所传递的资料数据相当大，其中某些信息就是商品，如果要监管所有的交易，必须对所有的信息都进行过滤，这在事实上是不可能的。如果按照现有的税法进行征税，必然要涉及税务票据问题，但电子发票的实际运用技术还不成熟，其法律效力尚有较大的争论。

11. 在线交易法律适用和管辖冲突问题

电子商务法只是解决在线交易中的特殊法律问题，在线交易仍然适用传统的法律框架和体系，因此，虽然交易在网络这个特殊的“世界”完成，但它仍然要适用现实的法律。由于因特网超地域性，这给法律的适用和法院管辖提出了难题。因此，对于网络环境引起的法律适用和管辖特殊问题的研究也就成为电子商务法的重要组成部分。

二、电子商务参与各方的法律关系

作为采用数字化电子方式进行商务数据交换和开展商务业务活动的电子商务，有网络商品直销和网络商品中介交易两种基本的交易流转程式。在这些交易过程中，买卖双方，客户与交易中心，客户与银行，客户、交易中心、银行与认证中心都将彼此发生业务关系，从而产生相应的法律关系。

（一）买卖双方的法律关系

买卖双方之间的法律关系实质上表现为双方当事人的权利和义务。买卖双方的权利和义务是对等的。买方的义务就是卖方的权利，反之亦然。在电子商务条件下，买方应当承担三项义务。

（1）按照网络交易规定方式支付价款的义务。由于电子商务的特殊性，网络购买一般没有时间、地点的限制，支付价款通常采用信用卡、智能卡、电子钱包或电子支付等方式，这与传统的支付方式是有区别的。但在电子交易合同中，应明确规定采用哪种支付方式。

（2）按照合同规定的时间、地点和方式接受标的物的义务。由买方自提标的物的，买方应在卖方通知的时间到预定的地点提取。由卖方代为托运的，买方应按照承运人通知的期限提取。由卖方运送的，买方应做好接受标的物的准备，及时接受标的物；买方迟延接受时，应负迟延责任。

（3）对标的物进行验收的义务。买方接受标的物后，应及时进行验收。规定有验收期限的，对表面瑕疵应在规定的期限内提出。发现标的物的表面瑕疵时，应立即通知卖方，瑕疵由卖方负责。买方即时进行验收，事后又提出表面瑕疵的，卖方不负责任。对隐蔽瑕疵和卖方故意隐瞒的瑕疵，买方发现后，应立即通知卖方，追究卖方的责任。

在电子商务条件下，卖方同样应当承担三项义务。

（1）按照合同的规定提交标的物及单据。提交标的物和单据是电子商务中卖方的一项主要义务。为划清双方的责任，应当明确规定标的物实物交付的时间、地点和方式。如果合同中对标的物的交付时间方式未做明确规定的，应按照有关合同法或国际公约的规定办理。

（2）对标的物的权利承担担保义务。与传统的买卖交易相同，卖方仍然应当是标的物的所有人或经营管理人，以保证将标的物的所有权或经营管理权转移给买方。卖方应保障对其所出售的标的物享有合法的权利，承担保障标的物的权利不被第三人追索的义务，以保护买方的权益。如果第三人提出对标的物的权利，并向买方提出收回该物时，卖方有义务证明第三人无权追索，必要时应当参加诉讼，出庭作证。

（3）对标的物的质量承担担保义务。卖方应保证标的物质量符合规定。卖方交付的标的物的质量应符合国家规定的质量标准或双方约定的质量标准，不应存在不符合质量标准的瑕疵，也不应出现与网络广告相悖的情况。卖方在网络上出售有瑕疵的物品，应当向买方说明。卖方隐瞒标的物瑕疵的，应承担责任。买方明知标的物有瑕疵而购买的，卖方不负责任。

（二）中介机构与银行的法律关系

1. 网络交易中心的法律地位

网络交易中心在电子商务中介交易中扮演着介绍人、促成和组织者的角色。这一角色决定了交易中心既不是买方的卖方，也不是卖方的买方，而是交易的中间人。它是按照法律的规定，按照买卖双方委托业务的范围和具体要求进行业务活动的。

网络交易中心的设立，应当具备以下四个条件：

（1）是依法设立的企业法人或者事业法人；

（2）具有相应的计算机信息网络、装备以及相应的技术人员和管理人员；

（3）具有健全的安全保密管理制度和技术保护措施；

（4）符合法律和国务院规定的其他条件。

网络交易中心应当认真负责地执行买卖双方委托的任务，并积极协助双方当事人成交。网络中心在进行介绍、联系活动时要诚实、公正、守信，不得弄虚作假、招摇撞骗，否则需承担赔偿损失等法律责任。

网络交易中心必须在法律许可的范围内进行活动。网络交易中心经营的业务范围、物品价格、收费标准等都应严格遵守国家的规定。法律规定禁止的流通物不得作为合同标的物。对显然无支付能力的当事人或尚未确知具有合法地位的法人，不得为其进行中介活动。

2. 网络交易客户与虚拟银行间的法律关系

在电子商务中，银行也变为虚拟银行，网络交易客户与虚拟银行的关系变得十分密切。除少数邮局汇款外，大多数交易要通过虚拟银行的电子资金划拨来完成。电子资金的划拨依据的是虚拟银行与网络交易客户所订立的协议。这种协议属于标准合同，通常是由虚拟银行起草并作为开立账户的条件递交给网络交易客户的。所以，网络交易客户与虚拟银行之间的关系仍然是以合同为基础的。

在电子商务中，虚拟银行同时扮演发送银行和接收银行的角色。其基本义务是依照客户的指示，准确、及时地完成电子资金划拨。作为发送银行，在整个资金划拨的传送链中，承担着如约执行资金划拨指示的责任。一旦资金划拨失误或失败，除免责范围内，发送银行应向客户进行赔付。作为接收银行，其法律地位较为模糊。一方面，接收银行与其客户的合同要求它妥当地接收所划拨来的资金，也就是说，它一接到发送银行传送来的资金划拨指令便应立即履行其义务，如有延误或失误，则应依接收银行自身与客户的合同处理。另一方面，资金划拨中发送银行与接收银行一般都是某一电子资金划拨系统的成员，相互负有合同义务，如果接收银行未能妥当执行资金划拨指示，则应同时对发送银行和受让人负责。

在实践中，电子资金划拨常常出现因过失或欺诈致使资金划拨失误或迟延的现象。如是过失，自然适用于过错归责原则；如系欺诈所致，且虚拟银行安全程序在电子商务上是合理可靠的，则名义发送人需对支付命令承担责任。银行承担责任的形式通常有三种。

（1）返还资金，支付利息。如果资金划拨未能及时完成，或者到位资金未能及时通知网络交易客户，虚拟银行有义务返还客户资金，并支付从原定支付日到退还当日的利息。

（2）补足差额，偿还余额。如果接收银行到位的资金金额小于支付指示所载数量，则接收银行有义务补足差额；如果接收银行到位的资金金额大于支付指示所载数量，则接收银行有权依照法律提供的其他方式从收益人处得到偿还。

（3）偿还汇率波动导致的损失。对于在国际贸易中，由于虚拟银行的失误造成的汇率损失，网络交易客户有权就此向虚拟银行提出索赔，而且可以在本应进行汇兑之日和实际汇兑之日之间选择对自己有利的汇率。

（三）认证机构与各方的法律关系

在整个电子商务交易过程中，包括电子支付过程中，认证机构都有着不可替代的地位和作用。

1. 认证机构的性质

在网络交易的撮合过程中，认证机构（certificate authority，CA）是提供身份验证的第三方机构，是一个或多个用户信任的、具有权威性的组织实体。它不仅要对进行网络交易的买卖双方负责，还要对整个电子商务的交易秩序负责。因此，这是一个十分重要的机构，往往带有半官方的性质。

2. 法律对认证机构与认证证书的规定

电子商务认证机构的法律地位，在《电子签名法》和《电子认证服务管理办法》中做了原则规定。《电子签名法》第十六条规定：电子认证服务机构为"依法设立的电子认证服务提供者"，《电子认证服务管理办法》第五条规定，电子认证服务机构应当具备下列条件：具有独立的企业法人资格；从事电子认证服务的专业技术人员、运营管理人员、安全管理人员和客户服务人员不少于三十名；注册资金不低于人民币三千万元；具有固定的经营场所和满足电子认证服务要求的物理环境；具有符合国家有关安全标准的技术和设备；具有国家密码管理机构同意使用密码的证明文件；法律、行政法规规定的其他条件。自 2005 年 10 月 1 日起，未取得电子认证服务许可的，不得继续从事电子认证服务。

电子签名认证证书包含的具体内容，在《电子认证服务管理办法》第二十八条中有所体现，包括签发电子签名认证证书的电子认证服务机构名称、证书持有人名称、证书序列号、证书有效期、证书持有人的电子签名验证数据、电子认证服务机构的电子签名，还要包括"工业和信息化部规定的其他内容"。而在《中华人民共和国电子签名法》第二十一条中也明确提出电子签名认证证书应载明"国务院信息产业主管部门规定的其他内容"。

第二节　电子商务中的权益保护

电子商务发展要求建立清晰的、有效的网上知识产权保护体系，解决网上著作权、专利权、商标权和域名的保护问题，制止盗版行为。同时，给予消费者包括隐私权、知情权等的充分保护，避免电子商务的高速发展给消费者带来的损害。针对电子商务中出现的新的财产类型，也需要相关法律进行规制。

一、知识产权保护

（一）版权领域

计算机技术、网络技术和电子商务的发展，对版权保护提出了新的要求，如计算机程序、数据库、多媒体作品等的保护；数字化产品的暂时复制、网络传输应如何对待；网上版权、复制权的管理等。

1. 计算机软件

1972年，菲律宾在版权法中，首先把“计算机程序”列为“文学艺术作品”中的一项，纳入版权管理范围。美国于1980年、匈牙利于1983年、澳大利亚和印度于1984年先后把计算机程序或软件列为版权法的保护客体。1985年之后，日本、法国、英国、德国、智利、多米尼加、新加坡等国以及我国台湾和香港地区，先后把计算机软件列入版权保护范围之中。1990年我国《著作权法》将计算机软件作为作品来加以保护，并制定了《计算机软件保护条例》和《计算机软件登记办法》。

2. 数据库

根据《保护文学艺术作品伯尔尼公约》《世界知识产权组织版权条约》（WCT）和世界贸易组织的《与贸易有关的知识产权协议》的有关规定，数据库应当纳入版权法的保护范围中，并对数据库提供版权保护以外的特别权利保护。1996年3月，欧盟通过欧洲议会与欧盟理事会《关于数据库法律保护的指令》，强化对数据库作为知识产权的保护。

3. 多媒体

多媒体是将原先单纯以文字方式表现的信息在程序的驱动下以文字、图形、声音、动画等多种方式展现的作品。多媒体作品可以归属为计算机程序、视听作品或汇编作品等不同类别。

（1）多媒体的版权归属权使用。首先，多媒体制作者对自己所有的材料享有版权；其次，通过委托合同、转让合同和使用合同从他人那里获得的材料，享有合同所规定的版权权利（关于委托作品的最后权利归属，各国规定有所不同）；最后，对于公共领域的材料，人人可以自由利用，制作网页时可以对这类材料加以利用而不用征求任何人的同意。

（2）复制权的规定。美国1995年9月制定的“知识产权和国家信息基础设施”法案和欧盟的“1991年计算机程序指令”及“1996年数据库指令”，都将暂时复制权规定在权利人的专有权之中。世界知识产权组织1996年通过《世界知识产权组织版权条约》和《世界知识产权组织表演和唱片条约》时，暂时复制权是争论的焦点之一。认定发行权属于向公众提供复制件的专有权，发行就是经过权利人许可向公众提供复制件的行为。复制和传输权要保护作者的精神权利，如署名权利保护作品完整权，承认作者的智力劳动，防止轻易改变他人作品，并且广泛传播，保证社会公众从网络上获得真实可靠的信息资料。

阅读案例

华盖创意诉欧派家居集团及新浪微博侵犯著作权案

据2013年5月27日《中国新闻出版报》报道（王一璠）华盖公司作为一家图片授权公司，2012年11月向广州市白云区法院诉称，欧派公司未经其许可，在自建的新浪微博中使用华盖公司享有著作权的图片，新浪微博的开办公司北京微梦创科网络技术有限公司被告为欧派公司的侵权行为提供了信息发布平台，二者应共同承担赔偿责任。欧派认为，他们转发的图片，来自于皮皮时光机软件图片库，也没有获利，请求法院驳回原告的请求。微梦创科公司认为其接到华盖公司投诉后已经将信息删除，不再承担责任。

法院认为，欧派在转发该配图微博时没有审查权利归属，也未能提供证据证明使用该图片已获授权，构成了侵害著作财产权。微梦公司作为涉案微博的网络经营者，在原告没有向其提出有效投诉的前提下，要求其承担侵权责任没有事实和法律依据。一审判决：欧派公司在其微博中删除并停止使用涉案图片，并赔偿华盖公司经济损失1000元。

（二）专利权领域

电子商务专利权领域的问题主要就是电子商务软件的专利权问题，以及商业方法和软件技术的可专利性问题。

多年来，计算机软件的最佳保护方式是版权。按照版权法，当软件被视为作品时，仅仅保护它的形式，而不保护它的构思。但是，一项软件的核心往往在于它的算法模型、组织结构和处理流程等设计构思，而其中不少是开发者所特有的创造性设计和技术诀窍。而这种构思与其载体间没有必然的联系，即构思可以脱离其载体——计算机语言而独立存在。显然版权法不可能把可以与载体脱离的构思纳入其调整的范围。如果有人掌握了软件的技术构思，是不难编写出同样功能的程序代码的，当这些程序代码以一种新的载体出现时，版权法就无能为力了。软件权利人不仅要求保护自己的软件作品不被他人擅自复制、传播，而且希望保护自己软件中的创造性设计构思不被他人擅自使用。对这种保护只有依靠专利法等法律的保护。在 20 世纪 80 年代后期，美国的法庭采用判例的形式确认了计算机软件的专利保护方式，从而掀起了计算机软件保护新的历史篇章，日本和欧盟及其成员国也相继引进软件专利保护制度。我国国家知识产权局编写的《商业方法相关发明专利申请的审查指南》（2006 年版）也给出严格的审查标准。

虽然对电子商务方法和软件技术实行专利保护仍存在较大的争议，但在电子商务环境下，具备有效的电子商务模式和方法专利就好似拿到了护身符一样，让竞争对手无法全盘照抄别人的成功模式，从而使企业保持相对的竞争优势。有关计算机软件的专利申请不再局限于工程性的机器、装置或方法；越来越多的公司都会把其策略、管理方针、投资模式等原本可能归纳为抽象的意念以“机器”的方式出现，从而取得专利权的法律保护。

阅读案例

美国亚马逊公司的“一次点击购物”专利案

美国亚马逊公司在 1997 年 9 月 12 日提出了一项名为“method and system for placing a purchase order via a communications network”（一次点击购物）的专利申请。该项专利包含称为“single action”的技术，也就是当顾客上网消费时，系统自动将顾客的基本资料以及购买记录加以储存，使得之后再上网站无需重复填写资料便可以进行消费的设计。这项技术还可使网站借由这些记录来提供其他的附加值服务。1999 年 9 月 28 日，亚马逊公司获得了这项技术专利。

1999 年 10 月 21 日，该公司以侵犯专利为理由，起诉了竞争对手美国 Barnes& Noble（B&N）公司。亚马逊的创立者 Jeff Bezos 在新闻发布会上说，他们花了无数心血后才推出一次点击购物这一方便顾客购物的构想，并使之在网站上淋漓尽致地发挥作用。1998 年 5 月，Barnes& Noble 非法剽窃了亚马逊的一次点击购物技术，仅仅更名为 Express Lane，就肆无忌惮地将其应用在自己的网站上。

一次点击购物和 Express Lane 技术都允许用户一次点击将账单及运货信息安全地存储起来，而不必每次重新输入这些信息。1999 年 12 月西雅图联邦地方法院对 Barnes& Noble

公司发出“在最终判决下达之前停止 Express Lane”的通告。虽然这只是临时性的判决，但实质上承认了亚马逊的一次点击购物专利的有效性。为此，Barnes& Noble 只好增加一道确认步骤而成为“二次点击”。

（李晓秋，2011 年）

（三）商标领域

各国商标法通常规定可受保护的商标标识为“文字、图案或其组合”，而互联网上商标权保护面临的挑战之一就是网络域名与商标的冲突，具体见域名的分析，另一个主要的挑战就是网络主页上的商标侵权行为。这主要包括将他人商标移作自己网页的图标，或者将他人注册商标设计为自己网页的一部分，足以使人产生混淆，以及在自己网页上将他人的注册商标用作链接标志足以误导网络用户两种情形。擅自使用他人注册在先的商标当作自己网页上的图标，或者在自己网页上将他人注册在先的商标用作链接标志，使自己经营的电子商务与商标权人的商务足以造成混淆，势必会损害商标权人的利益。

（四）域名

域名（domain name）又称网址，是连接到计算机的地址，代表着厂商在互联网上的身份，也可以说是上网厂商的名称。任何进行电子商务的企业首先必须注册自己的域名。

由于商标制度的地域性，在全球大市场中也可以有不止一家公司在不同的国家拥有相同的注册商标。域名的这一特点与商标分类制度的差别已决定了域名与商标发生冲突的可能。即同一商标的两个合法拥有者都试图以其商标做域名，同时域名注册的不审查政策，且与知识产权制度相互独立，分别注册、登记，各成体系的特点，在客观上形成了域名与他人商标会出现相同或近似的情形。域名的唯一性与商标的相对不唯一性，即多个商标文字可能与同一域名发生冲突的特性，又加大了这种冲突的范围和强度。一些“聪明人”就利用这些制度上的缺陷专营抢注、囤积域名，然后转卖给商标权人。在域名与商标权的纠纷中，还包括网络域名中包含他人文字注册商标的单词、字母等而引起的纠纷，网络使用人所享有的三级域名与他人著名域名（二级域名）相同而引发的纠纷，等等。域名使用中出现的种种纠纷是新兴网络技术挑战现实世界法律秩序的又一次证明。因此，各国相继颁布了域名管理规则，有关国际组织积极寻求改进域名系统的方案。

阅读案例

“杰克·琼斯”商标侵权案

原告绫致时装（天津）有限公司诉被告崔女士、杜先生侵犯商标权纠纷案，此案中，原告诉称，原告于 2005 年 1 月获得了“JACK&JONES”商标的专用权，并于 2006 年 8 月注册了“杰克·琼斯”商标。经过多年经营，“JACK&JONES”和“杰克·琼斯”品牌在中国具有了极高的知名度及领先的市场占有率。2008 年以来，客户大量投诉一家称作“杰克琼斯中文网”“杰克琼斯官方网站”。

经调查发现，杜先生于 2007 年 4 月 11 日注册了 jackjonescn.net 域名，并利用该域名开办了网站。该网站大量使用与原告商标相同或近似的标识对其网站商品进行宣传、介绍、展示、展览与广告；并通过在其网站源程序的文件头、标签页中使用与原告商标相同或近似的文字使得通过谷歌、百度、雅虎等各大搜索引擎以“杰克琼斯”“杰克琼斯官方网站”

等为关键词进行搜索时，所有搜索结果中第一条显示的就是涉案侵权网站。涉案网站通过网站上设立的“折扣专卖店”，大量销售侵犯原告注册商标权的服装，且在网站上声称“保证原厂直供”，对外销售的侵权产品多达150多种，并通过支付宝、网络银行、汇款等多种方式收取货款、获取巨额利润。原告认为二被告的行为侵犯了原告的注册商标专用权。

这一起案件中，原告主张的商标侵权行为同时涉及了“商标被注册为域名”及“网络销售侵犯注册商标专用权的商品”等多种情形，给原告带来较大的损失。随着电子商务向纵深的不断发展，商标侵权行为将越来越多地以综合化和新类型化的形式出现。这将给商标保护带来一定的困难。

（吴园妹，2010年）

学练结合

你如何看待避风港原则？

所谓“避风港原则”是美国1998年制定的《数字千年版权法案》提出的一个概念。这个法案旨在解决互联网络时代著作权保护的法律问题。按照立法者的原意，互联网络服务提供者很难对互联网络信息进行及时有效的审查，因此，在确定创作即享有版权原则的基础上，应当对互联网络服务提供者网开一面，建立所谓的“避风港”。

自“避风港原则”确定之日起，针对该原则的争议就一直没有停止过。最大的争议莫过于如何协调与著作权人之间的权益保护，从而鼓励创新与创作。所以在这个发展过程中产生了新的挑战：如何防止“避风港原则”的滥用。

现实生活中，我们经常可以见到有关“避风港原则”的判例。那么你如何看待“避风港原则”的滥用问题？你认为“避风港原则”适用于哪些领域？

二、隐私权保护

1. 网络隐私权的界定

隐私，又称私人生活秘密或私生活秘密，是指私人生活安宁不受他人非法干扰，私人信息保密不受他人非法搜集和公开等。而隐私权就是关于隐私的权利，这一权利延伸到网络及网络环境中，便产生了网络隐私权。网络隐私权是指在网络交易过程中，公民享有私人生活安宁和私人信息依法受到保护，不被他人非法侵犯、知悉、搜集、利用或公开的一种人格权。根据这个定义，网络隐私权包括两个方面的意义：一是在积极意义上，用户依法享有保持个人的生活安宁，保护个人信息秘密不被他人非法侵扰、知悉、搜集利用和公开，即不受侵扰；二是在消极意义上，用户能够自由决定个人生活和个人信息的状况和范围，并能够对其进行利用，即个人对于其个人隐私应有主动积极控制支配的权利。具体而言，公民的网络隐私权应包括如下内容。

（1）知悉权。知悉权是网络隐私权的基本权利，是指用户不仅有权知道网站收集了哪些信息，以及这些信息的内容是什么，而且用户还有权知道这些信息将用于什么目的。当网络服务提供者搜集的是用户的个人信息资料时，用户就有权知道上述事项，否则这种知悉权是不完整的，当然也就无法充分、正确地行使其他的隐私权利。

（2）选择权。用户的选择权主要体现在个人信息资料的收集和使用上。在目前情况下，绝大多数网站所提供的服务都与用户付出的信息资料直接相连。如果用户不提供个人信息，或者不完全提供网站所需的全部个人资料，就无法获得网站的绝大部分服务，甚至被拒绝访问。这样不利于用户选择权的充分实现。所以选择权的真正实现尚待时日，尚需各方的共同努力。

（3）控制权。也称为支配权，是隐私权的核心。这一权利包括通过合理的途径访问个人资料，并针对错误的个人信息进行修改、补充、删除，以保证个人信息资料的准确、完整。网站向用户收集资料，其目的是对该信息的利用：网站对个人信息资料合法、合理利用，有利于网络环境的安定、有序以及公共利益的维护。

（4）安全请求权。用户有权要求网站采取必要的、合理的措施，保护用户个人资料信息的安全；不论网站所收集的是何种个人信息，只要涉及网络隐私权，就必然与信息资料的安全问题有密切关系。不论是人为的信息泄露或被窃取，还是技术上的缺陷、操作上的失误致使信息资料或者数据丢失，都将严重地影响个人信息资料的正常使用和用户网络隐私权的保护，所以个人信息资料的安全是网络隐私权制度的基础。

2. 隐私权保护的立法原则

世界各地对隐私权的保护呈现出专门化和国际统一化的趋势，如欧共体 1995 年制定了《欧洲数据保护公约》；英国颁布了《数据保护法》，规定联机服务提供商必须为诽谤性内容承担法律责任；加拿大政府制定《个人隐私法》，并于 1997 年开始在电子商贸管理中健全 PKI（公共钥匙基础设施）保密系统，加强对网上消费者个人信息合理使用的监督和管理；负责 Web 技术标准的万维网联盟也提出了一个隐私优先平台规范，对网络网点处理个人信息进行规范，用户有权决定向网络网点提交多少个人信息。

而美国在隐私权保护的意识与采取的措施方面都走在了世界的前列。1974 年，美国正式制定《隐私权法》，这部法律可视为美国隐私保护的基本法，第一次以成文法的形式承认需要对个人的信息隐私权和某些机构通过使用计算机存储个人数据信息的做法进行平衡，它规定了美国联邦政府机构收集和使用个人资料的权限范围，并规定不得在未经当事人同意的情况下使用任何有关当事人的资料。1982 年，美国制定了《金融隐私知悉法》，进一步对金融机构的数据信息涉及客户隐私权的保护加以规定，使法律更加具有针对性。1986 年制定的《联邦电子通信隐私权法案》则针对通过计算机网络传送的消息，包括金融信息的隐私权进行保护。作为判例法国家，美国还通过判例确立了网络隐私权保护方面的一些原则。

我国关于隐私权的规定目前尚无全国性的立法，对隐私权的保护散见于各法规当中，并不成系统，在电子商务中的消费者隐私权保护方面也没有直接的、明确的立法。但在 2013 年 10 月 25 日通过的《中华人民共和国消费者权益保护法》（以下简称《消法》）修正案中确定了保护消费者个人信息的原则，该法第二十九条规定：经营者收集、使用消费者个人信息，应当遵循合法、正当、必要的原则，明示收集、使用信息的目的、方式和范围，并经消费者同意。经营者收集、使用消费者个人信息，应当公开其收集、使用规则，不得违反法律、法规的规定和双方的约定收集、使用信息。经营者及其工作人员对收集的消费者个人信息必须严格保密，不得泄露、出售或者非法向他人提供。经营者应当采取技术措施和其他必要措施，确保信息安全，防止消费者个人信息泄露、丢失。在发生或者可能发生信息泄露、丢失的情况时，应当立即采取补救措施。经营者未经消费者同意或者请求，或者消费者明确表示拒绝的，不得向其发送商业性信息。

阅读案例

1号店员工泄露用户信息刑事案

2012年5月，有人通过QQ来兜售1号店的数据，90万用户的资料卖500元。有媒体对信息的真伪做了验证，结果表明大部分用户数据属真实信息。2012年11月1日，上海市公安局网安总队通报了自8月以来，公安部门对上海市网络违法犯罪的打击情况。据警方透露，此案为1号店网上商城员工与离职、外部人员内外勾结，造成部分客户信息的泄露。11人被公安部门控制，承担相应的刑事责任。

电子商务研究中心《1号店员工泄露用户信息案解读》原文。

三、网上消费者权益保护

消费者权益是指消费者依法享有的权利及该权利受到保护时而给消费者带来的应得利益。包括两个方面，即消费者权利和消费者利益，其核心是消费者的权利。我国网上消费者权益保护的原则主要是由《消法》确定的，体现在以下几个方面。

1. 消费者信息知情权

我国《消法》第二十八条规定：采用网络、电视、电话、邮购等方式提供商品或者服务的经营者，以及提供证券、保险、银行等金融服务的经营者，应当向消费者提供经营地址、联系方式、商品或者服务的数量和质量、价款或者费用、履行期限和方式、安全注意事项和风险警示、售后服务、民事责任等信息。

消费者知情权的实施是与传统购物方式中的看货、演示、试用、交易、送货等一系列环节配套的，而这些环节在电子商务中往往变成了虚拟方式，消费者与供应者不见面，通过网上广告了解商品信息，通过网络远距离订货及电子银行结算，由配送机构送货上门。在这样的情况下，经营者必须以较多方式使消费者获得充分、真实的商品信息，保证消费者的知情权的实现。

2. 消费者安全使用产品的权利

我国《消法》第七条规定：消费者有权要求经营者提供的商品和服务，符合保障人身、财产安全的要求。消费者网上购买商品或服务，与通过常规方式购买商品或服务一样，享有商品安全使用权。如果商家出售的商品给消费者造成人身或财产损害，商家要承担法律规定的责任。

3. 消费者退换货的权利

我国《消法》第二十五条规定：经营者采用网络、电视、电话、邮购等方式销售商品，消费者有权自收到商品之日起七日内退货，且无需说明理由，但下列商品除外：①消费者定作的；②鲜活易腐的；③在线下载或者消费者拆封的音像制品、计算机软件等数字化商品；④交付的报纸、期刊。除前款所列商品外，其他根据商品性质并经消费者在购买时确认不宜退货的商品，不适用无理由退货。消费者退货的商品应当完好。经营者应当自收到退回商品之日起七日内返还消费者支付的商品价款。退回商品的运费由消费者承担；经营者和消费者另有约定的，按照约定。

消费者在网购时难以见到实物，很难辨别产品的真实性。消费者和商家的信息极不对称，因为商家可能隐瞒了商品的负面信息，但由于无法直接接触商品，消费者可能被蒙在鼓里而遭受损失，对消费者权益保护不利，而此“七日内无理由退货”规定能够较好地弥补这一缺陷，促进买卖方的平等地位。但是在实践中也要面临类似家电等大件产品，其物流、安装等流程更为复杂，退换货的成本也更高的状况，该规定执行起来的效果还需实践考证。

4. 网络交易平台提供者的责任问题

我国《消法》第四十四条规定：“消费者通过网络交易平台购买商品或者接受服务，其合法权益受到损害的，可以向销售者或者服务者要求赔偿。网络交易平台提供者不能提供销售者或者服务者的真实名称、地址和有效联系方式的，消费者也可以向网络交易平台提供者要求赔偿；网络交易平台提供者作出更有利于消费者的承诺的，应当履行承诺。网络交易平台提供者赔偿后，有权向销售者或者服务者追偿。网络交易平台提供者明知或者应知销售者或者服务者利用其平台侵害消费者合法权益，未采取必要措施的，依法与该销售者或者服务者承担连带责任。”

这一法条明确了网络交易平台提供者作为第三方要承担的相应的责任：一是在无法提供销售者或者服务者的真实名称、地址和有效联系方式的情况下，承担先行赔偿责任；二是在明知或应知销售者或者服务者利用平台损害消费者权益的情形下，未采取必要措施的，承担连带责任。同时规定，网络交易平台做出更有利于消费者的承诺的，应当履行承诺，防止承诺不兑现。消费者在各大电商平台购物过程中，往往难以找到经营主体，而上述规定则起到了督促电商平台履行审查义务的作用，有利于消费者实现索赔。

另外，2010 年 5 月 31 日由国家工商行政管理总局出台的《网络商品交易及有关服务行为管理暂行办法》也规定了电商平台除审核义务、信息披露义务外，还负有其他应尽义务，如：保障网络服务安全、告知消费者风险防范、规范信用评估服务、保护消费者个人信息、制定纠纷解决规则及协助解决争议、协助出证义务等，电商平台不履行应尽义务，损害消费者权益的，也要承担相应责任。这对于规范网络商品交易、保证消费者利益等都起到了积极的作用。

阅读案例

消费者权益保护案

据 2014 年 3 月 14 日《齐鲁晚报》报道（董梦婕）市民张小姐在某购物网站花费 299 元购买了一款白色大衣，收到货后，张小姐发现大衣的款式、布料、毛领质量都与图片出入很大，还不及地摊货，气愤的张女士联系店主要求退货，并表示自己宁愿承担运费，但是遭到店主的拒绝。无奈之下，张女士只好一边继续和店主周旋，一边向购物网站投诉，希望能成功退货。

此案的情形在新消法施行之后就变得容易解决多了。只要消费者不满意网上购物的产品，在收到货物后七日内都可以要求无理由退货，而且经营者必须予以退货。这是新消法专门针对网络等远程购物方式赋予消费者七天的反悔权，不适用于消费者直接到商店购买的物品，另外，根据商品性质不宜退货的商品不在此列。

四、虚拟财产的保护

虚拟财产是指在互联网空间存在的非物化、数字化的一种财产形式。它包括网络游戏账号、游戏货币、游戏账号拥有的各种装备以及网民的电子邮件、账号密码等一系列信息类产品。

国内对于虚拟财产的类型在法律层面还没有进行明确的规定。一般，将虚拟财产分为以下三种类型：①自然人在网络上所拥有的个人账号信息，例如电子邮件、聊天工具、网络论坛等相关的账号信息；②涉及金钱的虚拟货币，例如游戏装备、QQ 币、QQ 秀、网店等相关的虚拟财产；③自然人在网络上所产生的与知识产权相关的个人财产，例如微博、照片、音频、视频等数字资源作品。

美国、德国等国家明确规定了虚拟财产的遗产继承权。美国俄克拉何马州在 2010 年 11 月 1 日通过了法律，将虚拟财产纳入了遗嘱执行范围中。比如对上传的数字照片、往来的电子邮件等，如死者在生前没有就去世后的虚拟财产做出明确的处置说明，法院将根据情况决定它的合法继承人。立法者承认虽然这项法律与现有的虚拟服务协议存在冲突，但他们认为在所有权人去世后这些虚拟财产仍具有价值，应该得到妥善处置；在德国，虚拟财产是按照普通继承财产统一管理的，在认证有金钱价值时，死者死后 10 年内，其虚拟财产的财产权都会受到法律保护。在韩国，直接将虚拟财产认定为财产，属于物权法上的“物”，具有物的属性。韩国法律规定网络游戏中的虚拟角色和虚拟物品独立于服务商而具有财产价值，服务商只是为玩家的这些私有财产提供一个存放场所，而无权对其肆意修改或删除。因此，在韩国法律中，虚拟财产的性质与银行账号中的财产本质上并无差别。韩国把虚拟财产等同于“电子货币”，具有物的属性。

我国所有相关法律，比如物权法、刑法、继承法、民法通则等都没有明确把虚拟财产列为财产的法定类型。司法实践中对于虚拟财产，法院的态度也比较明确，判决支持虚拟财产属于财产没有明确法律依据，所以几乎没有判决支持虚拟财产的继承、离婚分割，针对虚拟财产盗窃也不适用盗窃罪进行处理。没有法律配套，虚拟财产的各种问题只能依靠当事人之间的合同或者交易平台的规定解决。

阅读案例

七格格网店财产分割案

“七格格”是一家在淘宝网颇有知名度的夫妻档女装店，2011 年，“七格格”员工人数超过 400 人，年销售额达 2.5 亿元。然而到 2012 年，这对创始人夫妻却因感情破裂和财产分割问题在杭州市下城区法院对簿公堂。案件的焦点问题在于网店的归属权，根据淘宝目前的做法，淘宝店是以实名认证的支付宝账户来确定网店的所有权，如果要分割也只能分割支付宝账户内的资产，目前淘宝店尚无法继承和转让，除非法院明确判决了网店的归属，淘宝可根据判决办理相应手续。

2013 年 3 月淘宝网出台了淘宝网店的“离婚过户”“继承过户”实施细则：因离婚而要对网店办理过户的，过户申请人需要提供离婚证、财产分割公证书；对要办理继承过户的，过户申请人需要提供被继承人死亡证明、经过公证的遗嘱或提供遗产分割协议公证书。在我国当前法律并不认可虚拟财产的背景下，这一举措解决了淘宝店主的后顾之忧。

本例整理自中国电子商务研究中心 2013 年 1 月发布的《2011—2012 年度中国电子商务法律报告》第 44 页，有兴趣的读者可在中国电子商务研究中心下载该报告。

第三节　电子商务立法

一、国际电子商务立法情况

20 世纪 80 年代初，计算机和网络技术有了较大的发展，同时带来了电子商务的萌芽和发展。一些国家和跨国公司开始大量使用计算机和网络处理数据，由此引发了一系列的法律问题，从而对网络和电子商务领域的立法有了更迫切的需要。

联合国国际贸易法委员会于 1984 年向联合国秘书长提交了《自动数据处理的法律问题》的报告，建议审视有关计算机记录和系统的法律要求，从而揭开了形成和完善国际网络与电子商务法律环境的序幕。此后，联合国又先后制定了《联合国行政、商业、运输业电子数据交换规则》《电子数据处理统一规则》（UNICD）等规则和标准。1993 年 10 月，联合国又通过了《电子数据交换及贸易数据通信有关手段法律方面的统一规则草案》，从而形成了国际电子数据交换法律基础。

1996 年 12 月 16 日，联合国国际贸易法委员会第 85 次全体大会通过了《电子商务示范法》，该法是世界上第一个电子商务的统一法规，其目的是向各国提供一套国际公认的法律规则，以供各国法律部门在制定本国电子商务法律规范时参考，促进使用现代通信和信息存储手段。

世界贸易组织（WTO）建立后，先后达成了三项具有较大影响的关于信息技术的协议。1997 年 2 月 15 日达成的《全球基础电信协议》，要求各成员方向外国公司开放其电信市场并结束垄断行为；1997 年 3 月 26 日达成的《信息技术协议》（ITA），要求所有成员方自 1997 年 7 月 1 日起至 2000 年 1 月 1 日将主要的信息技术产品的关税降为零；1997 年 12 月 31 日达成的《开放全球金融服务市场协议》，要求成员方对外开放银行、保险、证券和金融信息市场。为了促进国际贸易的安全，国际商会也加紧制订有关电子商务的交易规则，于 1997 年 11 月 6 日通过了《国际数字保证商务通则》（GUIDEC），试图为电子商务提供指导性规则，并统一有关专业与常用术语。

此外，2001 年 3 月联合国国际贸易法委员会通过了《电子签字示范法》，2005 年 11 月通过了《电子合同公约》，为各国及地区电子商务立法提供了一整套国际通行的电子商务规则。

整个世界的网络与电子商务正蓬勃发展，多个国际组织、区域性组织和各国政府制订有关网络和电子商务操作和运作的规范，为网络和电子商务的健康、快速发展营造一个良好的、完善的法律环境。随着网络技术的不断提升和电子商务活动的日益普及，国际网络与电子商务的法律环境建设以及法律的实施会越来越受到普遍关注和重视，国际网络与电子商务的法律环境也会日益完善。

二、国内电子商务立法现状

我国互联网的历史并不长，也就是近 30 年的时间，快速发展和全面应用仅有 10 多年。中国的互联网虽然起步较晚，却拥有着最大的潜在市场和最大的使用群体，这使得中国的互联网发展有一个非常高的起点。互联网的高起点促进了电子商务的快速发展，从 1998 年开始，我国电子商务经历了一个爆炸式增长的萌芽期，并向发展期转变。在这一阶段，电子商务迅速渗透和扩散，企业对企业的交易成为发展的主阵地。尤其是加入世界贸易组织以后，中国正逐步成为世界电子商务发展最具潜力和前途的地区。

我国政府重视对网络与电子商务的立法，在立法领域和司法领域都取得了一定的成绩。

在1999年末开始涌现的电子商务热潮的带动与要求下，相关立法呼声一浪高过一浪，以《电信服务标准》为开头，以《电信管理条例》《互联网信息服务管理办法》《互联网电子公告服务管理规定》为高潮。其主要的法规与规章包括《电信管理条例》《互联网信息服务管理办法》《电信服务标准（试行）》（已于2005年4月20日废止，并施行《电信服务规范》）《商用密码管理条例》《电信网间互联管理暂行规定》《软件产品管理办法》《互联网电子公告服务管理规定》《互联网站从事登载新闻业务管理暂行规定》《信息产业部关于开放我国IP电话业务的通告》等。

被称为“我国首部真正意义上的信息化法律”的《中华人民共和国电子签名法》于2004年8月28日在第十届全国人大常委会第十一次会议上获得通过，2005年4月1日正式实施。

2012年12月28日全国人大常委会通过了《全国人民代表大会常务委员会关于加强网络信息保护的决定》。

国务院办公厅出台了《国务院办公厅关于加快电子商务发展的若干意见》。商务部先后发布了《商务部关于网上交易的指导意见（暂行）》《商务部“十二五”电子商务发展指导意见》等。国家工商总局发布了《网络商品交易及有关服务行为管理暂行办法》，在实践中发挥了重要作用。同时，电子商务市场主体制订的“网规”，也为我国电子商务立法提供了丰厚的实践标本。

此外，还有《国务院关于鼓励软件产业和集成电路产业发展的若干政策》出台，北京市高级人民法院的《关于审理因域名注册、使用而引起的知识产权民事纠纷案件的若干指导意见》，国内七家新闻机构签订网络新闻协议，中国禁止外商投资有线电视网络，中国电信出台垃圾邮件处理办法等。

2012年6月，由国家工商总局牵头发起《网络商品交易及服务监管条例》的立法工作全面启动，并已被列入国务院“二类立法”计划。这意味着我国首部电子商务监管立法已进入制定阶段，以《网络商品交易及有关服务行为管理暂行办法》为基础，将全面拓展延伸，坚持发展优先、权利保护优先、自律优先，从市场准入、信用体系建设、消费维权、案件管辖、网上知识产权保护、新兴业态、跨境交易、网络不正当行为、秒杀等网络新兴行为九大方面进行落实。

2013年12月27日，全国人大财经委在人民大会堂召开电子商务法起草组成立暨第一次全体会议，正式启动电子商务法立法工作。这标志着我国正式开启对电子商务进行专门立法的活动，将改变当前规范、指导电子商务发展主要依靠部门规章的局面。同时梳理、修改、补充现有法律法规，使它们能更好地保障电子商务持续健康发展。

第四节　电子商务交易的法律规范

一、电子合同

联合国国际贸易法委员会在1996年6月14日通过的《电子商务示范法》允许贸易双方通过电子手段传递信息、签订买卖合同和进行货物所有权的转让，为实现国际贸易的“无纸操作”提供了法律保障。我国1999年10月开始实施的新的《中华人民共和国合同法》（以下简称《合同法》）也在合同中引入了数据电文形式，从而也在法律上确认了电子合同的合法性。了解和研究电子合同这一新的合同形式，对于依法开展电子商务具有十分重要的意义。

1. 电子商务合同与传统合同的区别

合同，亦称契约。根据我国《合同法》第二条规定："合同是平等主体的自然人、法人、其他组织之间设立、变更、终止民事权利义务关系的协议。"合同反映了双方或多方意思表示一致的法律行为。现阶段，合同已经成为保障市场经济正常运行的重要手段。

传统的合同形式主要有两种：口头形式和书面形式。口头形式是指当事人采用口头或电话等直接表达的方式达成的协议。而书面形式是指当事人采用非直接表达方式即文字方式来表达协议的内容。

在电子商务中，合同的意义和作用没有发生改变，但其形式却发生了极大的变化。首先，订立合同的双方或多方大多是互不见面的。所有的买方和卖方都在虚拟市场上运作，其信用依靠密码的辨认或认证机构的认证。其次，传统合同的口头形式在贸易上常常表现为店堂交易，并将商家所开具的发票作为合同的依据。而在电子商务中标的额较小、关系简单的交易没有具体的合同形式，它表现为直接通过网络订购、付款。但这种形式没有发票，电子发票目前还只是理论上的设想。再次，表示合同生效的传统签字盖章方式被数字签字所代替。最后，传统合同的生效地点一般为合同成立的地点。而采用数据电文形式订立的合同，收件人的主营业地为合同成立的地点；没有主营业地的，其经常居住地为合同成立的地点。

电子商务合同形式的变化，给世界各国都带来了一系列法律新问题。电子商务作为一种新的贸易形式，与现存的《合同法》发生矛盾是非常容易理解的事情。但对于法规来说，就有一个怎样修改并发展现存《合同法》，以适应新的贸易形式的问题。

2. 数据电文的法律承认

联合国《电子商务示范法》第二条规定："'数据电文'系指经由电子手段、光学手段或类似手段生成、储存或传递的信息，这些手段包括但不限于电子数据交换（EDI）、电子邮件、电报、电传或传真。"根据《电子商务示范法》，利用数据电文进行的各种信息传输是有效的，"不得仅仅以某项信息采用数据电文形式为理由而否定其法律效力、有效性或可执行性。"我国《合同法》也已将数据电文列为"可以有形地表现所载内容的形式"。

3. 电子合同的书面形式

在使用纸张文件的环境下，书面材料传统上所起的作用很多。需要注意的是，传统的书面形式所传递的信息或提出数据的要求常常是在书面形式要求之上再加上其他不同于"书面形式"的概念，如签字和原件；而且还有多种层次的形式要求，各个层次提供不同程度的可靠性、可查核性和不可更改性。在某些国家，有些既未注明日期也无签署的书面文件，甚至没有作者姓名，只是信纸上端印上名称等，也视为"书面"，尽管在并无其他证据（如证词）的情况下，它在文件的作者权方面也并无多大证据价值。另外，按照目前在书面环境中对于数据完整性以及对于防止作弊等问题的处理方式，一份弄虚作假的文件也可能会被当作"书面"看待。总之，"证据"和"当事方约束自身的意图"这类概念应与数据可靠性和核证等较大问题相联系，而不应作为"书面形式"的定义。

在电子技术引进之前，法律很少碰到文本在什么中介载体上呈现的问题。在电报、电传和传真产生之后，也没有出现不可克服的困难。尽管电报、电传和传真都包含电子脉冲的应用，但接收方从接收机中得到的一张通信记录纸就足以形成书面的证据了。电子商务所利用的电子邮件和电子数据交换与电报、电传、传真非常相似，都是通过一系列电子脉冲来传递信息的。但电子商务通常不是以原始纸张作为记录的凭证，而是将信息或数据记录在计算机中，或记录在硬盘和软盘等中介载体中，因此，这种方法具有以下特点：第一，电子数据的易消失性。电子数据以计算机储存为条件，是无形物，一旦操作不当可能抹掉所有数据；第二，电子数据作为证据的局限性，传统的书面合同只是受到当事人保护程度和自然侵蚀的限制，而电子数据不仅可能受到物理灾难的威胁；还有可能受到计算机病毒等计算机特有的无形灾难的攻击；第三，电子数据的易改动性，传统的书面合同是纸质的，如有改动，容易留下痕迹。而电子数据是以输入设备输入，用磁性介质保存的，改动、伪造后可以不留痕迹。

上述问题的存在，确实阻碍了电子商务合同合法性的进程。发展中的计算机技术正在出台许多解决的办法，例如防火墙技术、通信记录、数字签名技术等。但从另一方面讲，书面合同也同样存在伪造和涂改的情况，人们并没有因为书面合同的缺陷而放弃使用书面合同，所以有必要扩大传统“书面形式”的概念。

《电子商务示范法》第六条指出：“如法律要求信息须采用书面形式，则假若一项数据电文所含信息可以调取以备日后查用，即满足了该项要求。”它提供了一种客观标准，即一项数据电文内所含的信息必须可以随时查找到以备日后查阅。使用“可以调取”字样意指计算机数据形式的信息应当是可读和可解释的，使这种信息具有可读性可能必需的软件应当保留。“以备”一词并非仅指人的使用，还包括计算机的处理。至于“日后查用”概念，它指的是“耐久性”或“不可更改性”等会确立过分严厉的标准的概念，以及“可读性”或“可理解性”等会构成过于主观的标准的概念。

我国《合同法》也将传统的书面合同形式扩大到数据电文形式。其第十一条规定：“书面形式是指合同书、信件以及数据电文（包括电报、电传、传真、电子数据交换和电子邮件）等可以有形地表现所载内容的形式。”也就是说，不管合同采用什么载体，只要可以有形地表现所载内存，即视为符合法律对“书面”的要求。这些规定符合联合国国际贸易法委员会建议采用的“功能等同法”（functional-equivalent approach）的要求。

4. 收到和发出数据电文的时间和地点

“收到”这一概念，在电子商务贸易过程中，具有相当重要的法律意义。在国际货物销售合同公约和大陆法中，不论是发盘还是接收，均以抵达接收人或发盘人作为生效的条件之一。而英美法则规定，信件或电报一经发出，立即生效，生效的时间以投递邮件收据上邮局所盖邮戳为准，而不管对方是否收到。

为了避免在未来的电子商务交易中产生贸易纠纷，联合国《电子商务示范法》第十五条详细规定了收到和发送数据电文的时间和地点。

（1）除非发端人与收件人另有协议，一项数据电文的发出时间以它进入发端人或代表发端人发送数据电文的人控制范围之外的某一信息系统的时间为准。

（2）除非发端人与收件人另有协议，数据电文的收到时间按下述办法确定：①若收件人为接收数据电文而指定了某一信息系统，则以收件人检索到该数据电文的时间为收到时间；②收件人并未指定某一信息系统，则以数据电文进入收件人的任一信息系统的时间为收到时间。

（3）即使设置信息系统的地点不同于根据第四款规定所视为的收到数据电文的地点，第二款的规定仍然适用。

（4）除非发端人与收件人另有协议，数据电文应以发端人设有营业地的地点视为其发出地点，而以收件人设有营业地的地点视为其收到地点。就本款的目的而言：①如发端人或收件人有一个以上的营业地，应以对基础交易具有最密切关系的营业地为准，又如果并无任何基础交易，则以其主要的营业地为准；②如发端人或收件人没有营业地，则以习惯常居住地为准。

我国《合同法》第十六条规定：“采用数据电文形式订立合同，收件人指定特定系统接收数据电文的，该数据电文进入该特定系统的时间，视为到达时间；未指定特定系统的，该数据电文进入收件人的任何系统的首次时间，视为到达时间。”该法第三十四条同时规定：“采用数据电文形式订立合同的，收件人的主营业地为合同成立的地点；没有主营业地的，其经常居住地为合同成立的地点。”

二、电子签名

电子签名也称“数字签名”，是指用符号及代码组成电子密码进行“签名”来代替书写签名或印章，它采用规范化的程序和科学化的方法，用于鉴定签名人的身份以及对一项数据电文内容信息的认可。它还能验证出文件的原文在传输过程中有无变动。

简单来说，电子签名就是通过密码技术对电子文档的电子形式的签名，并非是书面签名的数字图像化，它类似于手写签名或印章，也可以说它就是电子印章。

1. 电子商务签名法的主要内容

《电子签名法》主要包括：总则、数据电文、电子签名与认证和法律责任四大部分。其中，总则指出制定电子签名法的宗旨、目的及其使用范围；数据电文即电子文件，是被电子签名的对象，定义了什么是数据电文并明确规定电子文件与纸介质书面文件具有同等效力，以使现行的民商事法律同样适用于电子文件；电子签名与认证部分为本法的重点，它规定电子签名的法律效力及电子签名的安全条件以及对第三方认证机构的要求及市场准入的条件；法律责任部分，则规定参与电子签名活动中各方所应执行和遵守的权利和义务。

2. 电子签名的条件与效力

电子签名同时符合下列条件的，视为可靠的电子签名：电子签名制作数据用于电子签名时，属于电子签名人专有；签署时电子签名制作数据仅由电子签名人控制；签署后对电子签名的任何改动能够被发现；签署后对数据电文内容和形式的任何改动能够被发现。当事人也可以选择使用符合其约定的可靠条件的电子签名。

可靠的电子签名与手写签名或者盖章具有同等的法律效力。

电子签名人应当妥善保管电子签名制作数据：电子签名人知悉电子签名制作数据已经失密或者可能已经失密时，应当及时告知有关各方，并终止使用该电子签名制作数据。

阅读案例

《电子签名法》第一案

2004 年 1 月，杨先生结识了女孩韩某。同年 8 月 27 日，韩某发短信给杨先生，向他借钱应急，短信中说：“我需要 5000 元，刚回北京做了眼睛手术，不能出门，你汇到我卡里。”杨先生随即将钱汇给了韩某。一个多星期后，杨先生再次收到韩某的短信，又借给韩某 6000 元。因都是短信来往，两次汇款杨先生都没有索要借据。此后，因韩某一直没提过借款的事，而且又再次向杨先生借款，杨先生产生了警惕，于是向韩某催要。但一直索要未果，于是起诉至北京市海淀区法院，要求韩某归还其 11000 元钱，并提交了银行汇款单存单两张。但韩某却称这是杨先生归还以前欠她的欠款。为此，在庭审中，杨先生在向法院提交的证据中，除了提供银行汇款单存单两张外，还提交了自己使用的移动电话一部，其中记载了部分短信息内容。后经法官核实，杨先生提供的发送短信的手机号码拨打后接听者是韩某本人。而韩某本人也承认，自己从去年七八月开始使用这个手机号码。

法院经审理认为，依据 2005 年 4 月 1 日起施行的《中华人民共和国电子签名法》中的规定，经法院对杨先生提供的移动电话短信息生成、储存、传递数据电文方法的可靠性；保持内容完整性方法的可靠性；用以鉴别发件人方法的可靠性进行审查，可以认定该移动电话短信息内容作为证据的真实性。根据证据规则的相关规定，录音录像及数据电文可以作为证据使用，但数据电文直接作为认定事实的证据，还应有其他书面证据相佐证。

杨先生提供的通过韩女士使用的号码发送的移动电话短信息内容中载明的款项往来金额、时间与中国工商银行个人业务凭证中体现的杨先生给韩女士汇款的金额、时间相符，且移动电话短信息内容中亦载明了韩女士偿还借款的意思表示，两份证据之间相互印证，可以认定韩女士向杨先生借款的事实。据此，杨先生所提供的手机短信息可以认定为真实有效的证据，证明事实真相，法院对此予以采纳，对杨先生要求韩女士偿还借款的诉讼请求予以支持。

（赵占领，2006 年）

三、电子支付法律规范

支付是电子商务活动的核心，国际通行的网上支付工具和支付方式主要有银行卡支付、电子现金、电子支票以及电子资金转账、支付等。

1. 电子支付的安全性

电子支付使传统交易从纸面单据的形式进一步虚拟化，使主要调整纸面交易的传统法律规范需要变化、修正，产生了新的法律风险，即一方面是技术方面的安全问题，另一方面是法律方面的安全问题。

2. 电子支付当事人之间的权利义务关系

银行、客户概念中所包含的多个当事人概括为三种：指令人、接收银行和收款人。其权利义务关系涉及指令人的权利、指令人的义务、接收银行的义务、接收银行的权利、收款人的权利和义务等方面的内容。

3. 电子支付中的法律责任

法律责任是指在电子支付法律关系中，由于一方当事人的过错或违反法律规定而应当承担的民事责任。

过错推定责任是一种特殊的过错责任原则。就是指在违约或者其他民事责任中，债务人违约，包括造成对方当事人的损害，首先就从违约事实以及损害事实中推定致害一方的当事人在主观上有过错。它包括两方面的内容：国际违约责任；无法查清过错和未经授权支付的责任。

4. 承担法律责任的方式

民事责任方式是指违反约定或者法定义务的行为人承担民事责任的具体方式。

（1）银行承担责任的形式：①返回资金，支付利息；②补足差额，偿还余额；③偿还汇率波动导致的损失。

（2）认证机构承担责任的方式：①采取补救措施；②继续履行；③赔偿损失。

（3）其他参与主体（如付款人、认证用户）：①终止不当行为、采取挽救措施；②及时通知，防止损失扩大；③赔偿损失。

本章小结

本章介绍了电子商务参与者买卖双方及中介机构和认证机构的法律关系，在当前国际国内的电子商务立法状况及动态背景下，简要叙述了电子商务涉及的权益保护问题及交易中的相关法律规范，并着重介绍了电子合同、认证规范与电子支付制度。

课后练习与实践训练

一、单项选择题

1. 我国首次承认电子签名法律效力的法律法规是（　　）。

A.《电子签名法》　　B.《合同法》

C.《电子签章条例》　　D.《电子签名示范法》

2. 商业秘密是指（　　）。

A. 不为公众所知悉、具有实用性并经权利人采取保密措施的技术信息和经营信息

B. 不为公众所知悉、能为权利人带来经济利益的信息

C. 不为公众所知悉、能为权利人带来经济利益、具有实用性的信息

D. 不为公众所知悉、能为权利人带来经济利益、具有实用性并经权利人采取保密措施的技术信息和经营信息

3. 域名抢注是指（　　）。

A. 反向域名侵夺的行为

B. 出于从他人商标（商业标志）中牟利的恶意注册并出卖域名的行为

C. 盗用和淡化域名的行为

D. 同一商标的合法拥有者都想用他们的商标做域名

4. 以特定的机构，对电子签名及其签署者的真实性进行验证的具有法律意义的服务即为（　　）。

A. 认证　　B. 电子认证　　C. 交叉认证　　D. PKI 体系认证

5. 狭义的电子合同形式可以是（　　）。

A. 以电报方式订立的合同　　B. 以 EDI 方式订立的合同

C. 以电传方式订立的合同　　D. 以传真方式订立的合同

6. 合同的成立（　　）。

A. 是指订约当事人就合同的主要条款达成合意，即双方当事人意思表示一致

B. 是指受要约人同意要约的全部条件以缔结合同的意思表示

C. 即为合同的生效

D. 是指合同的内容和形式合法

7. 格式条款是当事人为了重复使用而预先拟订，并在订立合同时（　　）的条款。

A. 与对方充分协商　　B. 已经征得对方同意

C. 未与对方协商　　D. 对方已知，并有利于对方

8. 2001 年修正之后的《著作权法》根据网络环境下著作权保护的需要，采纳的一个全新法律术语是（　　）。

A. 信息网络使用权　　B. 信息网络传播权

C. 信息网络复制权　　D. 信息网络收益权

9. 关于数据电文的法律效力，正确的表述是（　　）。

A. 关于数据电文的易篡改性，其法律效力是不能确定的

B. 由于数据电文是一种新的形式，其法律效力需要等待法律的明确规定

C. 数据电文是否具有法律效力，由有关的当事人约定

D. 不得仅仅以某项信息采用数据电文形式为理由，而否定其法律效力

10. 除非发件人与收件人另有协议，数据电文应以（　　）视为数据电文接受的地点。

A. 收件人所设的营业地

B. 收件人没有营业地的，以发件人的营业地

C. 发件人所设的营业地

D. 发件人没有营业地的，以其惯常居住地

二、填空题

1. 电子商务法，是调整以数据电文为交易手段而形成的因（　　）所引起的商事关系的规范体系。

2. 数据电文是指经由电子手段、光学手段或类似手段生成、储存或传递的信息，这些手段包括但不限于（　　）、（　　）、电报、电传或传真。

3. 1996 年 12 月 16 日，联合国国际贸易法委员会第 85 次全体大会通过了（　　），该法是世界上第一个电子商务的统一法规。

4. 为了使数据电子信息达到"书面形式"保存或提交的法律要求，《电子商务示范法》规定了电子商务环境中"书面"的基本标准是（　　）以备（　　）。

5. 电子商务是随着（　　）在商业活动中的逐渐应用而产生发展的。

三、判断题

1. 电子商务是随着电子商务立法的完善而产生和发展的。（　　）

2. 联合国为了推动电子商务立法，通过的两个重要的法律文件是《电子商务示范法》和《电子签名示范法》。（　　）

3. 通过发放认证书，认证机构对所有合理信赖证书内信息的人承担一定的担保义务。（　　）

4. 根据我国《合同法》的规定，商业广告属于要约邀请。（　　）

5. 因数据电文具有法律上的证据价值，意味着用数据电文缔结的合同，是合法有效的合同。（　　）

四、简答题

1. 根据我国法律规定，如何确定数据电文发送与接收的时间和地点？

2. 可靠的电子签名的条件有哪些？

3. 我国《消费者权益保护法》对电子商务形式的退换货的规定是怎样的？

4. 如何保护虚拟财产？

5. 电子合同和传统合同的主要差别是什么？

五、实践训练

原告 A 为一家影视制作有限公司，被告 B 为某省网络文化传播有限公司，原告称：影视作品《我是提刑官》是原告重金制作的优秀作品，原告依法对该作品享有信息网络传播权。被告未经原告许可通过其所经营的网站提供 42 集影视作品《我是提刑官》的网络直播以及下载服务，请求被告赔偿相应损失。

经调查，2007 年 9 月 22 日，该市公证处对该网站的相关内容进行了证据保全公证。按照公证书记载：输入该网站网址，点击页面下端的红盾标识，进入“经营性网站备案信息”页面，显示网站名称为某某网络电视，网站所有者正是 B 公司。用户在网站注册后，可通过神州行充值卡选购“影视套餐包”，每月资费 15 元，用户可不限次观看该网站上的电影、电视剧和电视栏目频道下所有节目。购买“影视套餐包”，进入网站的“首页>电视剧>热播剧>我是提刑官”页面，显示有电视剧《我是提刑官》剧照，并注明“集数：42；资费说明：包月 15.0 元”，节目介绍下面有第 1 集到第 42 集的节目列表，每集右侧均对应有“观看”和“下载”两个按钮，单击“下载”按钮，即可下载电视剧《我是提刑官》。B 公司承认其实施了上述行为。

A 公司为证明该公司享有电视剧《我是提刑官》的信息网络传播权，向法院提交了碟装 DVD，在光盘中电视剧每集片尾处标注了 A 公司的名称，在该光盘外包装封底标有相同字样。

请问：

1. 网络传播权的含义是什么？我国新《著作权法》对信息网络传播权是怎样规定的？

2. B 公司是否侵犯 A 公司的信息网络传播权？为什么？

拓展学习指南

“中国电子商务法律网”是中国电子商务法律的门户网站，读者可以登录该网站查询电子商务相关法律原文，并可了解最新的电子商务法律以及更多的电子商务案例。

第十一章 电子政务

【学习要点及目标】

1. 理解电子政务的基本概况。
2. 了解电子政务的业务模型。
3. 了解电子政务的发展情况。
4. 了解电子政务的规划与顶层设计。

【核心概念】

电子政务　电子政务规划　电子政务业务类型　电子政务创新

引导案例

山东省国税局微信电子政务平台服务

据齐鲁网2014年3月23日讯1月，山东省国税局开始在山东全省开通并试运行“山东国税出口退税服务微信平台”。该微信平台在3月28日正式面向全社会推出。该微信平台通过了政府类微信认证，成为我国第一个由国税部门开通的官方出口退税政务公众微信平台。

“山东国税出口退税服务微信平台”一经推出，关注用户就多达1800多人，主要是山东省内各外贸企业财务人员以及各级国税干部。平台每天通过文字、图片、音频、视频等多种形式，向关注用户推送信息，发布出口退税政策、操作实务、政策解读、业务提醒、管理动态等内容，初步建立了一个用户能够自助查询、内容广泛的退税知识库，涵盖了出口退税基本规定、管理措施、证明办理、申报软件等方面的知识体系。同时，在微信平台上建立了微论坛和问题解答平台，由专人负责与用户互动和解答用户咨询问题，实现了省局机关和基层税务部门、税务机关和出口企业之间的互动交流。

据了解，“山东国税出口退税服务微信平台”的运行，以权威性、公正性为基础，以快捷性、方便性为依托，极大方便了外贸企业财务人员和基层税务部门工作人员快速获取国家出口退税政策信息，同时借助微信用户既是传播终端又是信息发布者的优势，以点对点、点对面的裂变式传播，大大增强了出口退税宣传和服务的“落地率”，拉近了国税机关与纳税人的距离，进一步提升了山东省国税部门出口退税管理和服务的质效。下一步，山东省国税局将进一步完善平台管理，丰富发布内

齐鲁网《山东国税推出国内首个官方出口退税政务公众微信平台》。

容，加强沟通交流，真正使“山东国税出口退税服务微信平台”成为支持外贸企业进一步走出国门、开拓国际市场的有力工具。

案例导学：政务微信作为新兴信息交互平台，可充分利用其传播舆情、沟通便捷、使用方便的特点，有效拓展政府信息公开渠道，进一步促进新时期政府信息公开工作。同时微信良好的用户体验和技术特点也提升了政府服务工作水平。

电子政务可以使政府信息资源得到更加充分的利用，极大提升政府办事效率，降低管理成本。目前，电子政务已经深刻地影响到政府管理的方法、模式与目标，是对传统政务进行重塑和创新的重要驱动力。

第一节　电子政务基础

一、电子政务的概念

广义的电子政务是指各类国家机关以良政为目标，应用电子信息通信技术手段，进行的各种政务活动与行为的总称。狭义的电子政务指政府机构应用现代信息和通信技术，尤其是互联网技术，将公共行政管理和社会服务通过网络技术进行集成，在网络上实现政府组织结构和工作流程的优化重组，超越时间、空间与部门分隔的限制，全方位地向社会提供优质、规范、透明、符合国际水准的管理和服务。

电子政务的定义包含三个方面的信息。

第一，电子政务必须借助于电子信息和数字网络技术，离不开信息基础设施和相关软件技术的发展。

第二，电子政务处理的是与政权有关的公开事务，除了政府机关的行政事务以外，还包括立法、司法部门以及其他一些公共组织的管理事务等。

第三，电子政务并不是简单地将传统的政府管理事务原封不动地搬到网络上，而是要对其进行组织结构的重组和业务流程的再造。

二、电子政务的需求与作用

（一）电子政务的驱动需求

1. 信息技术的推动

信息技术已经成为当今世界各国推进政府改革、提高政府效率、增强政府服务能力的有力手段。如何运用信息技术构建电子政府，实践电子政务，以电子化、自动化手段提高行政效能和行政管理水平，从而更科学更有效地为企业、公众和整体经济、社会服务，在当今信息时代已成为各国政府越来越紧迫的一项工作。

2. 政府信息资源的有效利用

政府信息是一种有重要价值的国家资源，对政府信息进行管理是确保政府有效运转、保持经济健康发展的重要手段。政府是社会信息资源的最大拥有者，同时也是信息资源的最大使用者。从我国现阶段的情况看，政府的信息资源占全社会信息资源总量的 80%左右。对于数量庞大、极具权威性和社会影响力的信息资源，政府有必要也有责任向公众提供具有权威性的和指导性的电子信息服务。特别是随着改革的深入，越来越多的公民、法人和其他组织迫切希望在网上获取政府信息，享受政府服务。因此，政府应当在信息资源开发利用方面先行一步。不仅政府内部需要信息交流，也需要让社会公众及时了解政府的信息。这种大信息量的访问和共享需要一个可靠和稳定的网络环境。

无论是经济结构的调整优化，还是经济全球化的发展；无论是高新技术产业的开拓，还是把农业推向市场，都离不开信息的引导。而先进信息技术的应用，可以大大改善政府的信息采集、加工、传递和利用的方式，使政府在履行职责时，具有良好、充分的技术支持手段，以适应国内经济和社会的发展，适应日益激烈的国际竞争和错综复杂的政治经济环境，更加有效地为公众服务。

3. 信息时代民主政治的需求

民主社会以信息公开为前提，电子政务是现代民主政治的必然要求。信息是理性沟通的基础，而理性的沟通又是民主的前提。信息技术为民主的发展提供了物质技术基础，而这一基础又将把民主推向更高的层次。

在我国，知晓并监督政府的决策是人民当家做主的重要途径，其中最有效、最快捷的方式就是政府行为过程透明并在广泛的范围内公开，从而吸引社会公众的关注与参与。

实施电子政务，政府能大大拓宽社会公众行使民主权利和参政议政的渠道，在法律允许的范围内，将公众关心的热点、难点、重点问题以及涉及公众利益的问题广而告之，使公众有更多的机会了解政府在做什么、在怎么做，并可以及时地以多种方式表达自己的意见，参与决策过程，获得政府具体、个性化的信息服务。

实施电子政务，可以利用信息技术提高政府的运行效率，使政府的决策建立在及时、准确、真实的信息基础之上，以便更好地为社会服务。

（二）电子政务的作用

一般而言，电子政务可以起到以下几个作用。

（1）有利于提高政府办事效率。电子政务将使政府办事效率更高，管理成本更低。网上办公提高了办事效率，节约了政府的办公费用开支。政府通过网络可以直接与公众沟通，及时收集公众的意见，提高政府的反馈速度，降低政府的管理成本。

（2）有利于提高政府的服务质量。实施电子政务以后，政府部门的信息发布和很多公务处理转移到网上进行，给企业和公众带来了很多便利。如企业的申报、审批等转移到网上进行，可以大大降低企业的运营成本，加快企业的决策速度，这又从另一个方面促进了经济的繁荣。

（3）有利于增加政府工作的透明度。在网上发布政府信息，公开办事流程等，保护了公众的知情权、参与权和监督权；政务信息的公开又拉近了公众和政府的关系，有利于提高公众对政府的信任。

（4）有利于政府的廉政建设。电子政务规范办事流程，公开办事规则，加强了和公众的交互。那些容易滋生腐败的“暗箱操作”，通过现代化的电子政务手段，将大大减少，这将有利于促进政府部门的廉政建设。

（5）提高了行政监管的有效性。20 世纪 90 年代中期，我国开始建设“金关工程”“金税工程”等，从近几年的实施看，大大加强了政府部门对经济监管的力度。“金关工程”和“金税工程”的实施大大减少了偷税、漏税和出口套汇等，增加了国家的财政收入；公安部门的网上追逃也取得了显著的社会效益。

三、电子政务与电子政府

电子政务与电子政府是一对非常容易产生混淆的概念。不论是电子政务还是电子政府都是从英文 electronic government（e-government）一词而来。这一单词本身就存在不同的定义和看法。部分学者认为电子政务就是电子政府，或者是构建一个电子政府。但也有国外学者定义 e-government 时侧重强调“政务”，有专家认为 e-government 是指“利用信息技术、通信技术、互联网通信等提供和改进公共部门提供服务水平、效率的形式。”

我国学者在翻译和引入 e-government 一词的过程中，产生了两个不同的中文概念：电子政务与电子政府。显然，这两个概念之间存在着明显的差异。

电子政务主要指政府行政和管理方式或手段相对于传统政府的变革，即从根本上改变传统的政府行政方式，使政府运作和管理（或“工作流”）计算机化、网络化、信息化，从而大幅提高政府运行效率。简言之，电子政务的重点在于“政务”，即政务的电子化不涉及或者只在很低程度上触及政府的体系、制度、组织和结构等。

与之相对应，电子政府的重点则明确在于“政府”的电子化，意味着政府体系建构在电子化基础上，意味着政府组织、结构相对于传统政府体制的变革，甚至触及整个政治体系的革新。电子政府就是在实现政府政务电子化的基础上，主要通过政务过程电子化、网络化的影响和推动，促使政府机制和体系重组，而形成的适应电子化、信息化需求的政府结构形态，实现“政府再造”（reinventing government）。电子政府的核心内容是建构一个虚拟状态的政府及其部门结构体系，即：一个突破时间、空间限制，24 小时在线的，主要存在于电子环境中的，依赖信息技术手段的，虚拟的、高效率的政府。因此，电子政府又被称为虚拟政府。

因此，电子政务是电子政府发展的基本过程，而电子政府是电子政务发展的最高阶段，是电子政务发展的最终目标。

四、电子治理

英语中的治理（governance）一词源于拉丁文和古希腊语，原意是控制、引导和操纵，主要用于与国家的公共事务相关的管理活动和政治活动中。1989 年世界银行在概括当时非洲的情形时，首次使用了“治理危机”（crisis in governance），此后“治理”一词便广泛地被用于政治发展研究中。由此，治理概念传播开来，并成为指导公共行政改革的一种理论基础。治理理论强调要打破传统政府对公共事务管理的“垄断”，形成一种社会各单元（政府、社会组织、企业和个人）共治的局面。

电子治理即电子化的治理，或者说是治理理念的电子化。电子治理近年成为政府管理领域的全球趋势。但从国内外的研究来看，对于电子治理的定义、组成、特点仍没有统一认识。有学者认为电子治理是指政府通过利用信息技术来促进政府服务供给以及政府与企业之间的互动和信息存取，从而推动公民参与到国家治理当中。电子治理的主要内容应包括信息公开、公共服务和电子参与要素。另有学者认为电子治理不仅意指公共服务的供给，而且牵涉到民主问题。印度第二届行政委员会在《促进电子治理》中则指出，电子治理是指政府通过信息技术（如广域网、互联网、移动计算）向公民提供更好的服务，促进政府与企业、行业之间的互动，并通过信息存取或更有效的政府管理来向公民赋权。尽管这些观点存在一些分歧，但较为认同的是，电子治理是一种利用信息技术来对公共事务进行治理的模式，它强调通过电子参与来联结公民社会，在政府、企业、公民社会之间形成良好互动机制，能够对信息公开、电子服务、电子参与、电子民主等功能产生影响。

由于治理强调多元主体的参与，电子治理与公共管理的发展要求是相吻合的。因而，政府提供电子公共服务和网民通过网络参与公共事务，均可称为电子治理。不仅如此，电子党务、电子人大、电子校务等均可纳入电子治理的范畴中来。

“电子治理”概念的引入，完全符合社会发展的潮流。2009 年国际电子政务理论与实践交流会的主题就是“电子治理”，倡导超越过去只强调通过技术在政府内实现转型的“电子政府”的理念。治理理念强调多元主体的参与，公共管理提供了多元主体参与的合法性基础，电子治理则为多元主体参与提供了技术支持。

电子治理是治理的重要工具和基本环境。需要特别说明的是，电子治理的“电子”，不仅仅指网络，还包括手机、电视、广播等。在即将到来的物联网时代，一切都是网络，这对电子治理提出了新的挑战。

可见，电子治理是突出强调公众参与和协作原则的电子政务管理方式。电子政务涵盖了电子治理的理念与方法，电子治理是电子政府的工作内容。

第二节　电子政务的业务模型

电子政务业务模型的建立依赖于电子政务的业务内容。电子政务业务内容则取决于政府职能。在我国，政府职能主要包括：经济调节、市场监管、社会管理和公共服务四个方面。建立电子政务业务模型就是确定一个政务部门对内对外有哪些事情要做，如何利用信息技术使这些事情做得更好，以及应该先做什么、后做什么。电子政务业务模型的确定是电子政务系统建设中重要的基础环节。实质上，建立电子政务业务模型的过程，就是对当前社会条件下政务部门的所有业务活动从逻辑上进行梳理和加工的过程，梳理的目的是要弄清政务部门的功能与业务流之间的关系，以及政务部门中各个业务流之间的逻辑依存关系。

一、电子政务的参与主体

电子政务的内容非常广泛。就政府机关与业务对象而言，电子政务的服务对象包括两大类：一是政府机关自身，包括政府行政机关及其雇员；二是社会，包括公众、法人和其他组织。这样，与电子政务相关的行为主体主要有五个，政府的业务活动也主要围绕着这五个行为主体展开，即包括政府与政府之间的互动、政府与企业之间的互动、政府与公民之间的互动、政府与政府工作人员之间的互动，以及政府与非营利组织的互动。

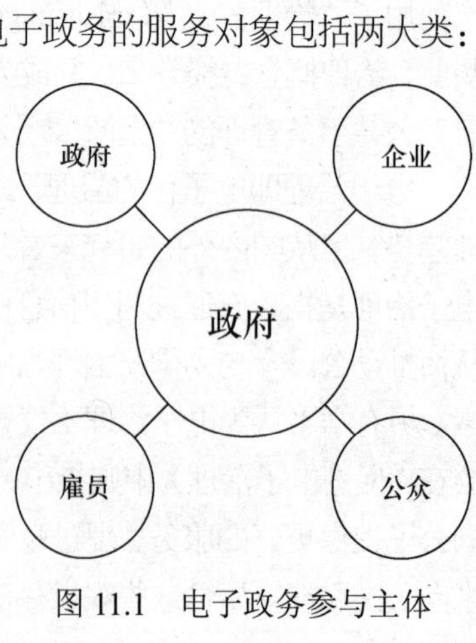

图 11.1　电子政务参与主体

根据电子政务参与的主体不同，可以把电子政务分为四种模式。如图 11.1 所示，主要包括这样几个方面：政府间的电子政务（government to government，G2G）；政府对企业的电子政务（government to business，G2B）；政府对公众的电子政务（government to citizen，G2C），政府与政府雇员之间的电子政务（government to employees，G2E）。

二、电子政务的业务类型

1. 政府之间的电子政务

政府之间的电子政务（G2G）包括隶属关系、业务指导关系、平行关系、不相隶属关系的政府部门间的电子政务。如图 11.2 所示，这一模式主要包括以下内容。

（1）电子法规政策系统。对所有政府部门和工作人员提供相关的现行有效的各项法律、法规、规章、行政命令和政策规范，使所有政府机关和工作人员真正做到有法可依，有法必依。

（2）电子公文处理系统。在保证信息安全的前提下在政府上下级、部门之间传送有关的政府公文，如报告、请示、批复、公告、通知、通报等，使政务信息十分快捷地在政府间和政府内流转，提高政府公文处理速度。

（3）电子财政管理系统。向各级国家权力机关、审计部门和相关机构提供分级、分部门历年的政府财政预算及其执行情况，包括从明细到汇总的财政收入、开支、拨付款数据以及相关的文字说明和图表，便于有关部门和领导及时掌握和监控财政状况。

（4）电子办公系统。通过电子网络完成机关工作人员的事务性的工作，节约时间和办公费用，提高工作效率。如工作人员通过网络申请出差、请假、文件复制、使用办公设备、报销出差费用等。

2. 政府与企业之间的电子政务

政府与企业之间的电子政务（G2B）是指政府通过电子网络系统进行电子采购与招标，精简业务管理流程，快捷迅速地为企业提供各种信息服务。如图 11.3 所示，它主要包括以下内容。

图 11.2　G2G 电子政务业务模式

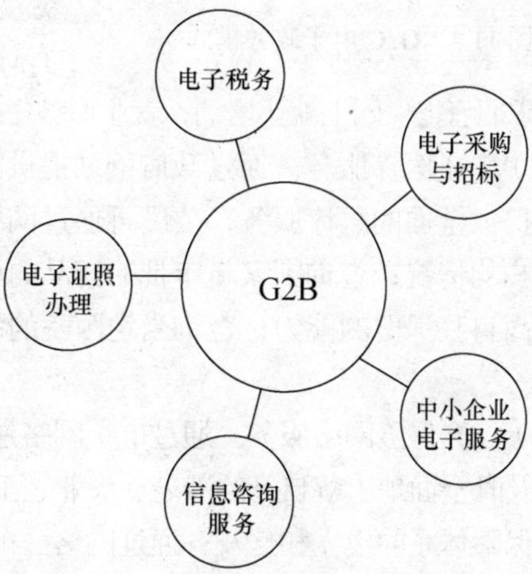

图 11.3　G2B 电子政务业务模式

（1）电子采购与招标。通过网络公布政府采购与招标信息，为企业特别是中小企业参与政府采购提供必要的帮助，向他们提供政府采购的有关政策和程序，使政府采购成为阳光作业，减少循私舞弊和暗箱操作，降低企业的交易成本，节约政府采购支出。

（2）电子税务。使企业通过政府税务网络系统，在家里或办公室就能完成税务登记、税务申报、税款划拨、查询税收公报、了解税收政策等业务，既方便了企业，也减少了政府的开支。

（3）电子证照办理。让企业通过互联网申请办理各种证件和执照，既缩短办证周期，又减轻企业负担。如企业营业执照的申请、受理、审核、发放、年检、登记项目变更、核销，统计证、土地和房产证、建筑许可证、环境评估报告等证件、执照和审批事项的办理。

（4）信息咨询服务。政府将拥有的各种数据库信息对企业开放，方便企业利用。如法律法规规章政策数据库，政府经济白皮书，国际贸易统计资料等信息。

（5）中小企业电子服务。政府利用宏观管理优势和集合优势，为提高中小企业国际竞争力和知名度提供各种帮助，包括为中小企业提供统一政府网站入口，帮助中小企业同电子商务供应商争取有利的能够负担的电子商务应用解决方案等。

3. 政府与公众之间的电子政务

政府与公众之间的电子政务（G2C）是指政府通过电子网络系统为公民提供的各种服务。如图 11.4 所示，这一模式主要包括以下内容。

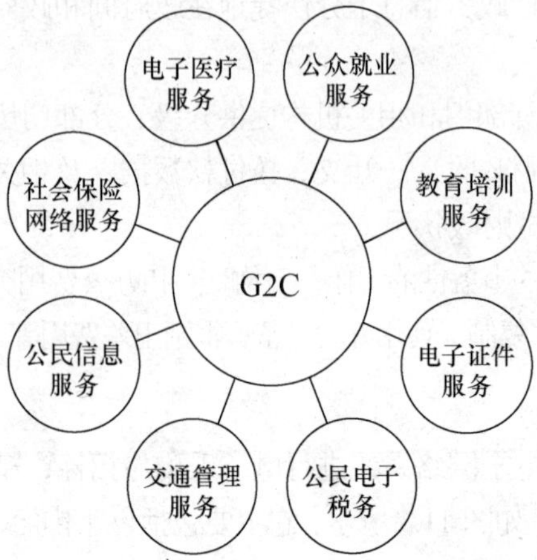

图 11.4　G2C 电子政务模式

（1）教育培训服务。建立全国性的教育平台，并资助所有的学校和图书馆接入互联网和政府教育平台；政府出资购买教育资源然后向学校和学生提供；重点加强对信息技术能力的教育和培训，以适应信息时代的挑战。

（2）公众就业服务。通过电话、互联网或其他媒体向公民提供工作机会和就业培训，促进就业。如开设网上人才市场或劳动力市场，提供与就业有关的工作职位缺口数据库和求职数据库信息；在就业管理和劳动部门所在地或其他公共场所建立网站入口，为没有计算机的公民提供接入互联网寻找工作职位的机会；为求职者提供网上就业培训，就业形势分析，指导就业方向。

（3）电子医疗服务。通过政府网站提供医疗保险政策信息、医药信息，执业医生信息，为公民提供全面的医疗服务，公民可通过网络查询自己的医疗保险个人账户余额和当地公共医疗账户的情况；查询国家新审批的药品的成分、功效、试验数据、使用方法及其他详细数据，提高自我保健的能力；查询当地医院的级别和执业医生的资格情况，选择合适的医院和医生。

（4）社会保险网络服务。通过电子网络建立覆盖地区甚至国家的社会保险网络，使公民通过网络及时全面地了解自己的养老、失业、工伤、医疗等社会保险账户的明细情况，有利于加深社会保障体系的建立和普及；通过网络公布最低收入家庭补助，增加透明度；还可以通过网络直接办理有关的社会保险理赔手续。

（5）公民信息服务。使公民得以方便、容易、费用低廉地接入政府法律法规规章数据库；通过网络提供被选举人背景资料，促进公民对被选举人的了解；通过在线评论和意见反馈了解公民对政府工作的意见，改进政府工作。

（6）交通管理服务。通过建立电子交通网站提供对交通工具和司机的管理与服务。

（7）公民电子税务。允许公民个人通过电子报税系统申报个人所得税、财产税等税务事项。

（8）电子证件服务。允许居民通过网络办理结婚证、离婚证、出生证、死亡证明等证明文件。

4. *政府与政府雇员之间的电子政务*

政府与政府雇员之间的电子政务（G2E），也有学者把它称之为内部效率效能（IEE，internal efficiency and effect）电子政务模式。如图 11.5 所示，其内容主要包括公务员日常管理，同时还包括为公务员提供信息服务和电子化培训等。如档案管理、绩效考核、人事任免、会计核算、工资管理、资产管理、考勤管理、奖惩管理、活动管理等。

这种模式利用电子化手段实现政府公务员的日常管理，对降低管理成本和提高管理效率具有重要意义。如利用网络进行日常考勤。出差审批、差旅费异地报销等，既可以为公务员带来很多便利，又可节省领导的时间和精力，还可有效降低行政成本。

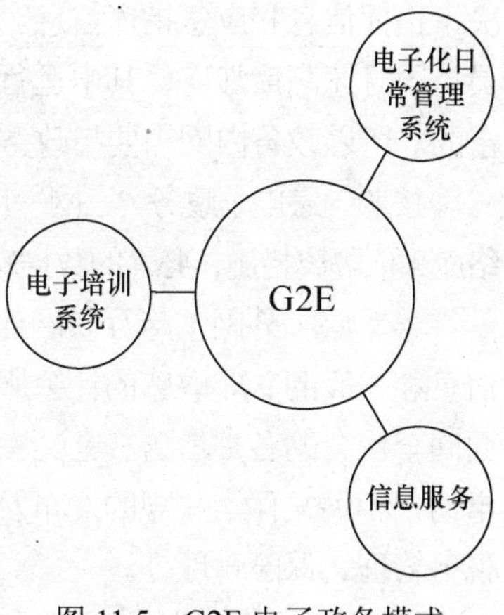

图 11.5　G2E 电子政务模式

第三节　我国电子政务的规划与实施策略

电子政务规划是指政府机构和部门根据本国、本地区、本部门的实际情况，明确电子政务建设的目标和优先级，并根据它们之间的逻辑关系，制定出实现目标的步骤和规范，以保证电子政务总体目标和阶段目标的顺利实现。

一、我国电子政务建设的网络框架

1. *以“三网一库”为特征的电子政务网络框架*

2000 年，《关于进一步推进全国政府系统办公自动化建设和应用工作的通知》（国办发［2000］36 号）中首次提出了我国“三网一库”的建设构架。其中，“三网”主要是指服务于从中央到地方各级政府领导及与办公自动化有关的政府工作人员的机关内部办公网（内网），服务于与行业部门业务管理有关人员的办公业务资源网（专网），服务于企业和社会公众的公共管理与服务网（外网）；“一库”是指由政府各部门共建共享的信息资源库。

“三网一库”概念提出后，曾一度成为我国各级政府和部门电子政务建设总体框架的代名词，被中央和地方各级政府和各部门所应用。但是，随着电子政务网络建设的拓展和应用的不断深入，暴露出一个突出问题，即专网与外网之间实行物理隔离，影响了数据的实时交换，从而制约了政府借助电子政务面向企业和公众提供服务的发展。为解决这一矛盾，经过专家论证，提出了“政务内外网”的电子政务建设网络框架。

2. *以“政务内外网”为特征的电子政务网络框架*

2002 年 7 月，中共中央办公厅和国务院办公厅转发了《国家信息化领导小组关于我国电子政务建设指导意见》（中办发［2002］17 号），提出要建设和整合统一的电子政务网络。其中，明确指出电子政务网络由政务内网和政务外网构成，两网之间物理隔离，政务外网与互联网之间逻辑隔离。政务内网主要是指副省级以上政务部门的办公网，与副省级以下的办公网物理隔离。政务外网是指政府的业务专网，主要运行政务部门面向社会的专业性服务业务和无须在内网上运行的业务。

如今的“政务内网”是政府系统内部专用的计算机网络，运行的是政务信息、管理信息、决策指挥信息和应急指挥信息。“政务内网”不仅只供政府内部使用，所有用户都是政府公职人员，同时还高度涉密，其中运行的信息即使没有标明密级，在没有正式形成之前，也应当是保密的。所以政务内网需要与政务外网以及互联网进行物理隔离。

按照国家电子政务“三网一库”的基础架构，电子政务系统的应用体系可以分成三层，各层网络应采取隔离措施，必需的数据转接应采用安全数据网关，并确保不存在信息泄漏的可能性。

第一层（外网）与互联网连通，面向社会提供的一般应用服务及信息发布，包括各类公开信息和一般的、非敏感的社会服务。主要应用如下：基于政府互联网网站的信息发布及查询；面向全社会的各类信访、建议、反馈及数据收集统计系统；面向全社会的各类项目计划的申报、申请；相关文件、法规的发布及查询；各类公用服务性业务的信息发布和实施，如工商管理、税务管理、保险管理等。

第二层（专网）政府部门内部以及部门之间的各类非公开应用系统，其中所涉及的信息应在政务专网上传输。主要包括各类公文、一般涉密数据以及政府部门之间的各类交换信息，这些信息必须依据政府内部的各类管理权限传输，防止来自内部或外部的非法入侵。主要应用如下：从中央政府到地方各级政府间的公文信息的审核、传递系统；从中央政府到地方各级政府间的多媒体信息的应用平台，主要包括：视频会议、多媒体数据实时调度与监控等；同级政府 间的公文传递、信息交换。

第三层（内网）政府部门内部的各类关键业务管理系统及核心数据应用系统。内部一般应用主要包括：各种个人办公自动化辅助工具，如文字处理、多媒体处理、网络应用（电子邮件、浏览器、远程访问终端等）；政府内部的公文流转、审核、处理系统；政府内部的各类专项业务管理系统，政府内部的各类事务管理系统，政府内部的面向不同管理层的统计、分析系统；政府内部不同应用业务的数据库系统以及统一的数据资源平台。

涉及内部核心机密的应用系统，主要包括：机要、秘密文件及相关信息数据管理系统；领导事务管理系统，包括日程安排、个人信息等；涉及重大事件的决策分析、决策处理系统；涉及国家重大事务的数据分析、处理系统；涉及重要事务的核心数据库系统。

电子政务体系从整体上来说是政府专网和应用系统，是电子政务项目中的“三网合一”，包括内网、专网、外网的互联互通。

二、我国电子政务建设的系统框架

（一）电子政务模型规划

电子政务是政务信息化的具体体现，是公共行政管理改革和衡量国家竞争力水平的显著标志之一。我国电子政务的基本架构为“三网一库”体系。以往的信息建设不重关联，自成体系，信息资源分散，共享程度低，以致影响了计算机的整体应用。要解决这些问题，就必须按照“统一规划、分步实施”的原则去建设电子政务系统，构架电子政务的整体解决方案。其中，建设电子政务综合处理平台是电子政务整体应用的关键。

从纵向上看，我国电子政务系统可分为四个层次：国家级电子政务系统、省级电子政务系统、地市级电子政务系统和县市级电子政务系统。纵向的电子政务系统主要侧重于同一种业务中各级政府部门和业务系统之间的业务处理和衔接。从横向上看，电子政务系统主要侧重于同一层级上各个政府部门和业务系统之间的业务联合与协作。

（二）我国电子政务规划实施的基本原则

1. 分步实施原则

电子政务建设是一个复杂的过程，不可能一蹴而就。即使像美国这样的发达国家，在推进电子政务的过程中也贯彻了分阶段实施的原则。我国尚属于发展中国家范围，这就决定了我们必须本着由简至繁、由易到难、由内及外的原则稳步推进电子政务建设。首先侧重政府内部及某一具体行业的建设，再过渡到实现跨行业、跨地区、跨部门的在线服务，同时，综合经济效益、社会效益和政府自身建设来确定电子政务建设的优先级和重点。

2. 协调发展原则

电子政务规划的实施要充分考虑到内外环境的影响和制约作用，应与内外环境相适应、相协调。

首先，要与外部环境相协调。一是电子政务规划的实施应充分考虑地区发展的不平衡状况，避免“一刀切”。二是电子政务建设要与电子商务发展相协调。三要注重与政府职能配置相适应。

其次，也要与内部环境相协调。一要协调好技术、网络和信息资源之间的关系。二要协调好信息共享和信息安全之间的关系。三要协调好中央政府各部门与地方各级政府信息化建设之间的关系。

此外，各级政府和部门还要处理好自主研发和对外引进的关系、开拓创新与实事求是的关系，从自身的实际需求、财政状况出发，开展电子政府建设，量力而行，不搞攀比，不搞华而不实、贪大图全的形象工程。

3. 需求和服务导向原则

首先，从电子政务实施的动力角度看，政府的实际业务需求和应用是电子政务实施得以持续和发展的最根本动力所在。其次，从电子政务实施的目的角度来看，电子政务实施的最终目的是为了更好地实现政府的公共服务和社会管理职能，提高政府职能行使的效率和效能。

（三）我国电子政务规划实施的具体做法

1. 建立专门的实施机构和人员

我国的电子政务实施可在现有组织和人员框架基础上不断进行完善和优化，可以采取以下做法。

（1）可借鉴发达国家的经验，实行政府首席信息官制度，使政府首席信息官成为具体负责本地区、本部门电子政务实施的责任人，主要承担规划实施、部门间协调、制度和标准制定等职责。

（2）在逐步整合现有电子政务实施机构的基础上，建立统一的、层级分明的、以政府首席信息官为中心的组织框架，形成“一把手+首席信息官”的电子政务实施模式。

2. 推行电子政务项目的市场化运行机制

建立和完善我国电子政务的市场化运作机制要重点解决好以下几方面的问题。

（1）明确划分电子政务建设的不同层次。一般来说，电子政务建设可以划分为构成政府职能的核心业务项目和非核心业务项目两种，对于那些非核心业务项目完全可以通过公开招投标的方式外包给专业信息技术公司去完成。

（2）明确政府在电子政务市场化运作中的地位和作用。政府作为电子政务建设的主导者，不仅要作为外包中的甲方，履行向乙方提出需求、全程监控乙方的项目进程等职责，还要充分考虑到电子政务项目的政治性、安全性、整体性等方面的特殊要求，对那些不适于外包的建设项目或环节（专业企业没有能力完成或不愿意承担），就应该由政府独力或起主导作用地来承担，如对项目需求的整理提出、项目规划和标准的制定、系统的整合等宏观性问题。

（3）对外包风险加强防控。对风险的控制主要是通过签订合同方式进行的，电子政务的外包合同约定应尽可能详细，合同内容应包括双方合作的具体项目，以及各个项目的质量标准、价格、工作量、服务要求、响应时间、费用支付条件、额度和方式等细节。

3. 完善电子政务绩效评估体系

完善电子政务绩效评估体系要着重做好以下几项工作。

（1）把宏观评估与微观评估有机地结合起来。在实际的评估中，各级政府部门不仅要进行宏观评估，以明确本部门在全国电子政务中的发展水平和位置，同时更要着重进行具体项目的微观评估。其中，宏观评估以微观评估的结果为依据和基础，微观评估以宏观评估的结果为参考，两者相辅相成，密不可分。

（2）逐步完善电子政务的评估指标体系。指标体系是评估的重要依据，其完善程度直接影响着评估结果的有效性和全面性。因此，应借鉴发达国家在评估方法、技术方面的成熟经验和体系，逐步建立起完善且行之有效的指标体系。

（3）引入第三方进行评估。由第三方即专业的绩效评估公司来评估电子政务的应用水平具有很多优势，它不仅可以保证评估的公正性和客观性，还可以有效保证评估结果的科学性和专业性，因为政府的主要职能是从事行政管理和服务，对先进而复杂的评估方法和指标体系缺乏深入和专门的研究，委托给专业公司进行评估，可以有效弥补政府在此专业领域的缺陷。

4. 创造有利于电子政务实施的制度环境

电子政务规划实施要制度先行，为电子政务实施营造一个规范、有序的制度发展环境。为此，要做好以下工作。

（1）继续完善电子政务方面的法律法规、规章制度，在已有制度框架的基础上加紧进行地方性法规、部门规章的制定。

（2）加强各项法规制度的执行力度，建立执行效果监督和评估机制。

（3）继续完善已制定和发布的电子政务建设的相关标准和规范，推进电子政务各类标准的具体、深入实施。

三、我国电子政务具体实施策略

在推动电子政务的过程中，要高度重视具体实施策略的选择。电子政务的推进，关键要解决很多根本性问题。

1. 尽快制定我国电子政务发展的整体规划和相关技术标准

制定我国电子政务发展的整体规划和相关技术标准是所有问题的基础。如果各自为战的局面得不到有效的改变，后果将是难以设想的。在制定电子政务整体发展规划和技术标准时，不仅要有相关部门的领导、计算机专家的参与，还要吸收行政管理专家参与，这样才能使电子政务规划更具有权威性。

在电子政务的建设方面应注意和防止的是不要认为设备愈先进愈好，以至于盲目地追求硬件设备的档次。实际上，电子政务的建设和完善是一个漫长的过程，在这个过程中，强调技术标准的统一性以及在一定的整体规划下进行，绝不意味着要简单地追求硬件设施的先进性，而是强调未来的可连接性和整体布局、应用的合理性，否则就可能使电子政务的发展偏离方向，给国家造成巨大的浪费。

中国发展电子政务应本着“有用、适用和好用”的原则。也就是说，在西部经济欠发达地区，可以按照“有用”的原则发展电子政务，不去追求设施的高档次；在中部，可以按照“适用”的原则推动电子政务的发展；在东部经济较发达的地区，可以按照“好用”的原则提高电子政务的水平，有些设备可以配置得高一些。上述看法，我们认为比较符合我国国情，有一定道理。

2. 注重电子政务发展的体制条件

电子政务的体制条件，是指我们在推进电子政务的过程中，切不可将现有的政府管理、运作的框架简单地搬到网络上，或者按照传统的政府管理方式，将电子手段加入其中。而要按照电子政务的要求，对现行的政府管理职能、组织以及行政流程进行必要的调整和改革，从而为电子政务的推进创造好的体制条件。特别是在加入世界贸易组织后，这方面的问题更加突出。在这方面，关键要解决好职能的科学配置、组织机构的整合以及行政流程的重组三个问题。

从政府职能的科学配置来看，核心是要按照市场经济和电子政务发展的要求，以及我国加入世界贸易组织面临的客观环境，重新定位政府的角色，减少政府不必要的干预。要实现这一目标，至少有三个问题急需解决：首先，要树立“科学管理、优质服务”的职能意识；其次，在行政体系内部，要合理界定和划分政府各部门的职责权限，加强管理与服务的有效性；再次，在重新界定政府职能中，要把政府职能的转变放在关键地位。从某种意义上说，上述三个问题解决的程度，将直接影响到电子政务发展的基础，因此必须引起我们的高度重视。

从政府组织机构的整合来看，关键要按照电子政务的要求，深化政府机构改革，通过组织整合，使政府机构的运行更加符合电子政务的需要。

从行政流程的重组来看，要对计划经济体制时期形成的传统行政流程进行大刀阔斧的改造，使政府管理和服务更加符合电子政务“简便、透明和高效”的客观要求。在这方面关键要解决好以下四个问题：首先，要建立统一的政府部门工作规范；其次，对现行的行政审批制度进行深化改革；再次，要制定有关政务公开的具体实施办法，提高政府管理的透明度；最后，要认真清理收费项目，改革收费管理制度。只有在上述四个领域的改革取得显著成效，行政流程的改革才有可能真正深入下去。

3. 按照先易后难、先简单后复杂的原则，组织电子政务的建设和实施

在这方面，同样需要统一规划和协调。中国政府信息化和电子政务的发展，不可能全面开花，齐头并进，必须有选择、有重点地进行。但究竟哪些是国家首先必须实现电子政务的领域，或者哪些重点公共服务事项是必须优先发展的领域，这些都必须通过国家的相关规划或政策予以规定，否则，就可能出现某些混乱。

电子政务在某一具体行业的建设相对较容易，如目前我国的工商、税务、金融、海关等领域的一些电子化管理等，但是要实现跨行业、跨地区，特别是某项公共服务涉及多个部门的在线服务，难度增加了许多，这不仅对公共管理本身提出很高要求，而且对电子政务的技术、安全等都有很高的要求。可见，我们在电子政务的具体实施中，必须遵循先易后难、先简单后复杂的原则，稳步推进。

按照我国的实际情况，我国目前在电子政务的具体实施中，关键要抓住三个重点：一是要对现有的网络资源进行统一整合，避免重复建设和资源浪费，必要时要采取一些断然措施；二是继续抓好政府内部的办公自动化和无纸化；三是在抓紧制定有关政府信息化法律、法规的同时，关键要筛选一些直接关系企业或民众利益的跨部门、跨行业的公共服务项目，作为实现互联互通的突破点，率先在某些服务项目上实施在线服务，并使其服务领域逐步扩大。这种滚动式的发展思路，不仅符合我国的国情，也能使电子政务的发展稳步推进。

4. 按照需求驱动建设电子政务

虽然说，从经济学的角度来讲，全国一张网最经济，最有效率。但是从适应国情的角度，从制度与社会成本最低的角度来说，分阶段、分专业、分步骤来实施电子政务更可行，更具现实意义。当然，在现阶段电子政务建设时，应特别注意防止重复建设、标准不同、各自为政的问题，可以推行“总体统筹，分工负责”制。在具体实施时，首先是需求驱动，需求是任何工程建设的永恒动力。

如实施较成功的“中国电子口岸”（www.chinaport.gov.cn），首先为了打击走私以及骗税等非法活动，对海关、经济贸易合作、税务、外汇等领域的进出口业务信息流、资金流、货物流等进行统一管理，有非常迫切的需要。所有进出口交易的电子底账数据集中存放到公共数据中心，在统一、安全、高效的计算机物理平台上实现数据共享和数据交换。国家各行政管理部门可根据执法和管理需要进行跨部门、跨行业的联网数据核查。

5. 重视人才培训

一是对政府工作人员提供各种综合性和专业性的教育与培训。必须要适应信息时代对政府的要求，加强对公务员信息技术方面的专业培训。通过举办培训班，开设培训课程和考试的办法，使各级公务员尽快改变管理和服务观念，掌握必要的技术，提高办公效率，适应并主动地推动电子政务的建设发展。同时，在新的电子政务框架下，建立业绩评价系统，按照设定的任务目标、工作标准和完成情况，对政府各级工作人员进行科学的测量和评估。

6. 各级领导要以战略眼光看待电子政务建设

加快电子政务建设，是适应社会信息化发展和贯彻世贸组织各项规则的迫切需要。各级领导同志要以战略眼光看待电子政务建设，积极加以推进。并且应与转变政府职能结合起来，以机构改革为契机，对传统的政府工作方式和手段进行大力革新，使之同电子政务的发展相适应。

7. 要特别重视科学规划和资源整合

要认真研究和借鉴发达国家电子政务建设的经验，从我国实际情况出发，科学制定规划，统一标准；加强组织领导，保证必要的投入；明确工作重点，有步骤地加以实施。同时要打破政府各职能部门对信息资源的垄断和封闭，以工商、公安、税务、海关、民政、社会保障等“窗口部门”作为突破口，明确界定公开、在一定范围内公开的、不能公开的和严格保密的信息，做到既便于查询，又不致泄密。

8. 注意安全防范

电子政务关系国家安全和政府工作的正常运转，要十分重视预防病毒感染和黑客入侵，认真研究防范措施，积极采用“防火墙”等安全技术，及时发现和消除隐患，确保电子政务的安全运行。

第四节　我国电子政务的发展成就

我国电子政务的发展可以分为办公自动化阶段、“金字”工程阶段、网络政务阶段以及创新应用阶段四个时期。以 1999 年“国家信息化领导小组”的成立和“政府上网工程”启动为标志，之前为办公自动化建设时期，1999—2002 年为政府信息化大规模基础设施建设阶段，2003—2010 年为网络政务阶段，现阶段电子政务处于创新应用的新时期。

一、办公自动化阶段

20 世纪 80 年代中期，办公自动化（office automation，OA）的概念被引入中国。作为政府管理信息化的基础和重要组成部分，办公自动化是信息技术在政府管理中应用的基础，也是开展电子政务的重要组成部分。经过 20 多年的发展，中国的办公自动化建设已经从最初提供面向单机的辅助办公产品，发展到目前可提供解决大型协同工作的产品。中国政府最早提出办公自动化建设的目标源于 1985 年的“海内工程”。当时的主要想法是在中央政府开展办公自动化建设，尝试利用计算机技术辅助完成一些最基础的政务活动，譬如文件电子化处理、数据电子化存储等。此后国务院又通过举办全国性的办公自动化工作会、交流会、研讨会等多种形式，在全国各地政府机构掀起了学习计算机、使用计算机的热潮，一些部门还在工作中建立了小型的内部办公网络和专门的信息中心，帮助政府部门提高信息处理能力和决策水平，为计算机和互联网技术在政府管理中的广泛应用奠定了基础。

二、“金字”工程阶段

1993 年 12 月启动的“三金工程”，即金桥工程、金关工程和金卡工程，是中央政府主导的以信息化为特征的系列工程，重点是建设信息化的基础设施，为重点行业和部门传输数据和信息，这一阶段实际上也是电子政务发展的雏形阶段。

“三金工程”当中，“金桥工程”的全称为“国家公用经济信息通信网工程”，是国家经济和社会信息化的基础设施之一，它与原邮电部通信干线及各部门已有的专用通信网互联互通，互为备用，建成覆盖全国、天地一通的中速信息通信网。这一工程虽然不是广为人知，但事实上却为中国的信息化建设做出了重要的贡献，1996 年 9 月中国首次开通因特网业务，就是在此基础上进行的。

“金关工程”是国家为提高外贸及相关领域的现代化管理和服务水平而建立的信息网络系统，主要通过海关、外贸、外汇管理和税务等政府部门的联网，向企业提供相关服务。目前已经制定并实施了进出口企业代码、进出口商品代码两项标准，建设了配额许可证管理系统、进出口统计管理系统、出口退税管理系统、出口收汇和进口付汇核销系统等应用系统。金关工程一方面是出自外贸领域现代化管理的需要，另一方面也是国际贸易的客观要求。当前很多国家在国际贸易中都要求使用电子交易、电子结算，对不使用电子交易方式的贸易不予受理，也使得中国在这方面加快了实施的步伐。2001 年 6 月，金关工程取得突破性进展——建成了“中国电子口岸”。这是由海关总署与信息产业部联合开发建设的国家口岸专网，利用中国电信宽带数据网，实现银行、外汇管理局和海关的计算机联网，开发并运行全国海关外汇报关单联网核查系统，全国每一个县所有外汇局和银行，不论当地是否有海关机构，都能在本地 169 网上很方便地验核所有海关报关单底账，及时有效地遏制走私、骗汇、骗税势头，保护了国内经济发展和经济安全。

“金卡工程”是以电子货币工程为重点的卡基应用系统工程，最初的目标主要是通过利用邮电、金融系统现有的网络资源，推动银行卡跨行业务的联营工作，为金融、商贸、旅游等行业提供新型电子支付手段服务。随着金卡工程建设的不断深入发展，其领域早已突破了原来范围。不仅银行卡发展迅速，使用银行卡进行消费、转账、结算正逐渐成为一种新的支付方式，而且在非银行卡方面也取得了较大进展，尤其是 IC 卡在电信、公交、路桥自动收费、社会保障等多个领域得到广泛应用。

“三金工程”其实是国家整体信息工程的一部分，自“三金”之后，近年来国家又相继启动了“金税”“金审”“金盾”“金卫”等12项金字系列工程。这些工程的开展将对中国政府信息化建设和电子政务发展起到直接的推动作用。

三、网络政务阶段

1999年在我国政府机关正式启动的“政府上网”工程，标志着我国政府信息化开始普遍步入互联网时代。

1999年1月，由当时的国家经贸委经济信息中心和中国电信牵头、联合40多家部委信息主管部门，在北京召开了“‘政府上网工程’启动大会”，“政府上网工程”的主网站“www.gov.cn”也开始试运行。为配合政府上网，中国电信对上网的政府机构专门出台了优惠政策，包括在一定期限内，减免接入专线月租费、相关通信费和主机托管费，组织互联网服务商（ISP和ICP）免费为政府上网制作部分主页，以及对相关人员免费提供培训等。

“政府上网工程”得到各地政府部门的积极响应。此后，参与“政府上网工程”发起单位的政府机构不断增加，许多地方纷纷召开专门会议，成立专门机构，安排必要的资源予以落实。一些地方政府主管部门还规定了“政府上网”的完成期限。

在政府主管部门的大力推动和有关方面的积极配合下，我国政府信息化建设在此阶段取得了快速发展。互联网的应用开始受到更多政府机构的重视，越来越多的政府网站不断建成开通。

此外，在这一时期，政务专用网络的建设也在同步推进。2000年5月，国务院办公厅下发了《关于进一步推进全国政府系统办公自动化建设和应用工作的通知》，提出了要用3～5年的时间完成建设“三网一库”的任务。“三网一库”的内容，是指要不断完善各地区、各部门机关内部的办公业务网（内网），完善以国务院办公厅为枢纽的全国政府办公业务资源网（专网），逐步建立基于互联网的面向社会的政府公众信息网（外网），以及共建共享政府办公业务信息资源数据库。

2001年4月，国务院办公厅制定的《全国政府系统政务信息化建设2001—2005年规划纲要》，再一次明确了以“三网一库”为基本架构的我国政府系统政务信息化建设目标，提出“以需求为导向，以应用促发展；统一规划，协同发展；资源共享，安全保密”的指导原则。

2001年8月，党中央、国务院决定重新组建新一届国家信息化领导小组，由时任国务院总理的朱镕基同志亲自担任领导小组组长。2001年12月，国家信息化领导小组第一次会议召开，会议明确了实行加快信息化建设的战略，提出推进国家信息化必须遵循5条方针。其中第二条便是“政府先行，带动信息化发展”，从而把推进电子政务建设明确纳入国家信息化的工作重点。

2002年7月，朱镕基总理主持召开了国家信息化领导小组第二次会议。该次会议提出，“十五”期间，我国电子政务建设的目标是：初步建成标准统一、功能完善、安全可靠的政务信息网络平台；重点业务系统建设，基础性、战略性政务信息库建设取得实质性成效，信息资源共享程度有较大提高；初步形成电子政务安全保障体系，人员培训工作得到加强，与电子政务相关法规和标准的制定取得重要进展。

2002年8月，国家信息化领导小组《关于我国电子政务建设的指导意见（即“17号文件”）》正式下发。在总结我国电子政务建设历史和现状的基础上，“17号文件”就“十五”期间全国电子政务建设的指导思想、发展原则、主要目标、重要任务、职责分工及相应的政策措施等，分别予以明确，并相应做出了新的部署。

按照“17号文件”的要求，“十五”期间我国电子政务建设的原则是：统一规划，加强领导；需求主导，突出重点；整合资源，拉动产业；统一标准，保障安全。主要任务包括：建设和整合统一的电子政务网络，要求副省级以上政务部门的办公内网与副省级以下政务部门的办公网实现物理隔离，明确政务外网是政府的业务专网，要与互联网逻辑隔离；建设和完善业务系统，加快 12 个重要业务系统建设，这 12 个业务系统是指政府办公业务资源系统、金关、金税、金融监管、金卡、宏观经济管理、金财、金盾、金审、社会保障、金农、金质、金水系统；规划和开发重要政务信息资源，即组织编制政务信息资源建设专项规划，设计电子政务信息资源目录体系与交换体系，启动人口基础信息库、法人单位基础信息库、自然资源和空间地理基础信息库、宏观经济数据库的建设。主要任务还包括：要积极推进公共服务；基本建立电子政务网络与信息安全保障体系；完善电子政务标准化体系；加强公务员信息化培训和考核；加快推进电子政务法制建设等。

"17 号文件"的下达，得到各地和各级政府主管机构的迅速响应。各地各部门也在电子政务建设方面纷纷采取了新的举措。北京、广东、福建、陕西、安徽、青岛、深圳、成都等省市和税务、司法、公安、审计等部门，纷纷提出了各自的电子政务规划、实施纲要和专项信息化重点工程规划。

经过十多年的发展，电子政务网络已经覆盖所有的省、自治区、直辖市以及 90%以上的市和 80%以上的县。中央国家机关各单位都建成了局域网，多数单位建设了本系统专用网络，重要业务信息实现了从中央到地方的联网运行。

政府网站为民服务能力也在不断提升。10 年来，政府门户网站建设取得了重大的进展，中央和省级政府网站普及率已达到 100%，地市级达到 99.1%，区县级超过 85%。门户网站在提供信息服务、办事服务以及政民互动服务方面发挥着越来越重要的作用。

四、创新应用阶段

随着互联网在我国的进一步普及、各种创新应用的不断出现以及移动互联网的迅猛发展，电子政务的发展也进入了创新应用发展的新时期。

（一）微博政务

微博是 Web2.0 时代兴起的一种集成化、开放化、社会化的互联网服务。微博体现了一种全新的传播机制。

1. 微博政务的特点

微博政务的特点主要体现在以下几方面。

（1）快速发布、同步更新和渠道多样。微博整合了多种信息发布平台发送简短消息，具有典型的 4A 特征，即 anytime（随时）、anywhere（随处）、anyone（任何人）、anything（任何事）。

（2）信息传播过程的即时性。微博信息的传送特点是确保用户终端能够在最短时间内获得系统所推送的用户关注对象的信息更新和聚合，在最大程度上减少信息传播的障碍，提高信息到达的时间效率。

（3）微博广播式的点对面的信息发布方式，同时具有单向跟随和双向互动的传播特点。用户可以不用主动访问就能即时收到信息，一键转发功能更增强微博的互动性，社会化特点很突出。再加上现阶段移动信息技术、智能手机等移动终端的发展，使得微博传播获得了前所未有的覆盖率。

2. 微博政务的作用

微博在信息公开、微博问政和改进政府行政管理能力方面有着特殊的作用，对政府的沟通和决策能力，以及行政管理能力提出了全新的挑战。

1）微博与政府信息公开

微博具有的传播特点使其越来越成为普通民众所关注的信息传送方式，这也使得微博成为政府信息公开，提高政府工作透明度的工具。政务微博成为这一时期电子政务发展的新标志。自2010年6月四川成都首开政府微博起，云南、浙江等省政府及相关部门的微博也相继开通使用。从实际使用来看，“政务微博”效果显著。比如，2011年4月12日，江苏省公安厅利用微博“平安江苏”贴出拐卖儿童疑犯的照片，很短时间内遭拐卖男孩即被送回。在“3.11”日本大地震后，一些地方流言四起，并一度出现“抢盐潮”，相关部门及时利用微博澄清谣言，使得民众得以在最短时间内得到权威信息。根据人民网舆情监测室联合新浪共同发布《2013年新浪政务微博报告》，目前新浪认证的政务微博总数超过10万个，较2012同期增加4万余个，增长率约为67%。

2）微博与公民参政问政

“微博问政”是网络问政的一种表现形式，即指不按传统的亲临现场方式，而是通过网络工具微博，运用网络技术进行参政、处理政务等活动。“微博问政”的优势突出表现在以下三点：一是打破时空界限，网友可以24小时参与；二是打破教育水平限制，无论学历学位高低都可参与问政；三是突破参与路径，网友可以通过手机、电脑等多种媒介随时参与。

2010年1月25日，“微博问政”作为参政议政的新方式，首次被写入安徽省两会的政府工作报告。随着众多政府机构和官员陆续开设微博，“微博问政”已在倾听民意和增强政民互动方面发挥了引人瞩目的作用。

3）微博与政府行政管理能力提升

“微博问政”的发展和完善要求政府需要不断提升自身的行政管理能力，以确保政民网络沟通的顺畅。由于传统行政体制和行政文化的某些不足，微博以其自身互动性和开放性强的特点，很快便成为公众表达意见和监督政府行政管理水平的重要平台。

南京市政府为了进一步发挥微博在推进南京市政务工作改革中的作用，拓展和深化政民网络互动的渠道和方式，2011年5月25日，南京率先建立全国第一家微博城市广场，他们通过一站式服务和众多的机构微博在实现政民互动的同时也解决了很多实际问题。城市广场里提供政务机构58家，学校院所16家，新闻传媒52家以及部分文化场馆和南京名人微博。微博城市广场的建立是在微博时代政府积极应对电子政务变革的表现，在转变政府职能和提升政府形象的同时，自觉提高政府行政管理水平。

微博对电子政务的影响还表现在微博公文的处理上。2011年4月20日，海宁司法局在信息公开网站上发布了《关于启用微博公文的通知》，从而成为全国第一个启用微博公文的政府机关。在此基础上，海宁市司法局还举办了司法行政社会管理创新微博讨论会，并在微博上进行互动。可以说，微博公文的出现不仅促进了政府与公民间电子政务的发展，也提升了政府及其工作人员的电子政务水平。

（二）微信政务

微信是腾讯公司推出的一款通过网络快速发送语音短信、视频、图片和文字，支持多人群聊的手机软件。用户可以通过微信与好友进行形式上更加丰富的类似于短信、彩信等方式的联系。与传统的短信沟通方式相比，微信具有零资费、跨平台沟通、显示实时输入状态等功能，也更灵活、智能，且节省资费。

1. 微信政务的特点

微信公众平台的一大特点是手机订阅账号，通过用户自主“关注”“订阅”，信息可直达用户的手机桌面。相对于微博“一对多”，适合扩散消息的特性，微信则是“一对一”，适合精准传递消息。

由于微信可发送语音、文字、表情、图片、视频、地理位置等各种信息，表现形式活泼多样，为人们的表达提供了多种方式。开通这样的政务平台，有助于进一步改善政府部门在民众心目中的形象，拉近政民距离。

此外，微信通过社会化传播功能，可以实现用户在线报警、求助、咨询、问询、投诉等功能，便民功能显著。相比于微博粉丝中有很多“僵尸粉”，微信用户由于和手机、QQ等用户终端紧密绑定，粉丝的“质量”更高，受众更真实可靠，传播将更有效。

另外，相对于微博的开放性、公众性，微信作为一个社交工具，信息传播形式相对隐蔽，这样能增加互动率。微信作为一种充满活力的互动平台，一旦作用于政务微信，就会冲着切实解决问题的方向去发展与完善。

2. 微信政务的优势

对于政府而言，开展微信政务有如下一些优势。

1）有助于政府抢占舆论阵地

信息网络技术的发展，更新了信息原有的传播模式，分散化、多渠道传播成为一大趋势。整合信息资源，拓展传播空间和渠道，实现从单一媒介平台为主向立体化功能平台的转型，促进政务信息不断外延，是接下来政府可能面临的时代要求。进入2013年，移动互联网的成长带来内容、产品、圈子的移动化，基于平台为媒介的话语圈正走向多元化，政府信息发布将可能面临移动互联网趋势下全媒体环境的挑战。政府积极进军微信，是做好全媒体战略布局的尝试，有助于拓展网络问政的深度与广度，使获取社情民意的途径更加多样，是扩大政府影响力，塑造政府“威信”，站稳舆论阵地的重要保障。

2）有助于提升政务信息的辐射力

2014年第二季度，微信月活跃用户达到4.38亿，并继续保持增长。随着微信进一步联通用户手机通信录、朋友网、QQ好友（群）、位置社交（附近的人）等人际关系圈，未来的微信将可能成为用户最为重要的“手中的名片集装箱”“可移动的信息中心”“有价值的沟通工具”，并由此相互链接而形成无数个密集分布的圈子网络。政府开通政务微信，对拓展新的用户人群，提高政务信息受众面具有积极的意义。

3）提升政务信息传送的有效性

不同于微博海量的碎片化信息，政务微信信息发布具有用户导向的精确性功能。这些信息必将比其他渠道更有个性，获得公众的认同和网络舆论的认可度也会更高。对培养一批优质用户，塑造稳定用户，提升政府账号的公信力具有促进作用。此外，微信的优势还在于参与的熟人圈更多。在突发事件中，基于“优先关心身边人”的人性特性，相关信息在熟人圈子之间传播将比在公共平台更为迅捷；同时，基于圈子本身相互的“高信任感”，观点整合时间更短，将加速“态度同步”过渡到“行为协同”，并直接作用于现实行为。反过来也一样，哪怕政府信息的投送只抵达某圈子某名成员，通过该成员二次转播，同样具有快速阻止不实信息传播与不良情绪蔓延的正导向功能。在此过程中，政务微信的及时介入，将有力避免微信用户转向第三方平台“求证”，赢得舆情控制的关键时间。在微信这个具有较高互信的熟人圈子，“影响了某名成员即能影响整个圈子”，具有较高的高效益价值。当然，这对政务信息的品质提出了更高的要求。

据人民网舆情监测室监测，最早开通微信的政府部门是广州市白云区政府应急管理办公室。2012年8月30日，“广州应急-白云”微信公众平台首次亮相，第二天便大派用场——发布河源震情，打造了广州政务微信首个成功运营的案例。广东省肇庆市公安局继推出全国公安机关首个政务微博“平安肇庆”后，2012年9月又在全国率先推出了公安政务微信“平安肇庆”。随后，广州、江苏淮安、福建厦门等多地警方都推出了公安政务微信，公安政务微信成为密切警民关系的新的“法宝”。2013年3月11日，北京市公安局正式开通“平安北京”微信公共账号，成为首个通过腾讯微信认证的省级公安机关官方微信。

不少政府机构纷纷跟进，开通了自己的官方微信，如佛山市南海区团委、中山市团委、山东省旅游局展开政务微信试点等，使网民可以利用微信在线求助、咨询、投诉等。“南海共青团”更是打出“率先以‘微博+微信’为双核强化团务信息化，探索睿智团务新模式”的口号。自2012年8月微信公共账号正式推出后，截至2013年底，全国政务微信的数量已超过100个。随着越来越多的官方机构顺应时代潮流，入住微信平台，微信政务逐渐成为网络问政新平台。

阅读案例

微博与微信政务平台在芦山地震中的应用

2013年四川芦山7级大地震发生后，微博、微信在救灾中发挥了重要作用，成为灾难前期播报灾情信息的主渠道。在电话与短信无法进行正常通信的情况下，微信成了灾区群众传达个人境况以及传达灾情的最有效工具：来自灾区的文字、图片与视频，源源不断地通过微信迅速传递到后方。有电信专家还表示，建议外界与灾区联络少打电话，多用短信以及微信、微博等移动互联网社交工具，以避免语音通道拥塞。联通和电信运营商，也相继通过官方微博向用户建议，尽量用微信和灾区民众取得联系。“多用微信少打电话、为救命让出通道”一时成为网络的强大号召。

芦山地震发生19分钟后的8点21分，政务微信“微成都”就发出震情速递。四川省雅安市委宣传部，更紧急开通官方认证微信“四川雅安”(现改名为“芦山地震救助”)，并于当天13点37分发布了首条微信。14点30分，“芦山地震救助”微信公众平台收到了来自四川的求助——“我们被困在了姚桥镇初级中学附属教师职工宿舍了，目前房子已经全部坍塌了，我女朋友不见踪影，求大家救救我们!”截止21日下午14时，近15万人关注“芦山地震救助”，实时发送消息量达20万条。据统计，地震发生后24小时，有超过300个政务微信，先后就芦山地震发布了微信。

有网友称：地震两小时，没有有价值新闻，幸好有微博；手机打不通，幸好有微信。在微信、微博等自媒体上，网友主动转发救援信息、为灾区祈福、监督社会作为、组织捐款等。在芦山地震中，微信的通信属性让其成为灾区内外沟通的重要工具，微博的公共媒介属性让其成为震后消息中心。《21世纪经济报道》评价称：“一夜之间，微信从被运营商指为‘抢饭碗’的对象，摇身变为在芦山地震灾区对外传递信息最靠谱的通信工具。”有业内专家赞誉道：“芦山地震微信救援平台改写2.0救灾模式。”

以“芦山地震”为例，地震导致当地通信中断，微信成为信息流动的主要媒介。许多用户就通过手机将自己的地理位置、救助内容、现场照片等发给“芦山地震救助”等官方微信平台。然后，腾讯再通过“芦山地震救助”的微博账号将求助信息对外发布。微信与微博平台间信息互通，使得微信成为灾区内外沟通的重要纽带。有专家指出：“在通信资源稀缺下，充分发挥微信的点对点信息达到、LBS（基于位置的服务）手机定位、语音传送、查看附近的人等功能，形成地震救援各环节中的重要拉力”。

本集整理自 2013 年 5 月 24 日人民网舆情监测室刘鹏飞、卢永春《政务微信：互联时代网络问政新利器》一文。

本章小结

电子政务是政府部门以应用为主导，依托先进的公共管理理论和思想，广泛采用计算机互联网等现代通信技术手段，开展公共行政管理工作，向政府、企业、事业单位、社会团体等组织和社会公众提供所需的公共产品和服务的体系。

本章首先介绍了电子政务的概念，并进一步阐述了电子政务的四种不同模式，在此基础上提出了我国电子政务的规划与实施策略，最后总结了我国电子政务发展的各个历史阶段及其特点。

课后练习与实践训练

一、单项选择题

1. 在信息化领域中，政府对公民的英文缩写是（　　）。

   A. B2C　　B. B2B　　C. G2C　　D. B2C

2. 信息化领域中，G2B 表示（　　）。

   A. 政府对企业的电子政务　　B. 政府对社会（公众）的电子政务

   C. 政府间的电子政务　　D. 全都不对

3. 以下不属于政府间的电子政务的是（　　）。

   A. 电子财政管理　B. 电子办公系统　C. 电子公文系统　D. 纳税申报

4. 以下关于 21 世纪初电子政务初期建设的“三网一库”，正确的叙述是（　　）。

   A. 内网——全国政府办公业务资源网，专网——办公业务网，外网——政府公众信息网

   B. 内网——办公业务网，专网——政府公众信息网，外网——全国政府办公业务资源网

   C. 内网——办公业务网，专网——全国政府办公业务资源网，外网——政府公众信息网

   D. 内网——办公业务网，专网——全国政府办公业务资源网，外网——政府公众信息网

5. 金关工程不涉及的单位是（　　）。

   A. 银行　　B. 外汇管理局　　C. 海关　　D. 工商局

二、判断题

1. 中国从中央到地方的全国范围内的政府信息网络已经建成。(　　)

2. 我国电子政务网络基础设施架构正由政务内外网的结构向“三网一库”的结构转变。(　　)

3. 1993 年 12 月启动的“三金工程”，是指金桥工程、金关工程和金卡工程。(　　)

4. 继“三金工程”之后，伴随着网络技术的快速发展和信息基础设施的不断完善，政务信息化工作开始考虑借助网络面向社会、面向公众。(　　)

5. 实施电子政务的发达国家中，起步较早、发展最为迅速的国家是美国。(　　)

三、填空题

1. 广义的电子政务是指各类国家机关以良政为目标，应用（　　），进行的各种政务活动与行为的总称。

2.（　　）是指政府通过电子网络系统进行电子采购与招标，精简业务管理流程，快捷迅速地为企业提供各种信息服务。

3.（　　）与互联网连通，面向社会提供的一般应用服务及信息发布，包括各类公开信息和一般的、非敏感的社会服务。

4. 我国电子政务规划实施的基本原则有（　　）、协调发展原则和需求与服务导向原则。

5.（　　）包括隶属关系、业务指导关系、平行关系、不相隶属关系的政府部门间的电子政务。

四、简答题

1. 简述电子政务的作用。
2. 政府与公众之间的电子政务有哪些内容?
3. 完善电子政务绩效评估体系应从哪些方面着手?
4. 简述“三金工程”。
5. 政府开展微信政务有哪些益处?

五、实践训练

1. 访问河南省人民政府网或学校所在省份政府网站，完成以下任务:

（1）找到开办设立企业的办事指南，并下载股份有限公司设立登记申请书;

（2）浏览省政府最近一年的政府令及各部门文件。

2. 访问新浪微博，搜索三个以上新浪认证的政务微博并关注，分析它们的公民参政问政效果和政府信息公开效果。

拓展学习指南

互联网治理一直以来都是讨论的热点问题。本书并没有对互联网治理展开讨论，有兴趣的读者可阅读由中国发展出版社 2011 年出版发行马俊等著写的《中国的互联网治理》一书。

主要参考文献

[1] 埃弗瑞姆·特伯恩，戴维·金、朱迪·兰，等．2011．电子商务导论．2 版．北京：中国人民大学出版社．

[2] 陈晴光．2010．电子商务基础与应用．北京：清华大学出版社．

[3] 董梦婕．2014-3-14．新《消费者权益保护法》维权亮点 网购不满意可后悔．齐鲁晚报．

[4] 范妍．2005-3-28．大学生流行网上练摊儿 月收入不比上班族少．北京娱乐信报．

[5] 韩杰．2011．电子商务网站的数据分析系统研究与开发．北京：北方工业大学．

[6] 侯莎莎，骆倩雯．2009-11-20．下载“安全软件”事主被骗 45 万元．北京日报．

[7] 侯卫真，赵国俊．2003．公务员信息化与电子政务读本．北京：中央文献出版社．

[8] 李传军．2011．电子政务模式的重构：从电子政务到电子治理．行政管理改革，(10)：76．

[9] 李晓秋．2011．电子商务法案例评析．北京：对外经济贸易大学出版社．

[10] 李晓秋．2011．析商业方法的可专利性．政法论坛，(2)．

[11] 利丰研究中心．2009．供应链管理：香港利丰集团的实践．2 版．北京：中国人民大学出版社．

[12] 刘斌斌，蔡秉坤．2013．网络交易主要法律问题研究．北京：中国社会科学出版社．

[13] 刘云霞．2009．现代物流配送管理．北京：清华大学出版社．

[14] 吕文．2013-11-25．商务部“新政”拓展市场空间 电子商务迎来发展良机．经济导报，D2．

[15] 马梅，朱晓明，周金黄，等．2014．支付革命：互联网时代的第三方支付．北京：中信出版社．

[16] 穆星宇．2013．B2C 电子商务网站分析与设计．昆明：云南大学．

[17] 齐爱民．2010．电子商务法原论．武汉：武汉大学出版社．

[18] 钱立富．2009-11-2．“短信比价”让实体店沦为淘宝“体验店”．IT 时报．

[19] 石华．2014-2-23．钓鱼网站骗走消费者 23 万余元．羊城晚报．

[20] 舒继华．2014．机构调查显示：2013 年中国电子商务市场交易规模逾 10 万亿．http://news.xinhuanet.com/fortune/2014-03/19/c_119849576.htm[2014-10-31]．

[21] 宋艾米．2013．基于社会工程学的网络安全渗透检测模型研究．南京：东南大学．

[22] 宋文官．2012．电子商务概论．3 版．北京：清华大学出版社．

[23] 孙睿．2010．网络营销．北京：中国电力出版社．

[24] 汪玉凯．2002．电子政务实用技术读本．北京：电子工业出版社．

[25] 王一璠．2013-05-27．首宗企业微博侵犯著作权案带来警示．中国新闻出版报．

[26] 吴爱明，何滨．2013．电子政务．北京：中国人民大学出版社．

[27] 吴涛．2014．电子商务应用．北京：机械工业出版社．

[28] 吴伟光．2012．网络与电子商务法．北京：清华大学出版社．

[29] 吴园妹．2010-7-20．电子商务面临商标侵权难题．经济参考报．

[30] 许多顶. 2011. 电子商务概论. 北京：高等教育出版社.
[31] 薛睿. 2013. 基于 SET 协议的电子商务安全问题研究. 郑州：郑州大学.
[32] 颜海. 2010. 电子政务原理、建设与应用. 武汉：武汉大学出版社.
[33] 虞益诚，孙莉，黄永跃，等. 2013. 电子商务概论. 北京：中国铁道出版社.
[34] 袁红清，李绍英. 2009. 电子商务理论与实训. 北京：经济科学出版社.
[35] 张波. 2013. O2O：移动互联网时代的商业革命. 北京：机械工业出版社.
[36] 张楚. 2011. 电子商务法. 3 版. 北京：中国人民大学出版社.
[37] 张庆丽. 2012. 电子商务安全策略研究. 郑州：河南大学.
[38] 张润彤. 2014. 电子商务. 3 版. 北京：科学出版社.
[39] 赵占领. 2006. 2005 年中国网络法律案件精萃. 法制与社会，(04).
[40] 中华人民共和国商务部. 2013. 中国电子商务报告（2012）. 北京：清华大学出版社.
[41] 周宏仁. 2011. 中国信息化形势分析与预测（2011）. 北京：社会科学文献出版社.
[42] 周宏仁. 2012. 中国信息化形势分析与预测（2012）. 北京：社会科学文献出版社.
[43] 周宏仁. 2013. 中国信息化形势分析与预测（2013）. 北京：社会科学文献出版社.
[44] 周曙东. 2011. 电子商务概论. 3 版. 南京：东南大学出版社.

配套资料索取说明

购买本书的读者可在 www.ptpedu.com.cn 注册后下载配套学习资料。

采用本书授课的老师可发邮件至 13051901888@163.com 或 education_book@163.com 索取配套教学资料。

扫一扫，发邮件

13051901888@163.com

姓　　名：______ 性别：___ 职称：______ 职务：________

办公电话：______ 手机：____________ 电子邮箱：________

学　　校：_________________________ 院　　系：________

通信地址：_________________________ 邮　　编：____________

本课程开设于____学年_____学期，原采用_________出版社出版_________主编的《________》为本课程教材，______________专业_____个班共_____人使用该教材。

证 明 人：_______ 办公电话：_________ 手机：__________ 电子邮箱：_________

21 世纪高等院校经济管理类规划教材

已出版教材

书　名	主　编	书　号	编 辑 推 荐
管理学——原理与实务（第 2 版）	李海峰	978-7-115-35395-5	2013 年陕西普通高校优秀教材二等奖；提供课件、教案、实训说明、教学体会、案例分析集（文字、视频）、习题集及参考答案、补充阅读，作者开通有教学博客
生产运作管理	程国平	978-7-115-28840-0	内容全面、注重实务、案例丰富；提供课件、教案、习题答案、模拟试卷和教学案例集
公司文化管理	吴柏林	978-7-115-37650-3	专题学习网站同步展示授课视频、电子课件和教学大纲；提供课件、大纲、教学方案、答案、教学视频案例、试卷等
客户关系管理理论与应用	栾　港	2015 年 7 月出版	60 组案例助力理论联系实际，33 个二维码打通网络学习通道，在线 Xtools 软件方便实践训练；提供课件、教案、教学日历、免费教学账号、习题库、试卷等
组织行为学	丁　敏	978-7-115-27265-2	精品课程配套教材，注重实用性；提供课件、教案、模拟试卷
经济学基础	邓先娥	978-7-115-39039-4	近 300 个实例连接理论与生活，130 余个二维码打通网络学习通道，70 余项扩展阅读指南指引学习方向；提供课件、教案、答案、文字和视频案例、试卷等
微观经济学（第 2 版）	胡金荣	978-7-115-23443-8	简明易懂，关注热点；二维码扩展网络视野；提供课件、答案、案例、试卷（暂为第 1 版书号，第 2 版于 2015 年 8 月出版）
劳动经济学	杨爱元	978-7-115-33309-4	80%以上案例取自中国 2010 年至 2013 年社会现实事件；提供教案、课件、视频案例、参考答案、补充教学素材、模拟试卷
财务管理	王积田	978-7-115-28482-2	吸收相关学科的最新成果，与企业财务管理实践接轨；提供课件、习题答案、试卷
中级财务会计（第 2 版）	吴学斌	978-7-115-33887-7	四川省“十二五”普通高等教育本科规划教材；涉及营改增等最新知识点；章后设置大量习题并提供电子版习题集；提供课件、教案、案例库、试卷等资料
中级财务会计教程	裴永浩	978-7-115-35981-0	提供课件、答案、试卷，《财务会计实训教程》为本书配套实训教材
财务会计实训教程（上、下册）	裴永浩	978-7-115-32580-8	上册包括实训常用知识和实训要求，下册提供实训用账簿、凭证、报表等；提供答案、部分电子稿、课件、教案

成本会计（第2版）	张　林	2015年7月出版	近百道例题详解要点，近450道习题助力读者学习，20项计算题例释详解计算难点；提供课件、教案、答案、试卷等
审计理论与实务	崔　飚	978-7-115-31064-4	紧扣资格考试大纲，注重案例解读；提供课件、教学大纲、习题集及参考答案、模拟试卷
应用统计学（第2版）	潘　鸿	978-7-115-38994-7	以Excel为实验软件，适应未来职场需求；提供全套实验资料，提升读者应用能力；提供课件、教案、上机操作数据、常函数实现用统计表、补充阅读资料等
国际市场营销	李　爽	978-7-115-39077-6	80余个实例追求学以致用，80余个二维码拓展读者学习空间；提供课件、教案、案例（文字、视频）、实训资料、答案、试卷
国际贸易理论与政策	毛在丽	978-7-115-37138-6	包括新新贸易理论等新内容，将非关税措施分为技术性和非技术性两类，提供课件、教案、答案、试卷和教学案例等
国际贸易实务	吕　杜	978-7-115-37235-2	提供课件、答案、单证样本、习题集、模拟试卷、模拟操作训练材料和常用规则文本等
中国对外贸易	杨清震	2015年7月出版	近百个案例/讨论追求实践应用，近80个二维码开拓网络学习空间；提供课件、补充教学案例、参考答案和模拟试卷等
报关实务	朱占峰	978-7-115-28352-8	提供上百个课件用视频和课件、教案、习题答案、模拟试卷等资料；内容紧跟《报关员资格考试大纲》，侧重实务
电子商务概论（第2版）	白东蕊	978-7-115-32117-6	2013年度山西省省级资源共享课程配套教材；强调实践与实训；提供课件、教案、实训资料、习题库、案例集（含视频案例）
电子商务概论	仝新顺	978-7-115-38748-6	七十余个二维码拓展学习空间，近百组案例、实训促进学练结合；提供大纲、课件、案例（文字、视频）、自测试题、试卷等
商品学	陈文汉	978-7-115-35374-0	将服务商品纳入研究范围；大量采用2013年的现实案例；提供电子课件、教学大纲、习题答案、模拟试卷
金融法	李良雄 王琳雯	978-7-115-30980-8	吸收截至2012年12月的最新法律法规，高度融合职业资格考试要求，提供课件、教案、视频案例、习题答案、补充练习题
现代金融学	刘　伟	978-7-115-36897-3	提供教学大纲、课件、答案、习题库和试卷等
保险学	刘永刚	978-7-115-31048-4	以大量案例解读相关内容，提供课件、教案、习题答案、教学补充案例和模拟试卷
证券投资学（第2版）	杨兆廷 刘　颖	978-7-115-34302-4	河北省省级精品课程配套教材；根据2013年证券业变化调整相应内容，集合证券业从业资格考试重点，提供课件、教案、视频案例、答案、补充学习资料等
证券投资学	陈文汉	978-7-115-28271-2	针对非金融类读者，内容紧跟时代；提供课件、教案、视频教学案例、习题答案、模拟试卷
外汇交易原理与实务（第2版）	刘金波	978-7-115-38372-3	着重突出外汇实际业务，二维码打造立体化阅读环境，参照实验指导可进行外汇交易模拟操作；提供课件、教案、答案、试卷、习题册、实训指导
期货交易实务	曾啸波	978-7-115-39021-9	80余个二维码拓展无限学习空间，百张图表、40个案例/讨论突出实务操作；提供课件、教案、大纲、教学要点、视频指导、最新数据、参考答案、补充习题库、试卷等
国际金融理论与实务（第2版）	孟　昊	978-7-115-34697-1	新增国际资本流动管理等内容；提供课件、大纲、教案、习题库、试卷库、视频案例库等
金融专业英语	刘铁敏	978-7-115-39042-4	旁注、尾注和大量练习提升学习效率，以二维码指出丰富的网络学习资源；提供课件、部分译文、习题答案和试卷等
财政学	唐祥来	978-7-115-31521-2	以丰富的案例提升学习兴趣，提供课件、教案、习题答案、教学案例（文字、视频）和试卷等
商务礼仪	王玉苓	978-7-115-36091-5	图文并茂，追求学以致用；提供教案、课件、答案、补充教学案例（文字、视频）、课外阅读资料等
现代社交礼仪（第2版）	闫秀荣	978-7-115-23572-5	图文并茂，二维码链接网络资源；提供课件、教案、教学案例（文字、视频）、实训手册、练习题及参考答案等（暂为第1版书号，第2版于2015年7月出版）
商务沟通与谈判	张守刚	978-7-115-23786-6	能实现学生课堂教学与课外学习的统一，提供配套教学网站、教案、课件